1 MONTH OF FREE READING

at

www.ForgottenBooks.com

By purchasing this book you are eligible for one month membership to ForgottenBooks.com, giving you unlimited access to our entire collection of over 1,000,000 titles via our web site and mobile apps.

To claim your free month visit: www.forgottenbooks.com/free646078

* Offer is valid for 45 days from date of purchase. Terms and conditions apply.

ISBN 978-0-656-78803-3
PIBN 10646078

This book is a reproduction of an important historical work. Forgotten Books uses state-of-the-art technology to digitally reconstruct the work, preserving the original format whilst repairing imperfections present in the aged copy. In rare cases, an imperfection in the original, such as a blemish or missing page, may be replicated in our edition. We do, however, repair the vast majority of imperfections successfully; any imperfections that remain are intentionally left to preserve the state of such historical works.

Forgotten Books is a registered trademark of FB &c Ltd.
Copyright © 2018 FB &c Ltd.
FB &c Ltd, Dalton House, 60 Windsor Avenue, London, SW19 2RR.
Company number 08720141. Registered in England and Wales.

For support please visit www.forgottenbooks.com

DICTIONNAIRE D'ANECDOTES,

DE

TRAITS SINGULIERS

ET

CARACTÉRISTIQUES.

TOME PREMIER.

DICTIONNAIRE D'ANECDOTES,

DE

TRAITS SINGULIERS

ET

CARACTÉRISTIQUES,

HISTORIETTES, BONS MOTS,

NAÏVETÉS, SAILLIES,

RÉPARTIES INGÉNIEUSES, &c. &c.

Nouvelle Édition augmentée.

TOME PREMIER.

A PARIS,

Chez LA COMBE, Libraire, Quai de Conti.

M. DCC. LXXXVII.

Avec Approbation.

AVERTISSEMENT.

Valere-Maxime & Camérarius, ont, l'un & l'autre, rangé sous différentes classes des faits historiques propres à fournir des preuves ou des exemples de vérités morales. C'est ce plan qu'on a eu en vue dans ce nouveau Dictionnaire; mais que l'on a étendu dans plusieurs objets d'instruction & d'agrément. On a cherché à attaquer le ridicule plutôt par un bon mot que par une sentence, à caractériser une vertu, & quelquefois un vice, une passion, plus souvent par un fait que par une réflexion. La raison a l'ouïe un peu dure chez la plupart des hommes; & le plus sûr moyen de s'en faire écouter, est de leur présenter des objets qu'ils puissent, pour ainsi dire, voir & toucher. Or, les faits faisant impression sur leur imagination, les rendent nécessairement attentifs, & sont plus à leur portée que des préceptes, qui, d'ailleurs, laissent toujours l'auditeur froid & tranquille. Nous voyons aussi que ce sont moins les choses que les faits historiques ou anecdotiques qui fournissent la matiere des con-

Avertissement.

verſations ordinaires. Le Dictionnaire des Anecdotes *pourra, à ce titre, être regardé comme le* Dictionnaire *de la converſation. C'eſt pour le rendre plus complet à cet égard, qu'on a joint aux articles moraux d'autres articles qui concernent les ſpectacles, le jeu, les modes & habillements, &c.*

On trouvera auſſi dans ce Recueil des exemples d'applications heureuſes des paſſages connus, d'hiſtoriettes, apologues, contes, bons mots, naïvetés, ſaillies, réparties ingénieuſes, apophtegmes, ſentences, maximes, proverbes, anagrammes, deviſes, paſquinades, jeux de mots, pointes, équivoques, rébus, quolibets, lazzi, trivelinades, turlupinades, griphe, &c. On a donné la définition de la plupart de ces termes : mais on a eu ſoin de diſtinguer ces différents articles, & de préſenter dans quelques-uns des exemples à ſuivre, & de faire connoître dans les autres, des ridicules à éviter.

On ne ſe diſſimule pas qu'un bon mot ou qu'un trait fin & ſpirituel qui ſe préſente ſeul, paroît plus ſaillant ; au-lieu que dans un ouvrage qui en raſſemble pluſieurs, l'impreſſion de l'un eſt ſouvent détruite par celui qui ſuit. Cet inconvénient, ſi c'en eſt

AVERTISSEMENT.

un, est commun aux ouvrages dont les beautés sont trop fréquentes. Mais si le Lecteur s'en retire quelquefois un peu fatigué, du moins il est toujours satisfait d'avoir joui.

On ne s'est permis de liberté, dans ces différents articles, que celle qu'admet la douce joie de la conversation, ou que souffriroient les bienséances du théâtre. C'est pourquoi on a écarté de ce Recueil la satyre personnelle & tout ce qui pourroit allarmer la pudeur ou exciter un ris condamnable sur les objets de nos devoirs & de nos respects.

Les Anecdotes des Hommes illustres formeront un Recueil séparé, sous le titre de Dictionnaire des Portraits & Anecdotes des Hommes illustres. C'est pourquoi dans plusieurs articles du Dictionnaire des Anecdotes, on a renvoyé à ce Dictionnaire.

APPROBATION.

J'AI lu par ordre de Monseigneur le Vice-Chancelier, un manuscrit qui a pour titre : *Dictionnaire d'Anecdotes, de Traits singuliers & caractéristiques*, &c. dans lequel je n'ai rien trouvé qui m'ait paru devoir empêcher la permission de l'imprimer. A Paris, le 24 Octobre 1765.

LOUIS, *Censeur Royal.*

DICTIONNAIRE
D'ANECDOTES,
DE TRAITS SINGULIERS
ET CARACTÉRISTIQUES, &c.

ACTEUR.

La figure, dans un Acteur, fait la moitié de de son jeu. Celui qui représente un premier personnage dans une Tragédie, avec une figure ignoble, ou même commune, paroîtra moins jouer son rôle, que le parodier. On peut ici se rappeller l'aventure d'un Acteur débutant au Théâtre François par le rôle de *Mithridate*, dans la Tragédie de ce nom. Il n'étoit point dépourvu de talents; il avoit même beaucoup d'intelligence & de feu : mais son extérieur n'étoit rien moins que héroïque. Dans la scene où Monime dit à Mithridate : *Seigneur, vous changez de visage!* un plaisant cria à l'Actrice : *Laissez-le faire.* Le Parterre perdit de vue aussi-tôt les talents du nouvel Acteur, pour ne penser qu'au peu de convenance qui se trouvoit entre son rôle & sa personne.

Si on exige d'un Acteur une figure intéressante, à plus forte raison lui demande-t-on qu'il se

Tome I. A

pénetre de la paffion ou du fentiment qu'il veut infpirer. On avoit chargé une célebre Actrice de l'Opéra d'apprendre à une jeune éleve le rôle d'une Princeffe éprife de la plus violente paffion pour un infidele, de lui donner en conféquence plufieurs leçons; mais les leçons ne produifoient point leur effet. Enfin, la Maîtreffe, impatiente, dit un jour à l'Ecoliere: ” Ce que je vous demande eft-il donc fi diffi-
” cile ? Mettez-vous à la place de l'amante tra-
” hie: fi vous étiez abandonnée d'un homme
” que vous aimeriez tendrement, ne feriez-vous
” pas pénétrée d'une vive douleur ? ne cherche-
” riez-vous point ?... *Moi!* répondit l'Actrice,
” à qui s'adreffoit ce difcours, *je chercherois les*
” *moyens d'avoir eu plutôt un autre amant*. En
” ce cas, répliqua la Maîtreffe, nous perdons
” toutes deux nos peines. Je ne vous apprendrai
” jamais à jouer votre rôle comme il faut ”. *Voyez le Comédien*, par M. *Remond de Sainte-Albine*, 1751.

Il y a des défauts corporels dont un Acteur doit toujours être exempt, fur-tout fi cet Acteur veut rendre ce défaut fur la fcene; autrement la vérité de l'imitation, en quoi confifte le plaifir de la Comédie, eft détruite; & l'Acteur difgracié de la nature, n'eft plus regardé que comme un objet de rifée. C'eft ce qu'éprouva un Comédien du Théâtre de Londres. Cet Acteur, après avoir, pendant trente années, joué la Comédie avec fuccès, eut le malheur de s'eftropier & de refter boiteux. Malgré cette difgrace, comme fa paffion étoit de jouer le tragique, il conclut de ce défaut, qu'il étoit l'homme du monde le plus propre à faire le rôle de *Richard III* que Shakefpear, Auteur de cette

Tragédie, a jugé a propos de repréfenter boiteux. Notre Comédien fe flattoit du plus brillant fuccès; il fe préfenta fur le Théâtre avec la plus grande confiance. Mais lorfqu'il vint à déclamer ces paroles : *Les chiens aboient en me voyant boîter*, ce fut une rifée générale; il fut obligé de quitter la fcene. Cette Anecdote eft rapportée dans l'*Année littéraire*.

Le célebre Garrick, qu'on a nommé le *Rofcius* de l'Angleterre, peut nous rendre vraifemblable ce que l'on rapporte de plus furprenant des pantomimes anciens. L'Auteur des *Lettres fur les Ballets*, qui a vu jouer à Londres cet excellent Acteur, nous fait un tableau très-pathétique de la maniere dont il rempliffoit dans une Tragédie, le rôle d'un tyran, qui, effrayé de l'énormité de fes crimes, meurt déchiré de remords. Le dernier Acte de cette Tragédie n'étoit employé qu'à peindre les regrets & la douleur. L'humanité triomphoit des meurtres & de la barbarie. Le tyran, fenfible à fa voix, déteftoit fes crimes qui devenoient, par gradations, fes juges & fes bourreaux. La mort, à chaque inftant, s'imprimoit fur fon vifage; fes yeux s'obfcurciffoient, fa voix fe prêtoit à peine aux efforts qu'il faifoit pour articuler fa penfée; fes geftes, fans perdre de leur expreffion, caractérifoient les approches du dernier inftant; fes jambes fe déroboient fous lui; fes traits s'allongeoient, fon teint pâle & livide n'empruntoit fa couleur que de la douleur & du repentir; il tomboit enfin dans cet inftant où fes crimes fe retraçoient à fon imagination fous des formes horribles. Effrayé des fantômes hideux que fes forfaits lui préfentoient, il luttoit contre la mort; la nature fembloit faire un dernier effort. Cette situation faisoit frémir ; il grattoit la terre ; il creusoit en quelque façon son tombeau. Mais le moment approchoit ; on voyoit réellement la mort ; tout peignoit l'inſtant qui ramene à l'égalité ; il expiroit enfin ; le hoquet de la mort & les mouvements convulſifs de la phyſionomie, des bras & de la poitrine donnoient le dernier coup de pinceau à ce tableau terrible.

Garrick, fortement paſſionné pour ſon art, ſe dérobe à toutes ſortes de diſſipations les jours où il doit remplir des rôles importants & ſérieux. Lorſque la ſituation eſt tragique, il s'en pénetre également vingt-quatre heures avant de la jouer. Perſonne, au contraire, n'eſt ſi gai que lui lorſqu'il a un rôle de Petit-Maitre, de Poète, de Nouvelliſte à rendre. Cet Acteur poſſede, indépendamment de ce que l'art & l'étude peuvent donner, une de ces phyſionomies qui ſe montent & ſe démontent pour prendre tel caractere qu'il lui plaît. Une jolie femme de Londres, qui reconnoiſſoit ce talent à Garrick, vint le trouver pour avoir le portrait d'un Seigneur Anglois qu'elle aimoit, & qui ne vouloit pas ſe laiſſer peindre. Il s'agiſſoit d'étudier la phyſionomie du Lord, & de ſe revêtir ſi bien de tous ſes traits, que le Peintre pût faire un tableau reſſemblant ſur cette phyſionomie empruntée. L'Acteur, en conſéquence, examine le tic, le caractere particulier de ſon modele, étudie les traits qui le caractériſent le plus, & les copie ſi parfaitement, que ce n'eſt plus Garrick, c'eſt le Lord lui-même. L'Acteur ſe préſente, avec ce viſage compoſé, à un Peintre habile, & fait tirer ſon portrait. Tout le monde y reconnoît ſans peine le Lord en queſtion, qui, le premier, paroît inquiet ſur les moyens que l'on a pris pour le peindre fi reffemblant. *Voyez Pantomimes*, *Déclamation*, *Comédie*.

ALCHYMISTE.

UN nouvel Adepte, qui fe vantoit d'avoir trouvé le fecret de faire de l'or, demandoit une récompenfe à Léon X. Ce Pape, le protecteur des arts, parut acquiefcer à cette demande; & le charlatan fe flattoit déja de la plus grande fortune. Lorfqu'il revint folliciter fa récompenfe, Léon lui fit donner une grande bourfe vuide, en lui difant : *Que puifqu'il favoit faire de l'or, il n'avoit befoin que d'une bourfe pour le contenir.*

ALLÉGORIE.

L'ALLÉGORIE eft à la peinture ce que la métaphore eft à l'éloquence. Une métaphore finguliere, ou qui laiffe entrevoir dans deux objets éloignés un rapport qui n'y étoit point apperçu, peut produire un bon mot, ou du moins un mot plaifant. Mais dans la peinture, la premiere qualité de l'Allégorie eft d'être fimple & à la portée de tout le monde : autrement c'eft une énigme dont perfonne ne veut chercher l'explication. Un Artifte avoit à exprimer, dans un même tableau, la prife de plufieurs villes. Qu'a-t-il fait? Il a peint la victoire avec fes attributs, qui écrit fur un bouclier les noms de ces villes.

Une Allégorie, auffi claire, & en même-temps très-ingénieufe, eft celle dont fe fervit le fils du grand Condé, pour peindre l'hiftoire de fon Pere dans la galerie de Chantilly. Il fe rencontroit un inconvénient dans l'exécution du projet. Le Héros, durant sa jeunesse, avoit fait un grand nombre d'exploits éclatants, comme le secours de Cambray, celui de Valenciennes, la retraite de devant Arras, contre son Roi & sa patrie. Afin de pouvoir parler de ces événements, le Prince Jules fit dessiner la Muse de l'Histoire, qui tenoit un livre, sur le dos duquel étoit écrit : *Vie du Prince de Condé.* Cette Muse arrachoit des feuillets du livre, qu'elle jettoit par terre ; & on lisoit sur ces feuillets : *Secours de Cambray, secours de Valenciennes, retraite de devant Arras* : enfin, toutes les belles actions de Condé, durant son séjour dans les Pays-Bas ; actions dont tout étoit louable, à l'exception de l'écharpe qu'il portoit quand il les fit. Dubos, *Réflexions critiques sur la Poésie & sur la Peinture.*

AMANT.

Quel empire n'auroit pas la beauté sur les hommes, si elle se trouvoit toujours unie à la vertu ! » J'ai connu des hommes en notre Fran-
» ce, dit Brantôme, qui, plus poussés de leurs
» Maîtresses que de leurs volontés, ont entre-
» pris & parfait de belles actions. La belle Agnès
» voyant le Roi Charles VII auprès de sa per-
» sonne, menant une vie molle & lâche, sans
» songer aux affaires de son Royaume, lui dit,
» qu'on lui avoit prédit qu'elle seroit aimée d'un
» des plus vaillants & des plus courageux Prin-
» ces de la Chrétienté : que lorsqu'il lui fit l'hon-
» neur de l'aimer, elle avoit cru qu'il étoit ce
» Prince dont l'Astrologue lui avoit parlé ; mais

» qu'elle voyoit bien qu'elle s'étoit trompée, &
» que ce Roi si courageux n'étoit pas lui, mais
» le Roi d'Angleterre, qui faisoient de si belles
» actions, & qui, à sa barbe, lui prenoit tant
» de villes, & qu'elle alloit le trouver. Le Roi
» fut si piqué de ce discours, que prenant cou-
» rage, en quittant sa chasse & ses plaisirs, il se
» donna tout entier à la guerre, & il obligea les
» Anglois de sortir de son Royaume ".

Une autre Anecdote, rapportée par le même Auteur, peut encore servir à prouver le pouvoir que les femmes de son temps avoient sur leurs amants. Une jeune personne ayant un amant babillard, lui imposa un silence absolu & illimité, qu'il garda si fidélement deux ans entiers, qu'on le crut devenu muet par maladie. Un jour, en pleine assemblée, sa maîtresse, qui dans ces temps où l'amour se faisoit avec mystere, n'étoit point connue pour telle, se vanta de le guérir sur le champ, & le fit avec ce seul mot : *Parlez*.

On entretenoit un Roi de Perse des amours de Leilé & de Megnoum. Il fut curieux de voir cet amant si parfait, & lui demanda s'il étoit vrai qu'il aimât si éperduement sa maîtresse. Celui-ci lui dit : *Il faut la voir, pour comprendre à quel point je l'aime.* On la fit venir, & l'on vit une femme maigre & laide. Comment, dit le Roi, voilà l'objet de tant d'ardeur ? la derniere esclave de mon serrail, est plus jolie que cette femme. Eh bien ! dit Megnoum, *jugez si je l'aime, puisqu'elle est aussi belle à mes yeux, qu'elle est laide aux vôtres.*

Lors de la prise de la ville d'Oïa, dans les Indes, par les Portugais, en 1508, un Officier Portugais, nommé *Sylveira*, découvrant un Maure de fort bonne mine, qui se déroboit par un sentier avec une jeune femme d'une beauté extraordinaire, courut vers eux pour les arrêter. Le Maure ne parut point allarmé pour lui-même; mais après avoir tourné le visage pour se défendre, il fit figne à sa compagne de fuir, tandis qu'il alloit combattre. Elle s'obstina au contraire à demeurer près de lui, en l'assurant qu'elle aimoit mieux mourir ou rester prisonniere, que de s'échapper seule. Sylveira, touché de ce spectacle, leur laissa la liberté de se retirer, en disant à ceux qui le suivoient : *A Dieu ne plaise, que mon épée coupe des liens si tendres.* Hist. des Voyages.

Un Monarque de Perse, mollement étendu sur le duvet, jettoit des soupirs, & disoit à sa maîtresse favorite : Que le trône a pour moi d'appas ! Pourquoi faut-il que le temps me ravisse un jour ce bien précieux?... — Ce regret, lui répondit l'amante, n'est pas raisonnable : je vous applaudirois, si vous desiriez que votre tendresse fût éternelle. S'aimer sans fin, sans fin se caresser, seroit un bonheur qui nous égaleroit à la divinité. Mais si le Ciel eût rendu éternel le pouvoir de régner, je vous verrois encore au nombre des sujets de celui qui monta le premier sur le trône de Perse, & vous n'auriez aujourd'hui ni l'Empire, ni mon cœur.

Une femme dont l'ame étoit assez élevée pour préférer l'estime publique à ses plaisirs, avoit un amant qui, dans une action, avoit manqué de bravoure. » Toute la ville, lui dit-elle, veut
» que vous ayez mon cœur ; mais l'action que
» vous venez de faire, prouve que toute là
» ville se trompe ".

Un amant vertueux, & qui a de l'élévation dans l'ame, est plein de respect pour ce qu'il aime. C'est ce que le Poëte Dryden voulut faire entendre un jour à un Seigneur Anglois. Ce Seigneur reprochoit à Dryden, que dans une de ses Tragédies, Cléomene s'amusoit à causer tête-à-tête avec son amante, au-lieu de former quelqu'entreprise digne de son amour. " Quand je " suis auprès d'une belle, lui disoit le jeune " Lord, je sais mieux mettre le temps à profit ". *Je le crois*, repliqua Dryden ; *mais aussi m'avouerez-vous bien que vous n'êtes pas un Héros.*

AMBASSADEUR.

On a dit qu'il y avoit des occasions où il étoit essentiel à un Ambassadeur de mettre en-avant une proposition singuliere, & même chimérique, pour juger, par l'impression qu'elle fait sur ceux qui l'écoutent, de l'esprit & de l'intention de la Cour. Un homme très-spirituel disoit, en parlant de cette maniere de se conduire : " C'est " jetter une sottise à terre, pour voir qui courra " après ".

Un grand talent, dans un Ambassadeur, est de pouvoir se plier en quelque sorte aux défauts de ceux auprès de qui il est envoyé. Aussi, quelqu'un demandoit à un Ambassadeur François, qui revenoit de la Suisse, combien de fois il s'étoit enivré pour le service du Roi ? Feu M. le Comte du Luc, frere de M. de Vintimille, qui avoit été Ambassadeur de France en Suisse, disoit, dans une lettre qu'il écrivoit à Louis XIV, qu'il avoit été sept heures à table, & qu'il avoit pensé crever : *mais*, ajoutoit-il, *que ne feroit-on pas pour le service de Votre Majesté ?* & il finissoit par ces mots : *J'aime beaucoup mieux prier Dieu pour sa santé, que d'y boire.*

Il y a des Monarques qui ont une satisfaction secrete, en voyant des Ministres déconcertés en leur présence. Le Baron de Bielfeld rapporte à ce sujet, dans ses *Institutions Politiques*, que Louis XIV donnant audience au célebre Baron de Pentenrieder, qui avoit la réputation de ne jamais se décontenancer, parut piqué du peu d'impression que sa personne faisoit sur cet Ambassadeur. Ce Prince, pour l'intimider, l'interrompit : à la premiere période de sa harangue, qui commençoit ainsi : *Sire, l'Empereur, mon maître, m'envoye vers Votre Majesté*, en lui disant d'un ton élevé : *Plus haut, Monsieur l'Ambassadeur* ; mais celui-ci répondit sans s'émouvoir : *Plus haut ?* ... *l'Empereur, mon Maître, Sire, m'envoye vers Votre Majesté, &c.* en nommant l'Empereur le premier, haussant la voix, & continuant son discours avec assurance. Ces bons mots, ajoute l'Auteur, faisoient honneur au génie de M. Pentenrieder ; mais ils faisoient vraisemblablement mal les affaires de son Maître.

Ce même Auteur demande qu'un Ambassadeur soit sur-tout attentif à entretenir la bonne intelligence entre les deux Cours, & qu'il se donne bien de garde d'écrire tout ce qu'un Souverain peut lui dire d'odieux dans un moment de mauvaise humeur. Il y a près d'un siecle qu'un Ministre de Hollande, envoyé vers un Roi du Nord, Prince habile, mais violent, eut une audience secrete de ce Monarque dans la République, qui ne pouvoient que déplaire au Roi. Le discours s'anima extrêmement ; & dans la chaleur des contestations, le Ministre répéta plusieurs fois le nom de ses Maîtres. *Ah !* s'écria le Monarque en colere, *vos Maîtres sont des*...... *Sire*, répondit le Négociant flegmatique, *Votre Majesté voudroit-elle que je leur fisse part de cette déclaration dans mon rapport!....* Oui, repliqua le Monarque, *vous n'avez qu'à le leur marquer de ma part.* Le Ministre se garda bien d'obéir; & quelques jours après, voyant le Prince dans une assiette d'esprit plus calme, il lui fit valoir sa prudente discrétion, & en obtint tout ce qu'il voulut.

Un Prince d'Italie, à qui les saillies ne reussissoient jamais, parce qu'il y mettoit plus d'aigreur que d'esprit, étant un jour sur un balcon avec un Ministre étranger, qu'il cherchoit à humilier, lui dit : " C'est de ce balcon qu'un de " mes aïeux fit sauter un Ambassadeur. Appa- " remment, répondit séchement le Ministre, " que les Ambassadeurs ne portoient point d'é- " pée dans ce temps-là ". Répartie un peu vive, mais que le Prince s'étoit attirée; parce qu'en voulant mortifier un seul homme, il avoit offensé les Représentants de toutes les Puissances.

Ce même Prince, qui prenoit les titres de Roi de deux souverainetés où il n'avoit pas un pouce de terre, voulant humilier une seconde fois le même Ministre, lui demanda en public, où étoit situé le Marquisat dont il prenoit le titre? *Entre vos deux Royaumes, Monseigneur*, répliqua froidement l'Ambassadeur.

Un Roi du Nord, dont la vivacité faisoit le principal caractere, demanda un jour à un Ambassadeur d'Angleterre, s'il harangueroit le peuple, en cas qu'on le pendît ou qu'on lui tranchât la tête? Le Ministre, sans se déconcerter, répondit, qu'il avoit toujours son discours prêt, & ses gants blancs dans sa poche. Je voudrois bien vous entendre, répartit le Monarque. L'Ambassadeur s'étant mis alors dans l'attitude

d'usage, parla ainsi. " Vous me voyez, Mes-
» sieurs, au moment de perdre le jour : je ne
» regrette point la vie ; mais je vois avec peine
» que ceux qu'on ne devroit connoître que par
» des actes d'humanité & de bienfaisance, vien-
» nent jouir avec avidité d'un spectacle cruel
» qu'ils ont mendié. Ces scenes tragiques sont
» faites pour la barbare populace ; mais les
» cœurs vertueux & sensibles devroient rougir
» d'entendre de sang-froid "... En voilà assez,
Monsieur l'Ambassadeur, dit le Roi, qui reconnut alors que le but de la harangue étoit de lui reprocher une curiosité qui le dégradoit.

Un Négociateur de beaucoup d'esprit, avoit le malheureux penchant de la satyre, & ne pouvoit s'empêcher de lancer mille traits contre le Monarque auprès de qui il étoit accrédité, & contre toute sa Cour. Ce Prince le sut, & n'en parut nullement piqué. Mais ayant demandé & obtenu son rappel, il lui donna, au-lieu du présent ordinaire, une tenture de tapisserie où ce Ministre étoit représenté en Silene, environné de satyres. La ressemblance frappante des traits du visage, rendoit cette vengeance fort plaisante. *Institutions Politiques, par le Baron de Bielfeld.*

Des Ambassadeurs de Tatragone vinrent dire à Auguste, qu'une palme venoit de croître sur l'autel qu'ils avoient érigé en son honneur : *C'est une preuve*, leur répondit ce Prince, *de votre assiduité à y faire des sacrifices.*

L'Empereur Henri IV avoit auprès de lui le Comte de Scarbiecki, que la République de Pologne avoit envoyé pour conclure un traité de paix. L'Empereur affectoit de faire remarquer à cet Ambassadeur les grandes richesses de l'Empire, & le trésor qu'il avoit amassé. Voilà de quoi, lui dit-il un jour, dompter les Polonois. L'Ambassadeur, peu troublé de la fierté de cette menace, tira aussi-tôt une bague de prix qu'il avoit au doigt, & la jetta sur le trésor, en disant : *Adjiciámus aurum auro.* Action qui faisoit voir qu'il acceptoit le défi, & qu'il méprisoit assez les richesses de l'Empereur, pour ne pas craindre de les augmenter. Cette action, qui pouvoit causer une rupture, accéléra au contraire la confusion de la paix entre l'Empereur & les Polonois. *Fulstin. Hist. Polon. lib. 4.*

Jean Basilide, Czar de Moscovie, Prince dur & cruel, fit, au rapport de quelques Historiens, enfoncer un clou sur la tête d'un Ambassadeur d'un Prince d'Italie, qui s'étoit couvert devant lui. Cependant, lorsque Jérôme Bose, Ambassadeur d'Elisabeth, Reine d'Angleterre, parut devant ce Prince, il mit fiérement son chapeau, & se retira de même. Le Czar lui demanda s'il ignoroit le traitement qu'avoir reçu un autre Ambassadeur pour une semblable témérité ? Je le sais, répondit l'Anglois ; mais je suis Ambassadeur d'une Reine qui a toujours la tête couverte, & ne souffre pas impunément que l'on fasse affront à quelqu'un de ses Ministres. Le Czar, assez généreux pour admirer cette hardiesse, s'écria, en se tournant vis-à-vis de ses Courtisans : " Voilà un brave homme, d'oser
" agir & parler de cette sorte, pour l'honneur
" & pour les intérêts de sa Souveraine ! qui de
" vous autres feroit la même chose pour moi" ?

Un Ambassadeur de Charles-Quint, auprès de Soliman, Empereur des Turcs, venoit d'être appellé à l'audience de cet Empereur. Comme il vit, en entrant dans la salle d'audience, qu'il n'y avoit point de siege pour lui, & que ce n'étoit point par oubli, mais par orgueil, qu'on le laiſſoit tenir debout, il ôta ſon manteau, & s'aſſit deſſus avec autant de liberté que ſi c'étoit un uſage établi depuis long temps; il expoſa l'objet de ſa commiſſion avec une aſſurance & une préſence d'eſprit que Soliman lui-même ne put s'empêcher d'admirer. Lorſque l'audience fut finie, l'Ambaſſadeur ſortit ſans prendre ſon manteau. On crut d'abord que c'étoit par oubli, & on l'avertit : il répondit, avec autant de gravité que de douceur : " Les Ambaſſadeurs du Roi, " mon Maitre, ne ſont point dans l'uſage de " porter leurs ſieges avec eux ". Voilà comment un Ambaſſadeur adroit, ajoute Amelot, dans ſes *Réflexions ſur Tacite*, peut gagner en un moment un point d'importance, dont on ne viendroit peut-être jamais à bout par une longue négociation.

M. de Fériol, Ambaſſadeur de France en Turquie, ſoutenoit, avec beaucoup de hardieſſe & de courage, l'honneur de ſa nation. Au commencement de ſon Ambaſſade, il ſe préſenta à la premiere audience du Sultan avec l'épée au côté. Mauro Cordato, qui aſſiſtoit à cette cérémonie, comme premier Interprête de la Cour, lui conſeilla d'ôter ſon épée, parce que c'étoit une ancienne coutume de la Cour Ottomane, de ne laiſſer paroître perſonne avec des armes devant le Sultan. Feriol répondit qu'il avoit reçu ſon épée de ſon Maître, & qu'il ne ſe la laiſſeroit ôter par perſonne. Le Sultan, informé de ce différend, lui envoya ordre d'ôter ſon épée, ſans quoi, il ſeroit mis hors du palais. Sur ce refus, le Capigi-Bachi le repouſſa effectivement lorſqu'il ſe préſenta pour entrer. Dans le reſſentiment qu'il en eut, il fit ôter à ſes Interprêtes les caffetans dont ils s'étoient revêtus dans la premiere Cour, & les ayant foulés aux pieds, il fortit du palais. Sur le champ, dans la crainte qu'on ne traitât aussi mal les préfents qu'il avoit apportés, il fit assurer qu'ils ne venoient point du Roi, son Maitre, mais qu'il les avoit achetés à ses propres fraix, & il réussit de cette maniere à se les faire rendre. C'étoit Châteauneuf, son prédécesseur, qui l'avoit engagé dans cette entreprise. Ayant caché, sous ses habits, une courte épée dans sa premiere audience, il avoit écrit, dans les mémoires de son Ambassade, qu'il s'étoit préfenté au Sultan l'épée au côté. Fériol ayant lu cet article, demanda à Châteauneuf, avant son départ, si le fait étoit vrai; & celui-ci, qui n'étoit pas trop bien avec lui, l'en assura sans autre explication. *Pour & Contre, Tome XII.*

Un Ambassadeur Espagnol vantoit à Henri IV, la puissance de son Maitre. Le Roi, pour rabattre le faste Espagnol, dit, avec beaucoup de vivacité, que s'il lui prenoit envie de monter à cheval, il iroit déjeûner à Milan, entendre la Messe à Rome, & dîner à Naples. » Sire, ré-
» pondit l'Ambassadeur, si Votre Majesté va
» si vite, elle pourroit aussi, dans le même jour,
» entendre les vêpres en Sicile ".

Le même Prince disputant avec un autre Ambassadeur d'Espagne, lui dit en colere: » Si le
» Roi, votre Maitre, continue ses attentats, je
» prendrai les armes, & on me verra bientôt à
» Madrid. Pourquoi non? répondit froidement
» l'Espagnol, François I y fut bien. » C'est pour
» cela, répliqua le Roi, que j'y veux aller ven-
» ger son injure, celles de la France, & les
» miennes ".

En 1586, Philippe II avoit envoyé le jeune

Connétable de Castille à Rome, pour féliciter Sixte V sur son exaltation. Ce Pape, mécontent de ce qu'on lui avoit député un Ambassadeur si jeune, ne put s'empêcher de lui dire : Eh quoi? votre Maitre manque-t-il d'hommes, pour m'envoyer un Ambassadeur sans barbe? » Si mon
» Souverain eût pensé, lui répliqua le fier Espa-
» gnol, que le mérite consistât dans la barbe,
» il vous auroit envoyé un bouc, non un Gen-
» tilhomme comme moi ". *Hist. d'Espagne.*

Un Ambassadeur de France demandoit à un Electeur d'Allemagne, s'il pouvoit lui montrer une constitution authentique qui dise expressément, qu'on ne doit point élire d'autre Empereur qu'un Prince Allemand? » Monsieur, lui
» répondit l'Electeur, vous la trouverez au re-
» vers de la loi Salique, qui porte que la cou-
» ronne de France ne tombera point en que-
» nouille ".

Un Seigneur de la Cour de France, prenant congé de Louis XIV qui l'envoyoit en qualité de son Ambassadeur vers un autre Souverain:
» La principale instruction que j'ai à vous don-
» ner, lui dit le Roi, est que vous observiez
» une conduite toute opposée à celle de votre
» prédécesseur ". *Sire*, lui repartit le nouvel Ambassadeur, *je vais faire en sorte que Votre Majesté ne donne pas une pareille instruction à celui qui me succédera.*

Un Ambassadeur d'Espagne conseilloit à Jacques II de ne pas tant se livrer aux Prêtres, dont les conseils imprudents pourroient lui faire perdre la couronne. » Quoi donc, répondit Jac-
» ques, le Roi d'Espagne ne consulte-t-il pas
» son Confesseur "? *Oui*, répliqua l'Ambassadeur, *& c'est pour cela que nos affaires vont si mal.* Hist. d'Angl.

AMBASSADEUR.

Le grand-Mogol, Cha-Jeham, fort enclin à la raillerie, demandoit à un Ambassadeur de Perse, si son maître étoit plus grand qu'un certain petit esclave fort laid, dont l'emploi étoit de chasser les mouches autour du trône ? » Non ré-
» pondit l'Ambassadeur, il s'en faut bien ; mon
» maitre est seulement plus grand que toi de
» toute la tête ". *Révolutions des Indes.*

Un grand-Duc de Toscane se plaignoit à un Ambassadeur de Venise, de ce que sa République lui avoit envoyé un Vénitien qui s'étoit fort mal conduit pendant le séjour qu'il avoit fait auprès de lui. » Il ne faut pas, dit l'Ambassa-
» deur, que votre Altesse s'en étonne ; car je
» puis l'assurer que nous avons beaucoup de
» foux à Venise. — Nous avons aussi des foux
» à Florence, lui répondit le grand-Duc; mais
» nous ne les envoyons pas dehors pour traiter
» les affaires publiques ".

Dans le temps que l'on poursuivoit en France les Protestants, un Ambassadeur d'Angleterre demanda à Louis XIV la liberté de ceux qui étoient aux galeres pour cause de religion ; le Monarque lui répondit : » Que diroit le Roi de
» la Grande-Bretagne, si je lui demandois les
» prisonniers de Newgate (prison de Londres
» où l'on enferme les malfaiteurs) ? Sire, ré-
» pliqua l'Ambassadeur, le Roi mon maître les
» accorderoit à Votre Majesté, si elles les ré-
» clamoit comme ses freres ".

Un Ambassadeur Turc demandoit à Laurent de Médicis, pourquoi on ne voyoit pas à Florence autant de foux qu'au grand Caire? Laurent lui montra un Monastere, & lui dit:
» Voilà où nous les enfermons ".

Des Ambassadeurs de Hollande à la Cour de

France étoient invités à dîner par un Miniftre des Finances. On fervit au deffert du fromage de Hollande ; & comme on parloit de ce pays-là & de ce qu'il produit, ce Miniftre, en montrant le fromage, dit, en s'adreffant à ces Ambaffadeurs, *que c'étoit du fruit de leurs pays*. C'étoit une efpece de raillerie de la Hollande ; les Ambaffadeurs s'en apperçurent ; & l'un d'eux prit une poignée de ducats, & la jetta au milieu de la faile, en difant : *En voilà auffi*.

M. P.***, Ambaffadeur de France auprès de Victor-Amédée, Duc de Savoye, fe conduifoit avec toute la fierté qu'il croyoit convenir à fon caractere. Quelques jours après que ce Prince eut perdu Montmélian, irrité de quelque trait de hauteur prétendue que lui fit l'Ambaffadeur, il s'approche d'une fenêtre, l'ouvre, & lui dit avec colere : ” Vous voyez bien cette fenêtre ? ” *Oui*, lui dit fiérement M. P. ***, en s'avançant auprès ; *j'en découvre Montmélian*. Voyez *Préféance*.

AMBITIEUX.

L'AMBITIEUX fe tient toujours à genoux ou fur la pointe des pieds, & cherche à fe venger des fatigues & des ignominies qu'on lui fait effuyer, par la hauteur avec laquelle il traite ceux qui lui font foumis. C'eft ce que penfoit un Chinois qui voyageoit en Europe. Il fe trouva dans l'anti chambre d'un Monarque des plus puiffants : il vit, parmi la foule, un homme doué d'une phyfionomie heureufe, couvert d'un fuperbe habit, décoré de plufieurs marques de diftinction, feul, trifte & délaiffé, malgré fon empreffement

à prévenir tout le monde. Quel est celui que je vois, demanda le Chinois étonné, à un Européen? C'est, lui répondit-on, un des plus grands Personnages du Royaume; il a commandé une brillante armée, & il est aujourd'hui Gouverneur d'une des plus vastes Provinces. ,, Pour-
» quoi, repliqua le Chinois, lui tourne-t-on
» ainsi le dos ? Si la Cour n'a aucune commisé-
» ration pour lui, qu'elle en ait du moins un
» peu pour le peuple de son gouvernement ".

Un Cardinal Ministre, très-ambitieux, offroit une Abbaye à un Evêque qui la refusa, parce qu'il ne croyoit pas pouvoir posséder plus d'un Bénéfice. Le Cardinal, surpris de ce désintéressement, lui dit : Si vous n'aviez pas écrit sur certaines matieres, je vous canoniserois. » Plût
» à Dieu, Monseigneur, que vous en eussiez le
» pouvoir, & que je vous en eusse donné le su-
» jet, lui répondit l'Evêque; nous serions con-
» tents tous deux ". C'étoit finement lui reprocher son ambition.

AMÉRICAINS.

LA soif ardente de l'or que firent paroître les premiers Conquérants de l'Amérique, a long-temps persuadé aux habitants infortunés de ces Régions, que l'or étoit le dieu des Européens. En 1511, les Caciques, ou petits Souverains de l'Isle de Cuba, s'étant assemblés, afin de pourvoir à la défense du pays, Hatvey, le plus considérable d'entr'eux, lui dit, que toutes les précautions seront inutiles, si, avant toutes choses, on ne s'efforce de se rendre favorable le Dieu des Espagnols. Il se fait tout de suite apporter

un vase rempli d'or : *La voilà*, ajouta-t-il, *cette Divinité : célébrons une fête en son honneur ; elle nous regardera d'un œil favorable*. Tous, à l'instant, se mettent à fumer, à chanter & à danser autour de ce trésor, jusqu'à ce qu'ils tombent d'ivresse & de fatigue. Le lendemain matin, Hatvey rassemble les Caciques à leur réveil, & leur tient ce discours : » J'ai beaucoup réfléchi
» sur l'affaire dont je vous ai parlé; mon esprit
» n'est pas encore tranquille : & tout bien con-
» sidéré, je ne pense pas que nous soyons en sû-
» reté, tandis que le Dieu des Espagnols sera
» parmi nous. Par-tout où ils le trouvent, ils
» s'y établissent pour le posséder : inutilement le
» cacherions-nous ; ils ont un secret merveil-
» leux pour le découvrir. Si vous l'aviez avalé,
» ils vous éventreroient pour l'avoir. Je ne con-
» nois que le fond de la mer où ils n'iront pas
» le chercher : c'est là qu'il faut le mettre.
» Quand il ne sera plus parmi nous, ils nous
» laisseront en repos ; car c'est uniquement ce
» qui les fait sortir de chez eux ". L'expédient est approuvé ; les Caciques prennent aussi-tôt l'or qu'ils ont, vont le jetter dans la mer loin du rivage, & retournent chez eux très-satisfaits d'avoir noyé leur crainte avec leur or. Cette timide précaution n'empêcha pas néanmoins les Espagnols de reparoître quelque temps après. *Hist. de St. Domingue.*

Les conquêtes rapides & faciles de ces premiers vainqueurs de l'Amérique, nous font regarder ses timides habitants comme ne formant qu'une société fugitive devant les fiers Européens. Cependant, quel homme a jamais montré un courage plus animé que cet Insulaire de St. Domingue, dont l'histoire de cette Isle fait mention? Pendant que les Espagnols s'y établissoient en 1502, deux Cavaliers Espagnols, dont l'un se nommoit Valdenebro, & l'autre Pontevreda, apperçurent un Indien qui passoit son chemin. Valdenebro, se détachant aussi-tôt de son camarade, courut sur l'Insulaire, la lance haute. L'Indien voulut le prévenir, & lui tira une fleche ; mais il le manqua : & dans le moment, le Cavalier lui passe la lance au travers du corps. L'Indien l'arrache aussi-tôt, saisit la bride du cheval de son ennemi, & l'alloit percer, lorsque celui-ci lui enfonça son épée jusqu'à la garde dans le ventre. Il la retire comme il avoit fait la lance ; & quoique le Castillan la tint encore par la poignée, il la lui fit lâcher. Valdenebro prend son poignard, & le plonge encore tout entier dans le corps de l'Indien, qui s'en délivre avec la même facilité qu'il avoit fait de l'épée & de la lance. Pontevreda, qui voit son compagnon désarmé & en danger, pique aussi-tôt son cheval pour le secourir. L'Indien l'attend de pied ferme, quoique perdant tout son sang par les trois larges plaies que lui avoit faites Valdenebro. Pontevreda lui en fait successivement trois autres de la même maniere, & avec le même succès ; & deux Cavaliers se trouvent désarmés & mis en fuite par un seul de ces hommes qu'ils jugent à peine dignes de leurs chiens. Un moment après, l'Indien tomba mort, saisi de deux lances, de deux épées & de deux poignards. Non-seulement on peut dire que jamais guerrier ne mourut plus glorieusement les armes à la main ; mais, par une bizarrerie dont l'histoire n'avoit peut-être pas produit d'exemple, on vit les victorieux chercher leur salut dans la fuite, & le vaincu périr avec toutes les marques de la victoire. *Hist. de St. Domingue.*

Un fait cité dans le *London Cronichle*, doit nous donner une étrange idée des Sauvages du Canada. Deux partis d'Indiens, de tribus différentes, se rencontrerent par hasard sur les bords d'une riviere. L'un d'eux demanda à ceux du parti opposé, qui ils étoient, & ce qu'ils faisoient? Ceux-ci se nommerent, & dirent qu'ils alloient à la chasse des castors, & firent à leur tour la même question aux autres, qui répondirent que leur nom étoit une chose indifférente, mais qu'ils étoient chasseurs d'hommes. *Eh bien*, leur repliqua l'autre parti, *nous sommes des hommes ; n'allez pas en chercher plus loin*. Les deux partis convinrent de descendre dans une petite isle de la riviere ; ils détruisirent leurs canots pour s'ôter les moyens de retraite, & se mirent à combattre jusqu'à ce qu'enfin il ne resta plus qu'un petit nombre des chasseurs de castors, & un seul chasseur d'hommes, à qui on laissa la vie, pour qu'il allât apprendre à ceux de sa nation qu'il avoit rencontré une tribu d'Indiens qui chassoient mieux les hommes qu'eux-mêmes.

On a aussi rapporté le trait suivant, pour prouver que l'Américain n'est pas aussi stupide que le fier Européen est porté à le croire. Un voyageur Espagnol avoit rencontré un Indien au milieu d'un désert : ils étoient tous deux à cheval. L'Espagnol, qui craignoit que le sien ne pût faire la route, parce qu'il étoit très-mauvais, demanda à l'Indien, qui en avoit un jeune & vigoureux, de faire un échange, celui-ci refusa, comme de raison. L'Espagnol lui cherche une mauvaise querelle, ils en viennent aux mains ; mais l'Espagnol, bien armé, se saisit facilement du cheval qu'il desiroit, & continue sa toute. L'Américain le suit jusque dans la ville la plus prochaine, & va porter ses plaintes au Juge. L'Espagnol est obligé de comparoître & d'amener le cheval ; il traite l'Indien de fourbe, affirme que le cheval lui appartient, & qu'il l'a élevé tout jeune. Il n'y avoit point de preuves du contraire; & le Juge perplex alloit renvoyer les plaideurs hors de cour & de procès, lorsque l'Indien s'écria : Le cheval est à moi, & je le prouvre. Il ôte aussi-tôt son manteau, & en couvre subitement la tête de l'animal. Puisque cet homme assure avoir élevé ce cheval, commandez-lui, s'adressant au Juge, de dire duquel des deux yeux il est borgne. L'Espagnol ne veut point paroître hésiter, & répond à l'instant : De l'œil droit. L'Indien découvre la tête du cheval : il n'est borgne, dit-il, ni de l'œil droit, ni de l'œil gauche. Le Juge, convaincu par une preuve si ingénieuse & si forte, lui adjugea le cheval, & l'affaire fut terminée.

AMITIÉ.

OH ! mes amis ! il n'y a plus d'amis. Le Philosophe qui tenoit ce propos, considéroit ce qui se passe dans les grandes villes, où l'on voit rarement naître les fortes passions de l'amour & de l'amitié : parce que chacun, distrait par ses occupations & ses plaisirs, n'y reçoit que de foibles impressions de ce qui l'environne. On rencontre néanmoins quelquefois, sur ces vastes scenes, des cœurs généreux qui sacrifient à la tendre amitié.

M. S *** perd un ami qui, en mourant, laisse des dettes & deux enfants en bas âge, sans biens. L'ami qui lui furvit, retranche fon train, fon équipage, & va fe loger dans un fauxbourg, d'où tous les jours il venoit, fuivi d'un laquais, au palais, & y rempliffoit les devoirs de fa charge. Il eft auffi-tôt foupçonné d'avarice, de mauvaife conduite; il eft en bute à toutes les calomnies. Enfin, au bout de deux ans, M. S*** reparoît dans le monde : il avoit accumulé une fomme de vingt mille livres qu'il place au profit des enfants de fon ami. C'eft M. *Sedaine* qui nous rapporte ce trait dans fon *Difcours fur les qualités qui conftituent la beauté de l'ame.* On eft fâché qu'il ne nous ait pas fait connoître un homme qui honore autant l'amitié.

Cette action héroïque d'amitié nous en rappelle une autre à-peu-près femblable, & dont l'Hiftoire Ancienne fait mention. Eudamidas de Corinthe touchoit à fa derniere heure, & laiffoit fa mere & fa fille expofées à la plus cruelle indigence. Il n'en fut point allarmé; il jugea des cœurs d'Arétus & de Charixene, fes fideles amis, par le fien propre. Il fit ce teftament, qui ne doit jamais être oublié : " Je legue à Aréthus,
" de nourrir ma mere, & de l'entretenir dans fa
" vieilleffe; à Charixene, de marier ma fille,
" & de lui donner la plus groffe dot qu'il pourra; & au cas que l'un des deux vienne à mourir, je fubftitue en fa part celui qui furvivra ". Ces deux amis du vertueux Eudamidas fe montrerent dignes de leur ami. Aréthus maria la fille d'Eudamidas le même jour que la fienne, & leur donna une égale portion de fon bien. Le pinceau du célebre Pouffin a confacré cette action fublime. Il a peint Eudamidas dans le moment où il n'a plus qu'un refte de vie, & où il dicte fes dernieres volontés.

La

AMITIÉ.

La véritable amitié n'inspire que des sentiments généreux. Callisthenes d'Olynthe, qui avoit suivi Alexandre dans ses conquêtes, fut accusé de trahison auprès de ce Prince, qui le fit mutiler, & le condamna à être enfermé dans une cage de fer à la suite de l'armée. Lysimaque, l'un des Capitaines d'Alexandre, & l'ami fidele de Callisthenes, ne discontinua cependant point de venir le voir. Ce Philosophe, après l'avoir remercié de cette attention courageuse, le pria, au nom des Dieux, que ce fût pour la derniere fois. Laissez-moi, lui dit-il, soutenir mes malheurs, & n'ayez pas encore la cruauté d'y joindre les vôtres. » Je vous verrai tous les jours, » répondit Lysimaque ; si le Roi vous savoit » abandonné des gens vertueux, il n'auroit plus » de remords, & commenceroit à vous croire » coupable. Oh ! j'espere qu'il ne jouira pas du » plaisir de voir que la crainte d'encourir sa dis- » grace, m'a fait abandonner un ami ".

Le Comte d'Aubigné, aïeul de Madame de Maintenon, fit paroître cette même générosité dans ses sentiments. Henri IV lui reprochoit de ce qu'il se montroit l'ami du Seigneur de la Trémouille, disgracié & exilé de la Cour. » Sire, » lui répondit d'Aubigné, M. de la Trèmouille » est assez malheureux, puisqu'il a perdu la fa- » veur de son maître ; j'ai cru ne devoir point » l'abandonner dans le temps qu'il avoit le plus » besoin de mon amitié ".

On aimera à voir, dans les lettres ci-après, de Voiture & l'Abbé Costar, un trait de cette confiance & de cette aimable franchise qu'inspire la sincere amitié. Voiture étoit un des beaux-esprits du siecle de Louis XIII. Ayant un jour perdu tout son argent au jeu, il se trouva avoir

besoin de deux cents pistoles; il écrivit en conséquence à l'Abbé Costar, son fidele ami : » Je
» perdis hier tout mon argent, & deux cents
» pistoles au-delà, que j'ai promis de rendre
» dès aujourd'hui. Si vous les avez, ne man-
» quez pas de me les envoyer; si vous ne les
» avez pas, empruntez-les : de quelque façon
» que ce soit, il faut que vous me les prêtiez;
» & gardez-vous bien de souffrir que quelqu'au-
» tre vous enleve sur la moustache cette belle
» occasion de me faire plaisir ; j'en serois fâché
» pour l'amour de vous : comme je vous con-
» nois, vous auriez de la peine à vous en con-
» soler bientôt ; afin d'éviter ce malheur, ven-
» dez plutôt ce que vous avez...., Vous voyez
» comme l'amour est impérieux : je prends un
» certain plaisir à en user de la sorte avec vous;
» & je sens bien que j'en aurois encore un plus
» grand, si vous en usiez ainsi avec moi ; mais
» vous êtes un poltron. Jugez, s'il ne faut pas
» que je m'assure bien que vous.... Je donnerai
» ma promesse à celui qui m'apportera votre
» argent. Bon jour.

Costar lui répondit : » J'ai une extrême joie
» d'être en état de vous rendre le petit service
» que vous desirez de moi : jamais je n'eusse
» pensé qu'on eût tant de plaisir pour deux cents
» pistoles. Après l'avoir éprouvé, je vous donne
» ma parole que j'aurai toute ma vie un petit
» fonds tout prêt aux occasions où vous en au-
» rez affaire... Ordonnez-moi donc hardiment
» ce qu'il vous plaira : vous ne sauriez prendre
» tant de plaisir à me commander, que j'en au-
» rai à vous obéir. Néanmoins, quelque soumis
» que je sois, je me révolterai, si vous voulez
» m'obliger à prendre une promesse de vous ",

Le véritable ami ne diſſimule point les défauts de ſon ami ; il cherche même à les lui faire remarquer, pour qu'il s'en corrige. C'eſt la vérité de cette maxime, qui donne un prix à cette réponſe franche & magnanime de Philippe, Roi de Macédoine. Ce Prince étoit préſent à la vente de quelques captifs, dans une poſture indécente. L'un d'eux l'en avertit. *Qu'on mette cet homme en liberté*, dit Philippe ; *je ne ſavois pas qu'il fût de mes amis.*

    L'amitié, ainſi que l'amour, a eu ſes victimes. Au ſiege de la Capelle, en 1650, par les François, un Eſpagnol apprend que ſon ami a été renverſé d'un coup de mouſquet dans la tranchée. Il vole auſſi-tôt à ſon ſecours, il le trouve mort, étendu ſur la pouſſiere. Son premier mouvement eſt de ſe jetter ſur ſon ami, l'embraſſe, le tient quelque temps preſſé contre ſon ſein palpitant; & accablé de ſa propre douleur, il expire un moment après. L'Archiduc, inſtruit de cet événement, en fut attendri; il voulut qu'on renfermât, dans le même tombeau, deux amis que la mort n'avoit pu ſéparer; & après les avoir fait tranſporter en grande pompe à Aveſnes, il leur fit élever un mauſolée en marbre. C'étoit un monument que ſa ſenſibilité érigeoit à l'Amitié. *Annales Belgiques*, Douay, *page* 436.

    Nous devons ſavoir gré aux Papiers Anglois, de nous avoir conſervé cet acte d'amitié généreuſe du célebre Mead, Médecin Anglois, mort en 1754. Freind, ſon ami & premier Médecin de la Reine d'Angleterre, avoit aſſiſté au Parlement de 1722, comme député du bourg de Lanceſton, & s'étoit élevé avec force contre le Miniſtere. Cette conduite ayant indiſpoſé la Cour, on ſuſcita à Freind un crime de haute trahifon, & il fut renfermé, au mois de Mars, dans la tour de Londres. Environ fix mois après, le Miniftre tomba malade, & envoya chercher Mead, qui, après s'être mis au fait de la maladie, dit au malade qu'il lui répondoit de fa guérifon, mais qu'il ne lui donneroit pas feulement un verre d'eau, que Freind, fon ami, ne fût forti de la tour. Le Miniftre, quelques jours après, voyant fa maladie augmenter, fit fupplier le Roi d'accorder la liberté à M. Freind. L'ordre expédié, le malade crut que Mead alloit ordonner ce qui convenoit à fon état: mais ce Médecin perfifta dans fa réfolution, jufqu'à que fon ami fût rendu à fa famille. Après cet élargiffement, Mead traita le Miniftre, & lui procura, en peu de temps, une guérifon parfaite. Le foir même il porta à Freind environ cinq mille guinées qu'il avoit reçues pour fes honoraires en traitant les malades de fon ami pendant fa détention, & l'obligea à recevoir cette fomme, quoiqu'il eût pu la retenir légitimement, puifqu'elle étoit le fruit de fes peines.

Que Montaigne peint bien, dans fon vieux & énergique langage, la tendre & vive amitié. Il parle ici de M. de la Boétie, fon ami, que la mort lui avoit enlevé. » A notre premiere ren-
» contre, nous nous trouvâmes fi pris, fi con-
» nus, fi obligés entre nous, que rien dès-lors
» ne nous fut fi proche, que l'un à l'autre. Si
» je compare tout le refte de ma vie, (quoi-
» qu'avec la grace de Dieu, je l'aie paffée dou-
» ce, aifée, &, fauf la perte d'un tel ami,
» exempte d'affliction poignante;) fi je la com-
» pare, dis-je, toute aux quatre années qu'il
» m'a été donné de jouir de la douce compagnie
» & fociété de ce perfonnage, ce n'eft que fu-

« mée, ce n'est qu'une nuit obscure & ennuyeu-
» se. Depuis le jour que je le perdis, je ne fais
» que trainer languissant; & les plaisirs mêmes
» qui s'offrent à moi, au-lieu de me consoler,
» me redoublent le regret de sa perte. Nous
» étions à moitié de tout; il me semble que je
» lui dérobe sa part: j'étois déja si fait & accou-
» tumé à être deuxieme par-tout, qu'il me sem-
» ble n'être plus qu'à demi ".

L'homme uniquement seul, est celui qui n'a point d'amis. Le monde n'est pour lui qu'un vaste désert, un lieu d'exil & de tristesse, qu'il partage avec les animaux errants.

AMOUR.

L'AMOUR est dépeint, par les Poëtes, avec un bandeau sur les yeux, pour marquer l'aveuglement dans lequel il nous plonge ; la force de cette passion ne se mesure même que par le degré de cet aveuglement. C'est ce qu'avoit trèsbien senti cette femme, qui, surprise par son amant entre les bras de son rival, osa lui nier le fait dont il étoit témoin. *Quoi!* lui dit-il, *vous poussez à ce point l'impudence?... Ah, perfide!* s'écria-t-elle, *je le vois, tu ne m'aime plus ; tu crois plus ce que tu vois, que ce que je te dis.*

Une jeune Languedocienne, qui avoit été trois mois privée de voir son amant, le rencontra au sortir de chez elle. Celui-ci lui témoignoit les plus tendres sentiments, lorsqu'il survint une forte pluie. Le jeune homme en paroissoit inquiet, & cherchoit à s'en garantir. » Quoi!
» vous avez été trois mois absent, lui dit son
» amante avec emportement, vous m'aimez,

» vous me voyez, & vous fongez qu'il pleut?"

Une Dame Espagnole, qui fentoit vivement, lifoit dans un Roman François une longue & tendre converfation entre un amant & une amante : *Que d'esprit mal employé! dit-elle: ils étoient enfemble, & ils étoient feuls.*

Un homme de qualité épris des charmes d'une fort jolie Demoifelle, lui difoit : Si nous nous aimions, obfédée comme vous l'êtes par votre mere, nous aurions bien de la peine à trouver un lieu favorable à nos plaifirs. » De quoi vous » embarraffez-vous, lui répondit-elle : fongez » feulement à m'en faire naître l'envie ".

L'amour fatisfait fait fe cacher ; mais l'amour malheureux éclate : c'eft un feu dévorant qui manifefte bientôt fa préfence. Il ne fut pas difficile par conféquent au Médecin Erafiftrate de s'appercevoir du mal qui confumoit le jeune Antiochus. Ce Prince, éperduement amoureux de Stratonice, fa belle-même, n'ofoit avouer cette paffion défordonnée. Trop foible d'ailleurs pour furmonter fes defirs, il avoit pris la réfolution de feindre une maladie inconnue, & de fe laiffer éteindre par le défaut d'aliments. Erafiftrate paffoit des journées entieres dans la chambre du malade, pour lui dérober fon fecret, s'il étoit poffible. Il obfervoit fes regards; il épioit fes mouvements : il remarqua bientôt les révolutions que lui caufoit la préfence de Stratonice. Lorfque cette Princeffe entroit, une extinction de voix prenoit au jeune Prince, fa refpiration devenoit embarraffée, fes joues enflammées, fon poulx inégal, fes mouvements convulfifs ; un nuage confus fe répandoit fur fes yeux, une fueur froide par tout fon corps : tout fon extérieur enfin déceloit au clairvoyant Erafiftrate ce

qu'Antiochus cachoit avec tant de soin. Ce Médecin comprit que le respect filial avoit toujours empêché le jeune Prince de faire l'aveu de sa passion : il ne douta point que les feux renfermés dans le sein de cet amant, le consumeroient bientôt, si les progrès n'en étoient arrêtés. La maniere dont ce Médecin s'y prit, pour procurer au fils de Séleucus ce qu'il desiroit avec tant d'ardeur, ne peut être plus ingénieuse. » Sei-
» neur, dit-il au Roi, la maladie de votre fils
» n'est autre chose qu'un amour très-violent,
» mais sans remede ; parce qu'il ne peut être
» satisfait. — Comment ; un amour sans reme-
» de, demanda Séleucus étonné. — Oui, Sei-
» gneur, sans remede, répondit Erasistrate ; car
» il est amoureux de ma femme. — Quoi donc !
» mon cher Erasistrate, répartit le Roi, étant
» mon ami comme vous l'êtes, vous ne céde-
» riez pas votre femme à mon fils, que j'aime
» tendrement, sur-tout me voyant prêt à per-
» dre ce fils, mon unique espérance. — Mais
» vous, répondit le Médecin, vous qui êtes
» son pere, lui abandonneriez-vous Stratonice,
» s'il en étoit amoureux ? — Plût au Ciel, re-
» prit vivement Séleucus, que Dieu favorable
» changeât la passion de mon fils, & substituât
» la Reine à la place de votre femme ! non-seu-
» lement je sacrifierois mon épouse, mais je
» donnerois tout mon Royaume pour sauver
» un fils qui m'est si cher ". Le Roi prononça ces dernieres paroles avec une si grande effusion de cœur, qu'Erasistrate ne balança plus à découvrir la vérité. » Seigneur, dit-il à Séleucus, en
» lui tendant la main, vous n'avez ici besoin
» que de vous-même pour guérir votre fils. Il
» est amoureux de Stratonice ; il languit, il

B iv

» brûle, il meurt pour elle. Voilà son mal ; le
» remede est entre vos mains : voyez ce que
» vous pouvez faire ". Ce pere, attaché aux
jours de son fils, ne balança point ; il assembla
le conseil de la nation, & déclara le dessein qu'il
avoit d'établir Antiochus Roi des hautes Provinces de l'Asie, & de le marier à Stratonice. Ce
fait, tiré de l'Histoire de Séleucus, Roi des Syriens, a fourni le sujet d'un intermede intitulé :
le Médecin de l'Amour, joué, pour la premiere
fois, sur le théâtre de l'Opéra-comique, en 1758.

Il y a dans le *Traité de l'Education* de M.
Rousseau, un trait qui prouve combien l'amour
a de pouvoir sur les inclinations des jeunes gens.
J'étois, dit l'Auteur, à Venise, en visite chez
le Gouverneur d'un jeune Anglois. C'étoit en
hyver, nous étions autour du feu. Le Gouverneur reçoit ses lettres de la poste. Il les lit, puis
en relit une tout haut à son éleve. Elle étoit en
Anglois : je n'y compris rien ; mais durant la
lecture, je vis le jeune homme déchirer de très-belles manchettes de point qu'il portoit, & les
jetter au feu l'une après l'autre, le plus doucement qu'il put, afin qu'on ne s'en apperçût pas :
surpris de ce caprice, je regarde au visage, &
crois y voir de l'émotion : mais les signes extérieurs des passions, quoiqu'assez semblables chez
tous les hommes, ont des différences nationales, sur lesquelles il est facile de se tromper. Les
peuples ont divers langages sur le visage, aussi-bien que dans la bouche. J'attends la fin de la
lecture ; & puis montrant au Gouverneur les
poignets nuds de son éleve, qu'il cachoit pourtant de son mieux, je lui dis, peut-on savoir ce
que cela signifie ? Le Gouverneur, voyant ce
qui s'étoit passé, se mit à rire, embrassa son éleve

d'un air de satisfaction ; & après avoir obtenu son consentement, il me donna l'explication que je souhaitois. Les manchettes, me dit-il, que M. John vient de déchirer, sont un présent qu'une Dame de cette ville lui a fait il n'y a pas long-temps. Or, vous saurez que M. John est promis dans son pays à une jeune Demoiselle pour laquelle il a beaucoup d'amour, & qui en mérite encore davantage. Cette lettre est de la mere de sa maitresse, & je vais vous en traduire l'endroit qui a causé le dégât dont vous avez été témoin.

» Luci ne quitte point les manchettes du Lord
» John. Mifs Betti Heldam vint hier passer l'a-
» près-midi avec elle, & voulut à toute force
» travailler à son ouvrage. Sachant que Luci
» s'étoit levée aujourd'hui plutôt qu'à l'ordi-
» naire, j'ai voulu voir ce qu'elle faisoit, & je
» l'ai trouvé occupée à défaire tout ce qu'avoir
» fait hier Mifs Betti. Elle ne veut pas qu'il y
» ait dans son présent un seul point d'une autre
» main que de la sienne ".

Nos anciens étoient persuadés que l'amour perfectionnoit les ames bien nées, & qu'il étoit *entrepreneur* de grandes choses. Aussi étoit-il de l'essence de l'ancienne Chevalerie d'avoir sa Dame à qui, comme à une être suprême, on rapportoit tous ses sentiments, toutes ses pensées, toutes ses actions. *Ah ! si ma Dame me voyoit*, disoit Fleuranges, en montant le premier à l'assaut.

On disoit à Zénon que l'amour étoit indigne d'un Philosophe. Si cela étoit vrai, répondit Zénon, le sort des belles seroit bien à plaindre, elles ne seroient aimées que des sots.

AMOUR CONJUGAL.

On demandoit à une Dame Romaine, qui étoit restée veuve dans le printemps de ses jours, pourquoi elle ne se remarioit point ? C'est que mon mari est toujours présent pour moi.

Pauline, femme de Séneque, ne voulut point survivre à son mari, dont Néron avoit ordonné la mort, & se fit, à son exemple, ouvrir les veines. Mais Néron ayant envoyé des gens pour l'obliger à permettre qu'on lui arrêtât le sang, elle porta le reste de sa vie sur son visage une pâleur, dit Tacite, qui fut un glorieux témoignage de son chaste amour pour son mari.

Sinorix & Sinatus, au rapport de Plutarque, étoient deux des plus puissants Seigneurs du pays de Galatie. Camma, femme du dernier, n'étoit pas moins recommandable par sa vertu que par sa beauté. Sinorix en devint amoureux. Il connoissoit la sévérité de ses mœurs, & ne pouvoit se flatter d'aucun retour. Il a recours au crime ; il assassine Sinatus. Quelque temps après, il demande Camma en mariage, & fait agir ses parents. Cette veuve infortunée ne rejette pas tout-à-fait la proposition ; elle fait seulement quelque difficulté. Mais enfin, on convient du jour pour la cérémonie du mariage. Camma se rend devant l'autel de Diane dont elle étoit Prêtresse. Alors ayant, suivant l'usage, répandu devant la Déesse un peu d'un breuvage qu'elle avoit préparé, elle en but, & donna le reste à Sinorix. Aussi-tôt qu'il en eût avalé : Je t'appelle à témoin, dit-elle, en s'adressant à la Déesse, que si j'ai survécu à mon mari, ce n'a été que pour venger fa mort. Pour toi, Sinorix, le plus méchant de tous les hommes, donne ordre que tes amis te préparent un tombeau au-lieu d'un lit nuptial. Il mourut le même jour, & Camma le lendemain.

Conrad III, qui avoit été élu Empereur en 1138, alliégeoit Weinſperg, petite ville de l'Etat du Duc de Wittemberg en Allemagne. Ce Duc, qui avoit été un des oppofants à l'élection de Conrad, fe renoit avec fa femme renfermé dans cette ville. Il en foutint le fiege avec une bravoure héroïque, & ne céda qu'à la force. L'Empereur irrité, vouloit mettre tout à feu & à fang; cependant il fit grace aux femmes, & leur permit de fortir & d'emporter avec elles, tout ce qu'elles avoient de plus précieux. L'époufe du Duc profita auffi tôt de cette permiffion pour fauver les jours de fon mari. Elle le prit fur fes épaules. Toutes les femmes de la ville en firent autant, & l'Empereur les vit fortir ainfi chargées, la Ducheffe à leur tête. Il ne put tenir contre un fpectacle fi intéreffant; & cédant à l'admiration qu'il lui caufoit, il fit grace aux hommes en faveur des femmes. La ville fut fauvée.

Un Charles-Emmanuel, Duc de Savoye, qui avoit des prétentions fur la ville de Geneve, tenta, au commencement du dernier fiecle, de s'en emparer par furprife. Il la fit efcalader de nuit; mais le fuccès ne répondit point à fes vues: l'allarme commença avant qu'il y eût un affez grand nombre d'affiégeant fur les murailles. Les citoyens coururent aux armes, & repouffèrent les ennemis, trop foibles pour leur réfifter. Ceux qui tomberent entre leurs mains, furent livrés à une mort ignominieufe. Du nombre de ces prisonniers étoit un Officier de marque. La nouvelle de son malheur est portée à son épouse : cette Dame étoit enceinte ; elle vole vers le lieu où son mari va périr, & demande à l'embrasser pour la derniere fois. On lui refusa cette grace, & l'Officier fut pendu sans qu'elle eût pu l'approcher. Elle suivit néanmoins le corps de son mari au lieu où il devoit être exposé : là elle s'assit devant ce triste spectacle, & y demeura sans vouloir prendre de nourriture, ni cesser d'y fixer ses regards. La mort qu'elle attendoit avec impatience, vint enfin lui fermer les yeux en cette situation.

Un autre trait de ce genre d'héroïsme que produit l'amour conjugal, sera tiré de l'Histoire Japonnoise. L'Empereur avoit fait mourir secretement un Officier de mérite qui avoit une fort belle femme. Quelques jours après, le Prince fit venir cette Dame, & voulut l'obliger de faire sa demeure avec lui dans le palais. Je dois me réjouir & m'estimer heureuse, lui répondit-elle, de ce que vous m'avez jugé digne de votre amitié ; je reçois cette grace comme je le dois ; mais j'ose prendre la liberté de vous demander un intervalle de trente jours pour achever de pleurer la mort de mon mari. Permettez encore, ajouta-t-elle, qu'après ce délai je puisse rassembler ses parents, & leur donner à manger dans l'une des tours de votre château. L'Empereur accorde tout à ses prieres. Le jour du festin arrive, il est donné avec la plus grande somptuosité. L'Empereur, qui avoit voulu s'y trouver, y boit avec excès & s'enivre ; la Dame profite de ce moment ; & témoignant de vouloir prendre l'air sur l'un des balcons de la tour, elle se précipite du haut en-bas.

Après l'entreprise malheureuse du Roi Jacques, pour remonter sur le trône d'Angleterre, les Seigneurs Anglois qui avoient embrassé son parti, furent condamnés à périr par la main du Bourreau. Ils furent exécutés le 16 Mars 1716. Le Lord Nihisdale devoit subir le même sort, mais il se sauva par la tendresse ingénieuse de son épouse. On avoit permis aux Dames de voir leurs maris la veille de leur mort, pour leur faire les derniers adieux. Milady Nihisdale entre dans la tour, appuyée sur deux femmes-de-chambre, un mouchoir devant les yeux, & dans l'attitude d'une femme désolée. Lorsqu'elle fut dans la prison, elle engagea le Lord, qui étoit de même taille qu'elle, de changer d'habit, & de sortir dans la même attitude qu'elle avoit eu en entrant ; elle ajouta que son carrosse le conduiroit au bord de la Tamise, où il trouveroit un bateau qui le meneroit sur un navire prêt à faire voile pour la France. Le stratagême s'exécuta heureusement. Mylord Nihisdale disparut, & arriva à trois heures du matin à Calais. En mettant pied à terre, il fit un saut, en s'écriant : *Vive Jesus, me voilà sauvé.* Ce transport le décela ; mais il n'étoit plus au pouvoir de ses ennemis. Le lendemain matin, on envoya un Ministre pour préparer le prisonnier à la mort. Ce Ministre ne fut pas médiocrement surpris de trouver une femme au-lieu d'un homme. La nouvelle s'en répandit dans le moment. Le Lieutenant de la tour consulta la Cour pour savoir ce qu'il devoit faire de Madame Nihisdale ; il reçut ordre de la mettre en liberté. Mais elle refusa de sortir avant qu'elle eût des habits convenables. Elle rejoignit bientôt son mari en France. *Lettres historiques, pour servir de suite à l'Hist. des Révolutions de la Grande-Bretagne.*

AMOUR FILIAL.

LES Annales Japonnoifes font mention de cet exemple extraordinaire d'amour filial. Une femme étoit reftée veuve avec trois garçons ; & ne fubfiftoit que de leur travail. Quoique le prix de cette fubfiftance fût peu confidérable, les travaux néanmoins de ces jeunes gens n'étoient pas toujours fuffifants pour y fubvenir. Le fpectacle d'une mere qu'ils chériffoient, en proie aux befoins, leur fit un jour concevoir la plus étrange réfolution. On avoir publié depuis peu, que quiconque livreroit à la juftice le voleur de certains effets, toucheroit une fomme affez confidérable. Les trois freres s'accordent entr'eux qu'un des trois paffera pour voleur, & que les deux autres le meneront au Juge. Il tirent au fort pour favoir qui fera la victime de l'amour filial, & le fort tombe fur le plus jeune, qui fe laiffe lier & conduire comme un criminel. Le Magiftrat l'interroge ; il répond qu'il a volé : on l'envoye en prifon ; & ceux qui l'ont livré touchent la fomme promife. Leur cœur s'attendrit alors fur le danger de leur frere : ils trouvent le moyen d'entrer dans la prifon ; & croyant n'être vus de perfonne, ils l'embraffent tendrement & l'arrofent de leurs larmes. Le Magiftrat, qui les apperçoit par hafard, furpris d'un fpectacle fi nouveau, donne commiffion à un de fes gens de fuivre les deux délateurs, il lui enjoint expreffément de ne les point perdre de vue, qu'il n'ait découvert de quoi éclaircir un fait fi fingulier. Le domeftique s'acquitte parfaitement de fa commiffion, & rapporte qu'ayant vu entrer ces deux jeunes gens dans une maison, il s'en étoit approché, & les avoit entendu raconter à leur mere ce que l'on vient de lire; que la pauvre femme, à ce récit, avoit jetté des cris lamentables, & qu'elle avoit ordonné à ses enfants de reporter l'argent qu'on leur avoit donné, disant qu'elle aimoit mieux mourir de faim que de se conserver la vie au prix de celle de son cher fils. Le Magistrat, pouvant à peine concevoir ce prodige de piété filial, fait venir aussi-tôt son prisonnier, l'interroge de nouveau sur ses prétendus vols, le menace même du plus cruel supplice : mais le jeune homme, tout occupé de tendresse pour sa mere, reste immobile. Ah! c'en est trop, lui dit le Magistrat en se jettant à son cou ; enfant vertueux, votre conduite m'étonne. Il va aussi-tôt faire son rapport à l'Empereur, qui, charmé d'une affection si héroïque, voulut voir les trois freres, les combla de caresses, assigna au plus jeune une pension considérable, & une moindre à chacun des deux autres.

En 1585, des troupes Portugaises, qui passoient dans les Indes, firent naufrage. Une partie aborda dans le pays des Caffres, & l'autre se mit à la mer sur une barque construite des débris du vaisseau. Le pilote s'appercevant que le bâtiment étoit trop chargé, avertit le chef Edouard de Mello, que l'on va couler à fond, si on ne jette dans l'eau une douzaine de victimes. Le sort tombe, entr'autres, sur un soldat dont l'histoire n'a point conservé le nom. Son jeune frere tombe aux genoux de Mello, & demande avec instance, de prendre la place de son aîné. » Mon frere, dit-il, est plus capable que moi ;
» il nourrit mon pere, ma mere, mes sœurs :
» s'ils le perdent, ils mourront tous de misere:

» confervez leur vie, en confervant la fienne :
» & faites-moi périr, moi qui ne puis leur être
» d'aucun fecours". Mello y confent, & le fait jetter à la mer. Le jeune homme fuit la barque pendant fix heures, enfin, il la rejoint. On le menace de le tuer, s'il tente de s'y introduire : l'amour de la confervation triomphe de la menace, il s'approche. On veut le frapper avec une épée, qu'il faifit & qu'il retient jufqu'à ce qu'il foit entré. Sa conftance touche tout le monde : on lui permet enfin de refter avec les autres, & il parvient ainfi à fauver fa vie & celle de fon frere. *La Clede, Hift. de Portugal.*

AMOUR MATERNEL.

QUELLE plume pourroit peindre toutes les fcenes de douleur où de joie qui fe paffent dans le fein d'une mere ; fes tendres follicitudes pour l'objet de fes affections, fes allarmes, fes agitations lorfqu'elle eft en danger de le perdre, fon défefpoir lorfqu'elle l'a perdu ? La femme d'un noble Vénitien, ayant vu mourir fon fils unique, s'abandonnoit aux plus cruelles douleurs. Un Religieux tachoit de la confoler. Souvenez-vous, lui difoit-il, d'Abraham, à qui Dieu commanda de plonger lui-même le poignard dans le fein de fon fils, & qui obéit fans murmurer. *Ah ! mon pere*, répondit-elle avec impétuofité, *Dieu n'auroit jamais commandé ce facrifice à une mere.*

AMOUR DE LA PATRIE.

Passion forte & fublime, qui dénature l'homme en quelque forte, & fait qu'il aime fa patrie exclufivement à lui. Ce fut cette paffion qui porta Decius à immoler fa vie ; Fabius, fon honneur ; Camille, fon reffentiment ; Brutus & Manlius, leurs enfants.

Le Lacédémonien Pédarete, eft-il dit dans l'Hiftoire de Lacédémone, fe préfente pour être admis au confeil des trois cents : il eft rejetté. Il s'en retourne joyeux de ce qu'il s'eft trouvé dans Sparte trois cents hommes valant mieux que lui.

Une femme de Sparte avoit cinq fils à l'armée, & attendoit des nouvelles de la bataille. Elle en demande, en tremblant, à un Ilote qui revient du camp. Vos cinq fils ont été tués. Vil efclave ! t'ai-je demandé cela ? Nous avons gagné la victoire. La mere coure au Temple, & rend graces aux Dieux.

Une autre Lacédémonienne voit au fiege d'une ville fon fils aîné qu'elle avoit placé dans un pofte, tomber mort à fes pieds. Qu'on appelle fon frere pour le remplacer, s'écria-t-elle auffi-tôt.

Porfenna, Roi des Tofcans, affiégeoit la ville de Rome l'an de fa fondation 246, & étoit prêt de réduire cette ville à la derniere extrêmité. Un jeune Romain, plein d'une noble ardeur, paffe déguifé en Etrurien dans le camp ennemi ; il pénetre jufqu'à la tente de Porfenna, dont il poignarde le Secretaire qu'il avoir pris pour le Roi. On l'arrête, on lui demande fon nom. » Je » fuis Romain, répondit-il fiérement, & l'on me » nomme *Mutius* ; tu vois un ennemi qui a

» voulu tuer son ennemi, & je n'aurai pas
» moins de courage pour souffrir la mort que
» je n'en ai eu pour te la donner ". En même-
temps, comme pour punir sa main droite d'a-
voir manqué son coup, il la mit sur un brasier
qu'on venoit d'allumer pour un sacrifice, & il la
vit brûler sans témoigner aucun sentiment de
douleur. Le Roi, frappé de ce prodige de fermeté, le fait éloigner de l'autel, & lui rend sa
liberté. » Puisque tu sais, lui dit Mutins, hono-
» rer la vertu, ce que tu n'aurois pu m'arracher
» par menaces, je l'accorderai à ton bienfait :
» saches que nous sommes trois cents jeunes
» Romains qui avons juré devant les Dieux de
» mourir tous, ou de te poignarder au milieu de
» tes Gardes ". Porsenna, également saisi d'admiration & de crainte, prit le parti de lever le
siege.

Les Suisses honoreront toujours la mémoire
d'Arnold de Winkelried, Gentilhomme du pays
d'Undervald. En 1396, ce vertueux citoyen
voyant, à la bataille de Sempach, que ses compatriotes ne pouvoient enfoncer les Autrichiens,
parce que ceux-ci, armés de toutes pieces,
ayant mis pied à terre, & formant un bataillon
serré, présentoient un front couvert de fer, hé-
rissé de lance & de piques, conçut le généreux
dessein de se sacrifier pour sa patrie. » Mes amis,
» dit-il aux Suisses qui commençoient à se re-
» buter, je vais donner ma vie pour vous pro-
» curer la victoire : je vous recommande seule-
» ment ma famille. Suivez-moi, & agissez en
» conséquence de ce que vous me verrez faire".
A ces mots, il les range en forme de triangle,
dont il occupe la pointe, marche vers le centre
des ennemis, & embrassant le plus de piques

qu'il peut faifir, il fe jette à terre, ouvrant à ceux qui le fuivoient un chemin pour pénétrer dans cet épais bataillon. Les Autrichiens une fois entamés, furent vaincus, la pefanteur de leurs armes leur devenant funefte.

La Ville de Calais, affiégée en 1346, par Edouard III, Roi d'Angleterre, nous offre un exemple mémorable du patriotifme François. Edouard venoit de réduire la Ville par famine le 3 Août 1347. Ce Prince, irrité d'avoir vu périr la fleur de fon armée devant cette Ville qui l'avoit arrêté un an entier, refufa d'abord d'accorder aucune condition favorable aux habitants. Il vouloit raçonner les uns, & faire mourir les autres. Cependant, fur les repréfentations de fes Généraux qui appréhendoient avec raifon, qu'une telle conduite n'autorifât les François à ufer de repréfailles, le Monarque Anglois voulut bien fe contenter de fix victimes qui lui feroient préfentées nues têtes, la corde au col, & les clefs de la ville en leurs mains. Lorfque Mauni vint de la part d'Edouard annoncer aux habitants de Calais la derniere volonté du vainqueur, le Gouverneur le pria de refter, afin d'affifter à la déclaration qu'il alloit faire de cette volonté devant le peuple. Tous les habitants affemblés fur la place attendoient la réponfe d'Edouard avec cette inquiétude qui donnent la crainte de la mort & l'efpérance de la vie. Dès que l'ordre eut été publié, un morne filence annonça l'aneantiffement de tous les cœurs. Ils fe regardoient en friffonnant, cherchant avec effroi ces fix victimes du falut public qu'ils défefpéroient de rencontrer. Ce long filence fut interrompu par des cris entrecoupés de fanglots, de gémiffements & de pleurs. Jean de Vienne,

leur brave Gouverneur, guerrier intrépide sur la breche, devenu citoyen compatiffant, confondoit fes foupirs avec les leurs. Maüni, témoin d'un fpectacle fi attendriffant, ne put retenir les larmes dont fes yeux étoient inondés. Cependant le peu de temps accordé s'écouloit, il falloit fe décider. Euftache de Saint-Pierre fe leva courageufement au milieu de cette foule de citoyens défolés : » Seigneurs, grands & petits,
» s'écria-t-il, grand méchef feroit de laiffer
» mourir un tel peuple, qui cy eft, par famine,
» ou outrement, quand on y peut trouver au-
» cun moyen, & feroit grande grace devant
» notre Seigneur qui de tel méchef le pourroit
» garder. J'ai en droit moi fi grande efpérance
» d'avoir pardon, fi je meurs pour ce peuple
» fauver, que je veux être le premier". A peine eût-il ceffé de parler, qu'il reçut le prix le plus pur de la reconnoiffance de fes concitoyens, *chacun l'alloit adorer de pitié*, dit Froiffard : ils fe profternerent à fes pieds en les arrofant de leurs larmes. Quel eft le pouvoir de la vertu! Jean d'Aire, courageux imitateur d'Euftache fon coufin, vint fe ranger auprès de lui dans la réfolution de partager l'honneur de mourir pour la patrie. Jacques & Pierre Wiffant, freres & parents de ces généreux martyrs, fe dévouerent pareillement. Pourquoi, ajoute l'Abbé Velly, dont ce récit eft emprunté, faut-il que l'hiftoire, qui nous a tranfmis les noms de tant d'hommes inutiles ou funeftes au genre-humain ait négligé de nous apprendre ceux des deux autres victimes ? Le Gouverneur, à qui la foibleffe de l'âge, les infirmités & la douleur ne permettoient pas de fe foutenir, monta à cheval, & les conduifit jufqu'à la porte de la ville : là il les remit en-

AMOUR DE LA PATRIE. 45
tre les mains de Mauni, en le priant d'intercéder pour eux auprès dé son Roi. Ils parurent devant le Monarque Anglois, & lui préſenterent les clefs de la ville. Tous les Seigneurs qui environnoient le Roi, ne pouvoient diſſimuler la pitié & l'admiration qu'une pareille magnanimité leur inſpiroit : on entendoit autour du Prince que murmure confus excité par la compaſſion générale. Edouard seul parut inflexible : il les regarda d'un air sévere, & commanda qu'on les conduiſît au ſupplice. Ce fut en vain que le Prince de Galles se jetta à ses pieds : on eût dit qu'en ce moment la colere avoit mis sur les yeux de ce Prince un bandeau qui lui déroboit la honte d'un pareil emportement : il réitéra l'ordre de faire venir le bourreau : *ſoit fait venir le coupe-tête*, dit-il. C'étoit fait de ces illuſtres infortunés & de la gloire d'Edouard, sans la Reine son épouse qui pour-lors étoit à l'armée. Cette digne Princeſſe entra dans la ſalle, & se précipita aux genoux de son mari, le conjurant par les motifs les plus puiſſants de l'honneur, de l'humanité & de la Religion, de ne pas ſouiller sa victoire. Le Monarque baiſſa les yeux : après un moment de silence : *Ah! Madame*, s'écria-t-il, *je aimaſſe mieux que vous fuſſiez autre part que cy ; vous me priez si acertes, que je ne puis vous éconduire. Si les vous donne à votre plaiſir.* Auſſi-tôt la Reine les emmena dans son appartement, les fit habiller, ordonna qu'on leur apportât à diner, & les renvoya sous une eſcorte sûre, après leur avoir fait donner à chacun six pieces d'or pour leurs besoins. *Voyez Froiſſard, l'Histoire de France, par l'Abbé Velly, la Tragédie de M. de Belloy,* intitulée, *le Siege de Calais*, représentée avec un applaudiſſement univerſel par

les Comédiens François, le 13 Février 1765.

Lors du fiege de Turin, formé par l'armée Françoife en 1640, un fergent des gardes Piémontoifes donna cet exemple fingulier du patriotifme. Ce fergent gardoit avec quelques foldats le fouterrein d'un ouvrage de la citadelle ; la mine étoit chargée; il n'y manquoit qu'un fauciffon pour faire fauter plufieurs compagnies de Grenadiers qui s'étoient emparés de l'ouvrage, & y avoient pris pofte. La perte de l'ouvrage auroit pu accélérer la reddition de la place. Ce fergent, avec fermeté, ordonne aux foldats qu'il commandoit, de fe retirer ; les charge de prier de fa part le Roi fon Maître, de protéger fa femme & fes enfants; par un briquet, met le feu à la poudre, & périt pour fa patrie.

Nous voyons dans l'Hiftoire de la Chine, qu'un Chinois, juftement irrité des vexatious des Grands, fe préfente à l'Empereur, & lui porte fes plaintes. » Je viens, dit-il, m'offrir au fup-
» plice auquel de pareilles repréfentations ont
» fait traîner fix cents de mes concitoyens ; &
» je t'avertis de te préparer à de nouvelles exé-
» cutions; la Chine poffede encore dix-huit mille
» bons patriotes, qui, pour la même caufe, vien-
» dront fucceffivement te demander le même
» falaire ". La cruauté de l'Empereur ne put tenir contre tant de fermeté ; il accorda à cet homme vertueux la récompenfe qui le flattoit le plus, la punition des coupables, & la fuppreffion des impôts.

La même hiftoire nous fournit dans une mere, un autre exemple frappant de l'amour de la patrie. Un Empereur, pourfuivi par les armes victorieufes d'un citoyen, voulut fe fervir du refpect aveugle qu'en ce pays un fils a pour les ordres

de fa mere, afin d'obliger ce citoyen de fe défarmer. Il députe, vers cette mere un Officier, qui, le poignard à la main, lui dit qu'elle n'a que le choix de mourir ou d'obéir. » Ton maî-
» tre, lui répondit-elle avec un fourire amer,
» fe feroit-il flatté que j'ignore les conventions
» tacites, mais facrées, qui uniffent les peuples
» aux Souverains, par lefquelles les peuples
» s'engagent à obéir, & les Rois à les rendre
» heureux? Il a le premier violé ces conven-
» tions. Lâche exécuteur des ordres d'un Ty-
» ran, apprends d'une femme ce qu'en pareil cas
» on doit à fa patrie ". Elle arrache à ces mots, le poignard des mains de l'Officier, fe frappe, & lui dit : » Efclave, s'il te refte encore quel-
» que vertu, porte à mon fils ce poignard fan-
» glant ; dis-lui qu'il venge la nation, qu'il pu-
» niffe le Tyran, il n'a plus rien à craindre pour
» moi, plus rien à ménager ; il eft maintenant
» libre d'être vertueux ".

Dans l'onzieme fiecle, Godina, femme du Duc de Merci, en Angleterre, prouva fon amour pour fon pays par un acte bien fingulier. Cette femme étoit la Princeffe la plus célebre de fon fiecle par fa beauté & fa vertu. Son mari, dit un Hiftorien Anglois, avoit mis un impôt accablant fur les habitants de Coventri. Sa femme le follicita de le lever ; mais cet homme ne lui accotde fa demande, qu'à condition qu'elle traverferoit, nue, toute la ville. Godina fe foumit à ce caprice ; & ayant fait défendre aux habitants de la regarder, fous peine de mort, elle monta à cheval, & paffa dans toutes les rues de la ville, fans autre voile que fes grands cheveux. Un homme, pouffé par la curiofité, entr'ouvrit une fenêtre ; mais il fut mis à mort auffi-tôt : & en mémoire de cet événement, on a conservé dans cette ville, au même endroit, une espece de statue dans l'attitude d'une personne qui regarde.

AMOUR DE SOI, AMOUR-PROPRE.

L'AMOUR de soi est un sentiment naturel qui porte tout animal à veiller à sa conservation. Les Philosophes le distinguent de l'amour-propre, sentiment factice, né dans la société, & par lequel chaque individu fait plus de cas de soi que de tout autre. Un gueux des environs de Madrid demandoit l'aumône. Un passant lui dit : N'êtes-vous pas honteux de faire ce métier infâme, quand vous pouvez travailler ? » Monsieur, répondit le mendiant, je demande de l'argent, & non pas des conseils ". Puis il tourna le dos, en conservant toute la dignité Castillane. Ce fier gueux demandoit l'aumône par amour de soi-même, & ne souffroit pas la réprimande par amour-propre.

Un des principaux effets de l'amour-propre, est de ne nous faire estimer que ce que nous aimons à faire, que ce que nous faisons avec succès. Ecoutez un homme vain, il voudra que tout le monde regle sa façon de penser, sa conduite & ses goûts sur les siens... » Je ris de tous ceux qui me trouvent ridicule, disoit un vieux Cynique. — Eh bien, lui dit-on, personne au monde ne rit donc plus souvent que vous ".

Un Maitre à danser François demandoit à un de ses amis, s'il étoit vrai que Harlay eût été fait Comte d'Oxford, & grand-Trésorier d'Angleterre. On lui dit qu'oui. Cela m'étonne, répondit le Maitre à danser : quel mérite la Reine a-t-elle

AMOUR-PROPRE.

a-t-elle donc trouvé à ce Harlay ? Pour moi, j'ai eu cet homme deux ans entre les mains, & jamais je n'en ai pu rien faire.

On a rapporté un mot à-peu-près semblable de Marcel. Un Danseur Anglois, fort célebre, arrivé à Paris, descend chez Marcel. » Je viens, lui dit-il, vous rendre un hommage que vous doivent tous les gens de notre art; souffrez que je danse devant vous, & que je profite de vos conseils.... " Volontiers, lui dit Marcel. Aussitôt l'Anglois exécute des pas très-difficiles, & fait mille entrechats. Marcel le regarde, & s'écrie tout-à-coup : » Monsieur, l'on saute » dans les autres pays, & l'on ne danse qu'à » Paris ".

Le célebre Anatomiste Duvernai, ainsi que le rapporte Madame de Staal dans ses Mémoires, venoit quelquefois à Sceaux voir la Duchesse du Maine. Le bon-homme cherchoit à rendre service, dans cette cour, à Madame de Staal, alors Mademoiselle de Launai. La passion de cet artiste pour l'Anatomie, lui persuada que cette science fondoit le vrai mérite, pour exagérer celui de sa protégée; il dit un jour en grande compagnie, que cette Demoiselle étoit la fille de France qui connoissoit le mieux le corps humain. Ce trait singulier d'éloge fut aussi-tôt relevé par la Duchesse de la Ferté, qui étoit présente, & cherchoit à donner des ridicules à Mademoiselle de Launai.

C'est cette même-Duchesse qui, ayant rendu ses bonnes graces à Mademoiselle de Launai, lui dit, dans une de ces saillies enfantées par l'amour-propre : » Tiens, mon enfant, je ne vois » que moi qui aie toujours raison ".

Tome I. C

Cléon, dans le *Méchant*, dit à une certaine Florife, qui veut flatter :

Ma foi, quand je parcoure tout ce que le (monde) compofe,
Je ne trouve que nous qui valions quelque chofe.

Buffy raconte que Louis XIV ayant fait l'honneur à Madame de Sévigné de danfer avec elle, cette Dame fe remit à fa place qui étoit auprès de Buffy, & lui dit : Il faut avouer que le Roi a de grandes qualités ; je crois qu'il obfcurcira la gloire de fes prédéceffeurs. Buffy ne put s'empêcher de lui rire au nez, voyant à quel propos elle donnoit ces louanges, quoiqu'elles fuffent vraies. Il lui répondit : Madame, on n'en peut douter, puifqu'il vient de danfer avec vous. Elle étoit fi fatisfaite de ce Monarque, ajoute Buffy, qu'elle fut fur le point, pour lui témoigner fa reconnoiffance, de crier, *Vive le Roi*.

Nous fommes par la vanité, & fur-tout par l'ignorance, tellement néceffités à nous eftimer préférablement aux autres, que le plus grand homme dans chaque art, dit un Auteur moderne, eft celui que chaque Artifte regarde comme le premier après lui. Du temps de Thémiftocle, où l'orgueil n'étoit différent de l'orgueil du fiecle préfent qu'en ce qu'il étoit plus naïf, tous les Capitaines, après la bataille de Salamine, ayant été obligés de déclarer par des billets pris fur l'autel de Neptune, ceux qui avoient eu le plus de part à la victoire, chacun s'y donnant la premiere part, adjugea la feconde à Thémiftocle, & le peuple crut alors devoir décerner la premiere récompenfe à celui que chacun des Capitaines avoit regardé comme le plus digne après lui.

AMOUR-PROPRE.

Un Auteur moderne suppose qu'au sortir de la Comédie Françoise, le hasard rassemble trois praticiens : qu'ils viennent à parler de Corneille ; tous trois, peut-être, s'écriéront à la fois que Corneille est le plus grand génie du monde ; cependant, si, pour se décharger du poids importun de l'estime, l'un deux ajoutoit que ce Corneille est à la vérité un grand homme, mais dans un genre frivole ; il est certain, si l'on en juge par le mépris que certaines gens affectent pour la poésie, que les deux autres praticiens pourroient se ranger à l'avis du premier : puis, de confiance en confiance, s'ils venoient à comparer la chicane à la poésie : l'art de la procédure, diroit un autre, a bien ses ruses, ses finesses & ses combinaisons, comme tout autre art : vraiment, répondroit le troisieme, il n'est point d'art plus difficile. Or, dans l'hypothese très-admissible, que dans cet art si difficile, chacun de ces praticiens se crût le plus habile, sans qu'aucun d'eux eût prononcé le mot ; le résultat de cette conversation seroit que chacun d'eux se croiroit autant d'esprit que Corneille.

Ce qui n'est point ici une supposition, & peut servir à confirmer ce singulier effet de l'amour-propre, est cet exorde d'un discours prononcé par un Docteur Allemand dans un assemblée où il vouloit réfuter la Satyre de M. Rousseau contre les sciences & les arts : » Mes freres, si So-
» crate revenoit parmi nous, & qu'il vît l'état
» florissant où les sciences sont en Europe ; que
» dis-je, en Europe ; en Allemagne ; que dis-
» je, en Allemagne ; en Saxe ; que dis-je, en
» Saxe ; à Leipsick ; que dis-je, à Leipsick ;
» dans cette Université. Alors, saisi d'étonne-
» ment, & pénétré de respect, Socrate s'assie-

» roit modestement parmi nos écoliers ; & re-
» cevant nos leçons avec humilité, il perdroit
» bientôt avec nous cette ignorance dont il se
» plaignoit si justement ".

L'honneur est né de l'amour-propre. *Voyez* '*Honneur*.

ANAGRAMME.

Transposition ou dérangement des lettres d'un nom ou autre mot, pour en faire une nouvelle combinaison, d'où il résulte un sens quelconque.

Une des anagrammes les plus heureuses & les plus justes, est celle qu'on a mise en réponse à la question que fit Pilate à Jesus-Christ, *quid est veritas?* Ces trois mots sont rendus lettre pour lettre par cette anagramme, *est vir quid adest.*

On peut encore citer comme une anagramme heureuse celle qu'on a imaginée sur le meurtrier de Henri III, *Frere de Jacques Clément.* Les lettres de ces mots combinées, portent, *c'est l'enfer qui m'a créé.*

César Coupé, célebre Anagrammatiste, & fertile en bons mots sur les maris qui avoient des femmes coquettes, en eut une qui fit parler d'elle. Il fut obligé de s'en séparer. Quelqu'un, qui avoit une revanche à prendre contre ce Satyrique, publia l'anagramme de son nom, où l'on trouvoit, *Cocu séparé.*

Un faiseur d'anagrammes trouva dans celle d'un Archevêque, pour le flatter, qu'il seroit Cardinal à deux *L* près : quelqu'un mit au bas de l'anagramme, ces paroles : » Restent deux *L*

» (deux aîles) pour le courier, afin qu'il aille
» plus vite à Rome querir le chapeau ".

Un particulier ayant préfenté l'anagramme de Henri-le-Grand à ce Prince, dans l'efpérance d'en recevoir une récompenfe, le Roi lui demanda quelle étoit fa profeffion. Sire, lui dit-il, ma profeffion eft de faire des anagrammes, mais je fuis fort pauvre. Il n'eft pas étrange que vous le foyez, reprit le Roi; car vous faites-là un pauvre métier.

ANGLOIS.

Tous Anglois de quelque condition qu'il foit, eft élevé dans la haine de la France. Mylord Summer, grand Chancelier, qui paffoit pour la meilleure tête d'Angleterre, étant preffé de s'expliquer fur ce qu'il penfoit par rapport à l'inutilité ruineufe de la guerre de 1700, au-lieu d'apporter des raifons pour en montrer la néceffité, fe contenta de dire, *qu'il avoit été élevé dans la haine de la France.*

Lorfque le Prince Eugene eut, en 1706, remporté fur les François plufieurs victoires, les Anglois, fideles à leur haine contre la France, fe livrerent aux démonftrations les plus extraordinaires d'une joie exceffive. L'eftime qu'ils eurent pour le Prince victorieux, devint une efpece de paffion. Une vieille fille lui donna deux mille cinq cents livres fterlings par fon teftament, & un jardinier lui fit un legs de cent livres fterlings. *Hift. du Prince Eugene.*

Pendant la derniere guerre, on parloit, dans une maifon de Londres, du projet qu'avoient les François de faire une defcente en Angleterre. Un enfant de neuf ans écoutoit avec beaucoup d'attention ce que l'on difoit, & puis tout d'un coup fe levant de fa chaife, il s'approche de fon pere, & lui dit : » Si les François vien- » nent ici, ameneront-ils des enfants avec eux ? » Je ne fais pas, répondit le pere ; pourquoi » cette queftion ? C'eft, repliqua l'enfant, en » ferrant les poings, que je me batterai avec » ces petits garçons de bon cœur ". Toute la compagnie fut enchantée de ce mouvement de haine contre un peuple regardé comme l'ennemi déclaré de la patrie ; & on embraffa cet enfant en le louant de fa courageufe réfolution.

Les Algériens bombardés en 1684 par des efcadres Françoifes, demandent pardon à Louis XIV, & rendent libres tous les efclaves Chrétiens. Il fe trouve parmi ces malheureux quelques Anglois qui foutiennent, à Damfreville, que c'eft la confidération qu'on a pour leur pays, qui fait tomber leurs fers. Le Capitaine du vaiffeau François remet ces Anglois à terre, & dit aux Algériens : » Ces gens-ci prétendent n'être » délivrés qu'au nom de leur Roi. Le mien ne » prend pas la liberté de leur offrir fa protec- » tion ; je vous les remets : c'eft à vous à mon- » trer ce que vous devez au Roi d'Angleterre ". Tous les Anglois font auffi-tôt remis à la chaine. *Mémoires de Forbin.*

En 1739, un Anglois, nommé Jenkins, eft introduit à la Chambre des Communes. Les Efpagnols, qui foupçonnoient alors tous les Anglois de faire un commerce clandeftin dans leurs Colonies, avoient faifi fon navire dans les parages de l'Amérique, mis l'équipage aux fers, fendu le nez & coupé les oreilles au Capitaine. En cet état, Jenkins fe préfente au Parlement,

& y raconte l'aventure avec la simplicité de sa profession & de son caractere : *Messieurs*, ajoute-t-il, *quand on m'eut ainsi mutilé, on me menaça de la mort; je l'attendis en recommandant mon ame à Dieu, & ma vengeance à la patrie.* Ces paroles, prononcées naturellement, excite un cri de pitié & d'indignation dans l'assemblée. Le peuple de Londres écrit à la porte du Parlement : *La mer libre, ou la guerre.* Le Ministere est entraîné par la multitude, & les deux nations se font la guerre. *Hist. de la Guerre de* 1741.

Il y a environ quarante ans qu'un Anglois laissa un legs considérable à l'Auteur de *l'Indépendant Whig*, ouvrage périodique qui faisoit alors beaucoup de bruit. L'Auteur étoit M. Gordon, connu d'ailleurs par des discours sur Tacite & sur Salluste. M. Wilkes, qui a rendu son nom si célebre par le *North-Breton*, & par les poursuites qu'a occasionnées ce papier, vient d'avoir une bonne fortune semblable. Un riche Fermier de Dévonshire, nommé Henri Walton, fit, en mourant, un testament dans lequel se trouvoit l'article suivant : " Je legue à Jean
" Wilkes, ci-devant membre du Parlement
" pour Alesbury, cinq mille livres sterlings,
" (environ cent vingt mille livres tournois) en
" reconnoissance du courage avec lequel il a défendu
" les libertés de la patrie, & s'est opposé
" aux progrès dangereux du pouvoir arbitrai-
" re ". — Les actions de quelques particuliers, dit le judicieux Auteur qui rapporte celle-ci, font souvent mieux connoitre l'esprit public d'une nation, que des faits plus éclatants, & qui semblent appartenir à la volonté générale de la nation même. *Gaz. litt.*, Juillet 1764.

L'Anglois aimable chez les étrangers, est très-difficile à vivre dans sa patrie. C'est ce qu'un Ambassadeur de France vouloit faire entendre à un Seigneur de la Grande-Bretagne. » L'Anglois, » lui disoit l'Ambassadeur, est bien estimable » hors de son isle ". Il a du moins, répondit le Lord, l'avantage de l'être quelque part. La répartie étoit piquante; mais l'Ambassadeur l'avoit méritée par la tournure malignement épigrammatique avec laquelle il avoit rendu sa pensée.

Plusieurs faits semblent indiquer que l'on pourroit trouver en Angleterre, plus que par-tout ailleurs, des caractères singuliers.

En 1505, Siward, Duc de Northumberland, étant fort malade, crut qu'il étoit indigne de son courage d'attendre la mort dans un lit : il voulut mourir les armes à la main. Comme il sentit approcher sa derniere heure, il commanda à ses gens de l'armer de toutes pieces, & se fit mettre dans un fauteuil, où, tenant l'épée nue, il défioit la mort en rodomont. *Larrey.*

L'Angleterre paroissoit, en 1757, menacée d'une invasion prochaine. Un Anglois dit à cette occasion : » Comme je ne suis pas soldat, j'a-
» vouerai sans honte que je ne suis pas brave ;
» mais comme citoyen, ma bourse est au ser-
» vice de ma patrie : je payerai tout ce qu'on
» voudra ; mais rien ne sauroit me déterminer
» à me faire battre". *Journal étranger.*

Les Anglois aiment encore aujourd'hui les combats des gladiateurs, si goûtés des anciens Romains. Un Chevalier baronnet, grand amateur de cet art, a écrit pour en faire voir l'utilité ; il l'enseignoit même gratuitement à ceux qui vouloient bien recevoir de ses leçons. Un Seigneur du voisinage de la terre où il se tenoit, étant allé lui rendre visite, & s'entretenant avec lui sur la lutte, le Chevalier le saisit par-derriere, & le jetta par-dessus sa tête. Celui-ci, un peu froissé de sa chûte, se releva en colere. *Mylord*, lui dit le Baronnet d'un ton grave, *il faut que j'aie bien de l'amitié pour vous ; vous êtes le seul à qui j'ai montré ce tour-là.*

Les Lettres sur les Anglois font mention d'un homme de ces derniers temps, & de la plus grande naissance, qui vouloit que rien ne l'affligeât dans le monde. En vain on lui annonçoit un événement fâcheux ; il s'obstinoit à le nier. Sa femme étant morte, il n'en voulut rien croire ; il faisoit mettre sur la table le couvert de la défunte, & s'entretenoit avec elle, comme si elle eût été présente : en agissoit de même lorsque son fils étoit absent. Près de sa derniere heure, soutint qu'il n'étoit pas malade, & mourut avec son heureuse folie.

Daniel Pearce, mort il y a quelques années à Salisbury, dont il est parlé dans les papiers Anglois, s'étoit rendu célebre sous le nom de *Dowdi*, par un talent fort bizarre. Il se divertissoit à prendre des vêtements déchirés, à traîner des chaînes, à teindre son visage de sang, & à se donner l'air d'un moniaque furieux échappé de Bedlam (petites maisons de Londres). Il affectoit en même-temps un son de voix effrayant, qu'il moduloit à son gré, selon qu'il vouloit augmenter ou diminuer la frayeur qu'il inspiroit : il avoit un génie particulier pour ce rôle, au point qu'il faisoit trembler les hommes les plus hardis, & qu'il les faisoit fuir devant lui. On se jettoit par les fenêtres, on grimpoit dans les cheminées, on se sauvoit jusques sur les toits des maisons pour se dérober à la fureur supposée de ce moniaque. On peut se former une idée de cet homme sur la peinture ingénieuse qu'en a faite Fielding, dans le second volume de *Tomes-Jones*. Pour peindre l'effroi de Sophie, béroïne du roman, dans une circonstance singuliere, il dit : » Lorsque deux étrangers vuident une bouteille » dans une taverne de Salisbury, si le grand » Dowdi, qui joue le rôle d'un fou, aussi-bien » que ceux qui l'employent jouent le rôle d'un » sot, vient à traîner ses chaînes & à faire en- » tendre le long de la galerie des hurlements » épouvantables, nos étrangers, effrayés, tres- » saillent d'horreur à ces horribles sons ; ils » cherchent un lieu pour se mettre à l'abri du » danger qui s'approche ; & si les barreaux des » fenêtres ne leur fermoient le passage, ils cour- » roient risque de se rompre le cou, pour se dé- » rober à la fureur menaçante du prétendu in- » sensé qui les poursuit. Ainsi trembloit la pau- » vre Sophie, &c. ". M. Pearce étoit d'ailleurs très-doux, très-pacifique. Souvent, après avoir quitté son déguisement, il venoit offrir ses services aux personnes qu'il avoit effrayées, pour courir après le malheureux qui leur avoit joué ce tour, & le faire renfermer.

On sait qu'en Angleterre, un particulier ne peut aller diner nulle part, même chez son ami, sans être obligé de donner, en sortant, de l'argent aux domestiques de la maison, plus ou moins, selon la qualité du maitre. Un Officier, ennuyé de payer fort cher les diners qu'il prenoit de temps en temps chez le Duc de ***, lui demanda un jour les noms de tous ses gens. Le Duc, étonné de la question, en voulut savoir la raison : » Mylord, répondit l'Officier, comme » je ne suis point en état de payer pour tous » les excellents diners que je prends chez vous,

» & de foutenir en même-temps mon équipa-
» ge, fans lequel je ne pourrois pas y venir,
» je veux me reffouvenir de ces Meffieurs dans
» mon teftament ".

Cet ufage bizarre choque fur-tout les étrangers, & beaucoup d'Anglois ont fait d'inutiles efforts pour le réformer. Il a cependant été aboli prefqu'entiérement en Ecoffe depuis quelque temps. Les juges de paix & les propriétaires des fiefs ont donné l'exemple dans certains Comtés, en prenant la réfolution, dans leurs affifes, de ne jamais donner d'argent aux domeftiques des autres. Ils ont eté imités dans d'autres Comtés, & par des fociétés particulieres. La réfolution qu'ont prife à ce fujet les Secretaires du fceau en Ecoffe, a été inférée dans les papiers publics de 1760. » Cejourd'hui les Secretaires du fceau
» ayant examiné l'ufage de donner de l'argent
» aux domeftiques, il leur a paru que cette pra-
» tique étoit nuifible aux mœurs des domefti-
» ques ; qu'elle n'eft en ufage chez aucune au-
» tre nation ; qu'elle déshonore la police de ce
» Royaume ; qu'elle met un obftacle à l'hofpi-
» talité, & qu'elle impofe une taxe fur le com-
» merce focial des amis. En conféquence, ils
» font convenus unanimement de coucourir
» avec les perfonnes & les fociétés honorables
» qui ont donné un exemple louable en abolif-
» fant cette pernicieufe coutume ; & ils ont ré-
» folu : 1°. Qu'à compter de la Pentecôte de
» cette année, chaque membre de la fociété dé-
» fendroit expreffément à fes domeftiques de re-
» cevoir de l'argent de quelque perfonne que ce
» foit. 2°. Qu'après ce terme, aucun membre
» de la fociété ne donneroit d'argent à aucun
» domeftique, de quelque perfonne que ce foit :

» & ils ont ordonné que leur délibération seroit » rendue publique ". Cette résolution excita un soulevement général parmi les domestiques d'Ecosse, que l'on prit soin d'appaiser. Leurs gages ont été augmentés ; & l'on peut voyager actuellement en Ecosse, sans être obligé de payer son gite & son dîner chez ses amis, quatre fois plus cher qu'au cabaret.

Nous avons rapporté à l'article *Courage*, plusieurs exemples du courage Anglois. Un dernier trait qui pourra contribuer à faire connoitre le génie de cette nation, est la réponse de Guillaume III à un Ambassadeur Danois. Le Lord Molesworth, qui avoit été Ministre d'Angleterre à la Cour de Copenhague, fit imprimer, à la fin du dernier siecle, un ouvrage estimé sur le Danemarck, intitulé : *Account of Denmarck*. Cet Ecrivain y parloit du gouvernement arbitraire de ce Royaume avec cette franchise que donne l'air de liberté qu'un Anglois respire. Le Roi de Danemarck, alors régnant, fut offensé de quelques réflexions de l'Auteur, & ordonna à son Ministre d'en faire des plaintes au Roi d'Angleterre Guillaume III. *Que voulez-vous que je fasse*, dit Guillaume ? *Sire*, répondit le Danois, *si vous vous plaignez au Roi mon maître d'une semblable offense, il vous enverroit la tête de l'Auteur*. *C'est ce que je ne veux ni ne peux pas faire*, répliqua le Roi ; *mais, si vous le desirez, l'Auteur mettra ce que vous venez de me dire dans la seconde édition de son ouvrage*.

APOLOGUE.

FABLE morale, ou trait hiſtorique embelli par la fiction, & dont le principal objet eſt de corriger les mœurs des hommes. L'Apologue eſt principalement employé par les Auteurs Orientaux. Le gouvernement deſpotique ſous lequel ils vivent, les obligent à ne faire paroître la vérité que couverte d'un voile qui la dérobe aux yeux des Miniſtres ſoupçonneux & jaloux.

Quelqu'un vit un renard courir de toutes ſes forces & s'enfuir vers ſon terrier ; il lui demanda, pourquoi cette fuite précipitée? As-tu commis quelque crime dont tu craignes le châtiment? Aucun, dit le renard, & ma conſcience ne me reproche rien ; mais je viens d'entendre des chaſſeurs dire qu'ils avoient beſoin d'un dromadaire, qu'ils vouloient en prendre un, le mettre en eſclavage, & s'en ſervir. Et qu'as-tu de commun avec un dromadaire? Mon Dieu, dit le renard, les gens d'eſprit ont toujours des ennemis ; ſi quelqu'un s'aviſoit de me montrer aux chaſſeurs, en diſant voilà un dromadaire, je ferois chaſſé, pris, enchaîné ſans qu'on ſe donnât la peine de m'examiner.

On demandoit à ce petit animal, qui marche toujours devant le lion pour faire partir le gibier : Pourquoi t'es-tu conſacré ainſi au ſervice du lion ? C'eſt, dit l'animal, que je me nourris des reſtes de ſa table. Mais par quel motif ne l'approches-tu jamais? Tu jouirois de ſon amitié & de ſa reconnoiſſance... Oui, mais s'il alloit ſe mettre en colere ?

Es-tu de l'ambre, diſoit un ſage à un morceau de terre odoriférante qu'il avoit ramaſſé dans un bain ? Tu me charmes par ton parfum. Elle lui répondit : Je ne ſuis qu'une terre vile, mais j'ai habité quelque-temps avec la roſe.

Un homme ſans fortune avoit deux fils il mourut. L'ainé ſe rendit à la Cour : il fut plaire, & il eut une charge auprès du Prince. Le plus jeune cultiva un champ que ſon pere leur avoit laiſſé, & vécut du travail de ſes mains. Un jour l'aîné diſoit au cadet : Pourquoi n'apprends-tu pas à faire la cour & à plaire, tu ne ſerois pas obligé de travailler ainſi pour vivre ? Le cadet lui répondit. Pourquoi n'apprends-tu pas à travailler comme moi, tu ne ſerois pas obligé d'être eſclave ?

Le Miniſtre d'un Roi fut diſgracié, & ſe retira dans une maiſon de Religieux : comme il n'avoit pas mérité ſa diſgrace, il s'en conſola aiſément, & il prit du goût pour le nouveau genre de vie qu'il avoit embraſſé. Le Roi qui l'aimoit, & qui eſtimoit ſes talents, ſentit la perte qu'il avoit faite, & l'alla trouver pour le prier de revenir à la Cour. Mais le Miniſtre refuſa le Roi, & lui dit : Tu m'avois élevé aux premieres dignités, j'ai ſoutenu avec fermeté l'agitation des grandeurs : tu m'as forcé à la retraite, j'en goûte le repos ; laiſſe-m'en jouir. Se retirer du monde, c'eſt arracher les dents aux animaux dévorants, c'eſt ôter au méchant l'uſage de ſon poignard ; à la calomnie, ſes poiſons ; à l'envie, ſes ſerpents. Le Roi inſiſta, & lui dit : » J'aurois » beſoin d'un eſprit éclairé, & d'un cœur droit » & bon, qui voulût ſupporter avec moi le far- » deau de ma puiſſance : je ne puis trouver » qu'en toi l'homme qui m'eſt néceſſaire ". — Tu le trouveras, répondit le Miniſtre, ſi tu le cherche parmi ceux qui ne cherchent pas. *Extrait de Sadi.*

Le fils d'un Gouverneur de Province fut élevé dans le Palais d'Uglimith. Ce jeune homme, dans un âge encore tendre, avoit de l'esprit, de la prudence & du jugement. Le Roi, qui étoit fort jeune, en fit son ami, & les jeunes gens de la Cour le prirent en aversion ; ils lui tendirent des pieges, ils chercherent à le perdre ou à le faire périr : mais ils ne purent y réussir, parce qu'il avoit dans le Roi un véritable ami. Un jour ce Prince lui disoit : ʺ Quelle peut être la cause
ʺ de la haine que tu inspires à mes courtisans ?
ʺ elle est violente ; ne pourrois-tu la faire cef-
ʺ fer ʺ ? — O Roi ! répondit le favori, j'ai fait usage de ta puissance pour le bonheur de tes sujets, & pour ta gloire : à mesure que je conciliois l'affection de ton peuple & ton cœur, j'éloignois de moi mes anciens amis, mes égaux : je ne me connois qu'un moyen de les ramener ; c'est de faire des fautes. — ʺ Poursuis, & ne
ʺ crains rien, dit le Roi ; le soleil ne doit pas
ʺ cesser d'éclairer, parce que sa lumiere blesse
ʺ les yeux des oiseaux de nuit ʺ. *Sadi.*

On reprochoit à un Visir, de n'être pas d'un caractere assez ferme. ʺ C'est à ce même caracte-
ʺ re, répondit-il, que j'ai l'obligation de la place
ʺ que j'occupe, & c'est par lui que je m'y main-
ʺ tiens. Il y a soixante ans que je suis au monde ;
ʺ mes dents, qui étoient dures, sont presque tou-
ʺ tes tombées ; ma langue, qui ne l'étoit pas,
ʺ m'est restée toute entiere ʺ. *Apol. orient.*

Il ne faut pas contrister l'ame de son ennemi. Un voleur étoit entré pendant la nuit dans la cabane d'un sage ; il n'y trouva rien. Le sage se leva, & lui donna la natte sur laquelle il étoit

couché. » Je ne veux pas, difoit-il, qu'un cou-
» pable ait un chagrin de plus ". *Sadi.*

Trois habitants de Balk, qui voyageoient enfemble, avoient trouvé un tréfor. Ils le partagerent, & continuerent leur route, en s'entretenant
de l'ufage qu'ils feroient de leurs nouvelles ri-
cheffes. Comme les vivres qu'ils avoient empor-
tés étoient confommés, il fallut envoyer à la
ville la plus prochaine en chercher. Le plus
jeune fut chargé de cette commiffion, & partit.
Il fe difoit en chemin : me voilà riche ; mais je
le ferois bien davantage, fi j'avois été feul quand
nous avons trouvé le tréfor : mes compagnons
de voyage m'ont enlevé deux parts : ne pourrois-je pas les reprendre ? Cela me feroit facile ;
je n'aurois qu'à empoifonner les vivres que je
vais chercher. A mon retour, je dirois que j'ai
dîné à la ville ; mes compagnons mangeroient
fans défiance, & ils mourroient. Je n'ai que le
tiers du tréfor, & j'aurois le tout. Cependant
les deux autres voyageurs étoient affis à l'ombre
d'un plâne, & ils fe difoient : Nous avions bien
affaire que ce jeune homme vint s'affocier avec
nous ? nous avons été obligés de partager le tréfor avec lui ? fa part auroit dû nous appartenir,
& c'eft alors que nous ferions riches. Il reviendra dans peu ; nous avons de bons poignards....
Le jeune homme revint ; fes compagnons l'affaf-
finerent : ils mangerent enfuite des vivres em-
poifonnés ; ils moururent, & le tréfor n'appar-
tint à perfonne. *Extrait de Sadi.*

C'eft un proverbe parmi les Perfans, que le
menfonge qui fauve, vaut mieux que la vérité
qui nuit. Un Roi avoit ordonné la mort d'un
efclave. Ce malheureux, au défefpoir, accabla le Prince d'imprécations dans une langue

étrangere. Le Roi demandant ce qu'il avoit dit, un courtifan d'un caractere doux & humain, répondit : Seigneur, cet infortuné vient de dire : » Le Paradis eft pour ceux qui répriment leur » colere & qui pardonnent aux hommes ". Le Roi, touché de ces paroles, fit grace à l'efclave. Un autre courtifan, ennemi du premier, dit alors : Il n'eft pas permis de déguifer la vérité devant fon Souverain. Cet homme vient d'outrager le Roi. — » J'aime mieux, dit le Mo-» narque, le menfonge qu'il m'a fait, que la » vérité que vous me dites ; car il avoit envie » de faire du bien, & vous du mal "; & il le chaffa de fa préfence.

Un homme aveugle avoit une femme qu'il aimoit beaucoup, quoiqu'on lui eût dit qu'elle étoit fort laide. Un fameux médecin vint dans le pays, & offrit à l'aveugle de lui rendre la vue. Il ne voulut pas y confentir : » Je perdrois, dit-» il, l'amour que j'ai pour ma femme, & cet » amour me rend heureux ". — Homme de Dieu, ajoute le Philofophe Sadi qui rapporte ce trait, réponds-moi : Lequel importe le plus à l'homme, le bonheur ou la connoiffance de la vérité ?

APOPHTHEGME.

Dit notable ou parole remarquable de quelque perfonnage illuftre. Plutarque, Diogene-Laërce, Athenée, & quelques autres Auteurs, ont recueilli les Apophthegmes des Philofophes de l'antiquité. Parmi les penfées des anciens que d'Ablancourt a traduites, & qu'il a données fous le titre d'*Apophthegmes*, il y en a plufieurs où l'on trouve le sel épigrammatique. Mais on doit regarder ces pensées moins comme des apophthegmes proprement dits, que comme des bons mots. L'Apophthegme est en quelque sorte le mot favori d'un héros ou d'un Philosophe; c'est l'abrégé de sa morale; c'est le résultat de ses réflexions; il est par conséquent sérieux, grave & instructif. *Voy. Bon mot.*

Pythagore. Le spectacle du monde ressemble à celui des jeux Olympiques. Les uns y tiennent boutique, & ne songent qu'à leur profit; les autres y payent de leur personne, & cherchent la gloire; d'autres se contentent de voir les jeux, & la condition de ces derniers n'est pas la pire.

L'ami qui nous cache nos défauts nous sert moins que l'ennemi qui nous les reproche.

L'esprit qui a trop de soin de son corps rend sa prison insupportable.

Il n'y a rien de si timide qu'une mauvaise conscience.

Thalès. La meilleure forme d'un état, est celle où le partage des richesses n'est pas trop inégal. On n'a point alors des pauvres à défendre, & des riches à contenir.

La trop grande envie de parler, est un signe de folie.

La félicité du corps consiste dans la santé, & celle de l'esprit dans le savoir.

Il faut vivre avec ses amis, comme s'ils devoient être un jour nos ennemis. — Cet apophthegme, que l'on attribue aussi à Chilon, est destructif de l'amitié, puisqu'il en bannit la confiance, en quoi consiste sa plus grande douceur.

Chilon. Desirer de trouver dans une épouse la beauté, la richesse & la naissance réunies, c'est vouloir se donner une maîtresse au-lieu d'une compagne.

APOPHTHEGME.

Une ame généreuse ne perd jamais la mémoire des bienfaits qu'elle a reçus ; mais elle oublie aisément ceux que sa main répand.

C'est moins la mort qui est horrible, que le fantôme sous lequel on nous la fait envisager.

Les trois choses les plus difficiles, sont de taire un secret, d'oublier une injure, & de bien user de son loisir.

Il n'y a pas moins de lâcheté à attaquer un homme désarmé, qu'à parler mal de ceux qui ne peuvent se défendre.

La prudence est à désirer pendant qu'on est jeune ; & la gaieté est le baume de la vieillesse. C'est ce que ce Philosophe vouloit exprimer, en disant : » Qu'il falloit être jeune en sa vieillesse, » & vieux en sa jeunesse ".

L'or est la pierre de touche de l'homme. Un autre sage a dit : » Qu'on éprouve l'or par le » feu, la femme par l'or, & l'homme par la » femme ".

Pittacus. Le pardon vaut mieux que le repentir ; c'est-à-dire, qu'il faut préférer de pardonner, à se venger, parce que le repentir suit de près la vengeance.

Ne divulguez pas vos desseins, afin que s'ils sont renversés, vous ne soyez pas exposés à la risée.

La moitié vaut mieux que le tout. C'est une sorte d'énigme que Pittacus a laissé à deviner ; mais que l'on peut expliquer, si l'on veut, en disant, que celui qui possede le tout, n'a plus aucun souhait à former. Or, le desir étant la mesure du plaisir, un homme sans desirs est un être nécessairement malheureux.

Bias. De tous les accidents de la vie, le plus difficile à supporter est le changement de fortune.

Il vaut mieux être juge entre fes ennemis qu'entre fes amis; parce que dans le premier cas on fe fait un ami, & dans l'autre un ennemi.

L'efpérance eft le pavot qui endort nos peines ; mais l'amour du gain les réveille.

Parmi les bêtes fauvages, la plus à craindre eft le tyran; parmi les domeftiques, c'eft le flatteur.

Periandre. La bienfaifance doit être la garde des Rois.

On lui demandoit, pourquoi il retenoit la domination qu'il lui avoit confié ? C'eft, répondit-il, qu'il eft auffi dangereux de defcendre du trône, que d'y monter.

Cléobule. Il y a deux chofes à craindre; l'envie des amis, & la haine des ennemis.

Solon. Ne jugeons point du bonheur d'un homme avant fa derniere heure.

Un Empire eft chancelant, fi le Magiftrat n'obéit aux Loix, & le Peuple au Magiftrat.

Les Loix reffemblent aux toiles d'araignées qui n'arrêtent que les mouches. C'eft fur la médiocrité feule, ajoute un Auteur moderne, que s'exerce toute la force des Loix ; elles font également impuiffantes contre les tréfors du riche & contre la mifere du pauvre. Le premier les élude; le fecond leur échappe : l'un brife la toile, & l'autre paffe au travers.

Anacharfis. La vue d'un ivrogne eft la meilleure leçon de fobriété que l'on puiffe donner aux enfants.

Les vignes portent deux fortes de raifins; les uns doux, les autres amers. Ce fage vouloir défigner les différents effets du vin.

Anacharfis étoit venu des extrémités de la Scythie à Athenes, où les grandes affaires fe décidoient par la multitude assemblée. Comme ces décisions n'étoient pas toujours fort équitables, Anacharsis dit au législateur Solon, qu'il étoit étonné que les gens de bon sens proposassent les questions, & qu'on les laissât décider à des foux.

Anaxagoras. L'âge & le sommeil nous enseignent peu-à-peu le chemin de la mort.

La science nuit autant à ceux qui ne savent pas s'en servir, qu'elle est utile aux autres; ou comme dit Montagne, elle est un sceptre en de certaines mains, & en d'autres une marotte.

Socrate. Ce Philosophe recommandoit trois choses à ses Disciples : la sagesse, la prudence & le silence.

Comme ses amis se fâchoient de ce que quelqu'un qu'il avoit salué ne lui avoit pas rendu son salut : " Pourquoi vous fâcher, dit-il, de ce
" qu'un autre n'est pas si civil que moi"?

On a recueilli plusieurs de ses maximes; mais nous nous contenterons de rapporter ce trait qui le caractérise le plus. L'Oracle l'avoit déclaré le plus sage des hommes. " Nous ne savons,
" dit-il, ni les sophistes, ni les poëtes, ni les
" orateurs, ni les artistes, ni moi, ce que c'est
" que le vrai, le bon & le beau; mais il y a en-
" tre nous cette différence, que, quoique ces
" gens ne sachent rien, tous croient savoir quel-
" que chose : au-lieu que moi, si je ne sais
" rien, au moins je n'en suis pas en doute.
" De sorte que toute cette supériorité de sagesse
" qui m'est accordée par l'oracle, se réduit seu-
" lement à être convaincu que j'ignore ce que
" je ne sais pas ".

Démocrite. Les espérances des sages réussissent quelquefois, mais jamais celles des foux, parce que leurs souhaits sont toujours au-dessus de leur portée.

Les richesses ne consistent point dans la possession des biens, mais dans l'usage qu'on en fait.

Héraclite. Les loix sont le rempart de la liberté, & de l'Etat par conséquent.

Xénophon. Les bienfaits sont des trophées qu'on s'érige dans le cœur des hommes.

Antisthene. Les Etats sont sur le point de périr, lorsque la récompense du mérite est devenue le prix de l'intrigue.

Il n'y a rien d'étrange dans le monde, que le vice.

La plus nécessaire de toutes les sciences, est d'apprendre à se garantir de la contagion du mauvais exemple.

Le seul bien qui ne peut nous être enlevé, est le plaisir d'avoir fait une bonne action.

Bion. Honorons la vieillesse, puisque c'est où nous tendons tous.

L'avare ne possede pas son bien ; mais c'est son bien qui le possede.

La prudence est l'œil du courage ; elle tient lieu de valeur aux vieillards : & la valeur supplée à la prudence dans les jeunes gens. La prudence, en effet, écarte les vieillards du danger, & la valeur en tire les jeunes gens.

Diogene. La pudeur est le coloris de la vertu.

Il suffit de voir les courtisans en leur particulier pour les haïr.

L'espérance est la derniere chose qui meurt dans l'homme.

L'amour est le passe-temps des oisifs.

Les méchants obéissent à leurs passions, comme les esclaves à leurs maîtres.

La liberté est le plus grand des biens, & le fondement de tous les autres.

APOPHTHEGME.

Diogene tendoit la main à une ſtatue, pour s'accoutumer, diſoit-il, au refus.

Quelqu'un paroiſſant étonné de lui voir porter une lanterne en plein jour, il lui dit, qu'il cherchoit un homme.

Un jeune débauché jettant des pierres contre le gibet : Courage, lui dit-il, tu l'attraperas.

Une autre fois, voyant un vieillard qui cajoloit une fille : Ne crains-tu point, lui demandat-il, d'être pris au mot ?

Son principe favori étoit, que ce qui n'eſt pas mauvais en ſoi, ne pouvoit le devenir par aucune circonſtance : principe abſurde, & dont il tiroit les conſéquecces qui lui ont fait donner le ſurnom de *Cynique*.

Zénon. Un ami eſt un autre ſoi-même.

Les plus ſages ne ſont pas ſages en tout : & les plus ſavants ignorent ſouvent les choſes les plus vulgaires.

Nous n'avons qu'une bouche, mais deux oreilles. La nature nous apprend par-là qu'il faut peu parler, mais beaucoup écouter.

L'effet d'un beau diſcours n'eſt pas toujours d'exciter les applaudiſſements d'une nombreuſe aſſemblée; mais de s'emparer ſi impérieuſement de toutes ſes facultés, qu'elle n'ait pas le loiſir de battre des mains.

Les Ambaſſadeurs d'un Prince avoient invité Zénon à un repas ſplendide, & s'étonnoient de ce qu'il ne diſoit mot. Comme ils lui demanderent ce qu'ils rapporteroient à leur Prince : ,, Dites-lui, leur répondit-il, que vous avez ,, vu un vieillard qui ſavoit ſe taire au milieu ,, d'un feſtin ".

Ariſtote. Les racines des ſciences ſont ameres, mais le fruit en eſt doux.

Il n'y a rien qui vieilliſſe ſi-tôt qu'un bienfait.

La beauté porte ſa recommandation avec elle.

Les prodigues vivent comme s'ils avoient peu de temps à vivre ; & les avares, comme s'ils ne devoient jamais mourir.

L'amitié eſt comme l'ame de deux corps. Ajoutons ici ce que dit un Philoſophe moderne. ” Les ” ames humaines veulent être accouplées pour ” valoir tout leur prix ; & la force unie des ” amis, comme celle des lames d'un aimant ar-” tificiel, eſt incomparablement plus grande ” que la ſomme de leurs forces particulieres ”. Divine amitié ! c'eſt-là ton triomphe.

Celui qui entre dans la carriere des ſciences, doit jetter l'œil ſur ceux qui le devancent, & non ſur ceux qui le ſuivent.

L'eſpérance eſt le ſonge d'un homme éveillé.

Soyons amis de Socrate & de Platon, mais encore plus de la vérité.

Sadi. Tu demandes ſi la fourmi, qui eſt ſous tes pieds, a le droit de ſe plaindre ? *Oui, ou tu n'as pas le droit de te plaindre lorſque tu es écraſé par l'éléphant.*

Le feu étoit adoré dans Perſépolis, & elle a été dévorée par le feu. Image des Rois & de leurs favoris.

Les agréments ſont les vertus des Cours, & preſque des vices dans des Sages.

Un Sage, qui avoit les yeux & les bras levés vers le Ciel, & le viſage tourné du côté de l'Orient, faiſoit à Dieu cette priere : ” O grand ” Dieu ! ayez pitié des méchants ; car vous ” avez tout fait pour les bons, lorſque vous ” les avez fait bons ”.

Il nait un homme, il commence un édifice, & il meurt. Il en naît un autre, qui commence
auſſi

APOPHTHEGME.

aussi un édifice, meurt de même. Les races se succedent ; tout se commence, & rien n'est fini.

Heureux qui a remporté sur la terre le prix de la bonté ! sa récompense l'attend dans l'autre vie.

Il y a des expiations pour les sacrileges qui ont violé leurs vœux : mais qu'y a-t-il qui puisse expier une offense faite à l'amitié ?

Le diamant tombé dans un fumier, n'en est pas moins précieux ; & la poussiere que le vent éleve jusqu'au Ciel, n'en est pas moins vile.

Croire qu'un foible ennemi ne peut pas nuire, c'est croire qu'une étincelle ne peut pas causer un incendie.

Qu'est-ce que la langue dans la bouche de l'homme vertueux ? c'est la clef qui ouvre un trésor.

APPLICATION.

UNE application bien saisie, ou qui fait voir entre un passage tiré d'un Auteur & un événement récent, un rapport que l'on n'apperçoit pas d'abord, peut causer à l'esprit une surprise agréable.

Applications heureuses de quelques passages de l'Ecriture-Sainte.

Lorsque le Duc Jean d'Anjou s'approcha de Naples à la tête d'une grande armée pour s'emparer de cette ville, il fit mettre sur ses drapeaux le passage de l'Evangile de St. Jean : *Fuit missus cui nomen erat Joannes.* Alphonse d'Arragon, qui défendoit la ville, lui répondit par cet autre passage de l'Ecriture, pris du même endroit, & qu'il plaça également sur ses drapeaux: *Ipse venit, & non receperunt eum.*

On sait que le Cardinal de Richelieu fit décapiter à Lyon M. de Thou, pour n'avoir pas révélé le secret d'une conspiration tramée contre son Eminence. Quelque mois après, le Cardinal mourut ; la sœur de M. de Thou, étant venue voir ce Ministre dans son lit de parade, lui adressa ces paroles que Marthe dit à Jesus-Christ: *Domine, si fuisses hîc, frater meus non fuisset mortuus.* Seigneur, si vous eussiez été ici, mon frere ne seroit pas mort.

Lorsque le Cardinal de Bouillon fut disgracié, le Roi lui envoya demander le cordon bleu. Le Cardinal répondit : *Ne projicias me à facie tuâ, & spiritum tuum ne auferas à me.* Ne m'éloignez pas de vous, & ne m'ôtez pas votre esprit.

Philippe de Mervilliers, favori de Charles VII, Roi de France, n'avoit pu se faire recevoir Président au Parlement de Paris. Quelque temps après, la place de premier-Président étant venue à vaquer, le Roi la lui conféra. Lorsqu'il vint au Parlement prendre séance, il commença son discours par ces paroles de l'Ecriture : *Lapidem quem reprobaverunt ædificantes, hic factus est in caput anguli.* M. de St. Romain, lors Procureur-général, lui répondit par cet autre passage : *A Domino factum est illud, & est mirabile in oculis nostris.*

Le fameux Pie IV se glorifioit devant Dom Barthelemi des Martyrs, Archevêque de Brague, en lui étalant les richesses du St. Siege, de ce que le Pape n'étoit plus dans le temps où il disoit : *Argentum & aurum non habeo* : Je n'ai ni or ni argent. Dom Barthelemi lui répondit »: Dites
» aussi que le temps est passé où le Vicaire de

APPLICATION.

„ Jesus-Christ disoit à un boiteux : *Surge & am-*
„ *bula.* Tenez-vous droit, & marchez".

Un homme sur le lit de mort, pour avoir goûté du fruit défendu, disoit dans les dernieres heures de sa vie : *Gustans gustavi parumper mellis in summitate virgæ, & ecce ego morior.* Reg. lib. 1, ch. 14, ℣. 43.

On a appliqué au corps des Médecins cet autre passage de l'Ecriture-Sainte : *Non mortui laudabunt te.* Les morts ne chanteront point vos louanges.

Le Duc de Bouillon, à qui Louis XIII venoit de pardonner un crime de rébellion, rencontra le Cardinal de la Valette, qui lui dit : *Beati quorum remissæ sunt iniquitates.* Comme ce Cardinal avoit été soupçonné d'avoir tramé quelque conspiration qu'on n'avoit pu découvrir, le Duc lui répondit : *Et quorum tecta sunt peccata.* Cette réponse est d'autant plus heureuse, qu'elle est puisée dans le même Pseaume.

Une Dame, descendue d'un Juif, & qui desiroit que l'on ignorât son extraction, avoit dans une dispute donné un soufflet à un Cavalier. Celui-ci, pour se venger, rappella malignement à cette Dame son origine, par ces paroles que Jesus-Christ adressa au Juif qui le souffletta : *Si j'ai bien dit, pourquoi me frappez-vous ?*

Un Avocat de Toulouse, nommé *Adam*, faisoit les harangues que devoit prononcer un Président. Cet Avocat fut obligé de faire un voyage à Paris. Pendant son absence, le Président eut une harangue à faire, qu'il composa le mieux qu'il put; comme il la prononçoit, un Conseiller qui le vit embarrassé, cita ces paroles de la Genese : *Adam ubi est ?* Où est Adam ?

Le Chancelier Boucherat & son frere, ne passoient pas l'un & l'autre pour avoir beaucoup d'esprit. Aussi le premier-Président de Harlay, parlant de leur fortune : *Spiritus ubi vult spirat.*

Un Ambassadeur de France à la Cour de Venise, se plaignoit, dans une audience, de ce que la République faisoit féliciter le Roi son maître sur un avantage considérable qu'il avoit remporté sur l'Espagne, avec qui il étoit en guerre ; & qu'en même-temps elle faisoit témoigner au Roi d'Espagne la part qu'elle prenoit à sa perte. Le Doge répondit à l'Ambassadeur : » Que cela » ne devoit point l'étonner, puisque la sérénis- » sime République pratiquoit en cela cette le- » çon de l'Apôtre, de se réjouir avec ceux qui » sont dans la joie, & de s'affliger avec ceux qui » sont dans l'affliction ".

Frédéric-le-Grand, ayant embelli une église Luthérienne d'une nouvelle façade, les Pasteurs qui la desservoient représenterent au Roi que leurs ouailles n'y voyoient pas assez claire pour lire les cantiques. Mais comme le bâtiment étoit trop avancé pour pouvoir y remédier, Sa Majesté écrivit sur leur mémoire ces mots de l'Evangile : » Bienheureux sont ceux qui croyent, » & ne voyent point",

Autres applications heureuses de passages tirés de différents Auteurs.

Un Avocat, fils d'un épicier, revenoit de plaider, & s'étoit énoncé dans un style un peu satyrique. L'Avocat qui lui avoit répondu, avoit au contraire, fait paroître beaucoup de douceur & de modération ; celui-ci étoit fils d'un herboriste. Le premier-Président, au sortir de l'audience, lui fit l'application de ce vers de Virgile, dans les Géorgiques : *Mella decussit foliis.*

Il n'a exprimé que du miel de ses feuilles. A l'égard du second, il lui dit : *Piperata facundia.* Votre éloquence a le piquant du poivre. Cette expression est empruntée de Sidoine Apollinaire.

Un Financier venoit de faire bâtir une superbe maison de campagne, on écrivit sur la principale porte ce vers de Virgile :

> *Quid Domini facient, audent si talia fures ?*

Un Anglois qui, par forme de décoration, avoit fait construire dans un parc un temple Calviniste, en architecture gothique, ordonna que l'on gravât sur le frontispice ces deux vers de Corneille :

> Je rends graces aux Dieux de n'être pas Romain,
> Pour conserver encore quelque chose d'humain.

Un Catholique, qui avoit épousé une jolie Protestante, citoit en sa faveur ces vers de l'Horace de Corneille :

> Rome, si tu te plains que c'est là te trahir,
> Fais-toi des ennemis que je puisse haïr.

Mademoiselle de l'Enclos, pressée de se rendre aux offres d'un grand Seigneur qu'elle n'aimoit point, & dont on lui vantoit la probité & le mérite, répondit :

> O Ciel ! que de vertus vous me faites haïr.

C'est le privilege des beaux vers, dit M. de Voltaire, d'être cités en toute occasion.

Le fard dont usent nos Dames ne réussit point au grand jour. Une Dame qui en avoit mis à l'excès, recevoit l'après-midi d'un beau jour d'été, visite chez elle. Quelqu'un lui conseilla malicieusement de fermer les rideaux de ses fenêtres, & lui récita ce vers :

Sangaride, ce jour est un grand jour pour vous.

Beaucoup de vers du *Menteur* avoient passé en proverbe ; & même près de cent ans après, un homme de la Cour contant à table des anecdotes très-fausses, comme il n'arrive que trop souvent, un des convives se tournant vers le laquais de cet homme, lui dit : *Cliton, donnez à boire à votre maître.* Ce Cliton est le nom du valet du *Menteur*.

ASTROLOGUES, PRÉDICTIONS.

BAYLE rapporte, dans son Dictionnaire, l'anecdote suivante, pour faire voir qu'il arrive des conjectures fortuites qui peuvent éblouir quelques personnes sur la vanité de l'astrologie, & les empêcher de la condamner absolument. Marcellus, Professeur de Rhétorique au college de Lisieux, avoit composé, en Latin, l'éloge du Maréchal de Gassion, mort d'un coup de mousquet au siege de Lens. Il étoit près de le réciter en public, quand un vieux Docteur, qui faisoit son occupation principale de lire toutes les affiches, surpris d'y voir celle qui annonçoit la harangue de Marcellus pour les deux heures après-midi, courut s'en plaindre à M. Hermant, Recteur de l'Université : & lui représentant qu'il ne falloit pas souffrir qu'on fît, dans une Université Catholique, l'oraison funebre d'un homme mort dans la religion prétendue Réformée, le pria d'indiquer une assemblée, pour en décider. Le Recteur n'ayant pu la lui refuser, il y fut résolu, à la pluralité des voix, qu'on iroit sur le champ défendre à Marcellus de prononcer le panégyrique de M. Gaffion. Pendant que les sages gémiffoient intérieurement sur cette défense, les Aftrologues en triomphoient, faisant observer à tout le monde, que dans l'almanach du célebre Larrivey, de 1648, entre les prédictions, il y avoit écrit, en gros caracteres : *Latin perdu.*

Le Poëte Efchile, étant un jour à la campagne, un aigle qui avoit enlevé une tortue, ne pouvant tirer la chair cachée fous l'épaiffeur de l'écaille, la laiffa tomber sur la tête chauve du Poëte, qu'il prit pour la pointe d'un rocher, & le tua ainfi. Ce qui vérifia un oracle qui lui avoit été rendu à Delphes, qu'il périroit par la chûte d'une maison. *Valere-Maxime.*

Henri IV, Roi d'Angleterre, à qui il avoit été prédit qu'il mourroit à Jérufalem, tomba malade fubitement dans l'Abbaye de Weftminfter, & y mourut dans une chambre appellée *Jérufalem.*

Ferdinand le Catholique, Roi d'Efpagne, ayant été averti qu'il monrroit à Madrigal, évita avec foin d'y aller. Mais pendant qu'il éloignoit ainfi fa mort, à ce qu'il penfoit, il la trouva à Madrigalois, ou petit Madrigal, pauvre village dont il n'avoit jamais entendu parler. Car paffant fortuitement par cette endroit, il fe trouva mal tout d'un coup ; & ayant été porté dans une miférable chaumiere, qui étoit la meilleure retraite que le lieu pût lui fournir, il y mourut dans un réduit qui pouvoit à peine contenir fon lit. *Prideaux.*

Alvaro de Luna, favori de Jean II, Roi de Caftille, après avoir gouverné l'Etat en defpote, fut enfin mis à mort. On rapporte que ce Miniftre ayant confulté un Aftrologue, en reçut avis de se garder de Cadahalso. Il crut que c'étoit d'un village près de Tolede, qui porte ce nom ; & s'abstint d'y aller. Mais ayant eu la tête tranchée sur un échafaud, que les Espagnols appellent aussi *cadahalso*, on dit qu'il s'étoit trompé sur le mot. *Trés. Chron.*

Le Grand-Seigneur Osman voulant déclarer la guerre à la Pologne, en 1621, malgré les remontrances de ses Ministres, un Santon aborda le Sultan, & lui dit : » Dieu m'a révélé la nuit » derniere, dans une vision, que si Sa Hautesse » va plus loin, elle est en danger de perdre son » Empire : son épée ne peut faire cette année » de mal à qui que ce soit ". Osman, qui n'étoit pas si crédule qu'on le pensoit : Voyons si la prédiction est bien certaine, répondit-il ; & prenant son cimeterre, il ordonna à un Janissaire d'en couper la tête à ce prétendu prophete du Muphti ; ce qui fut exécuté sur le champ. Cependant Osman réussit fort mal dans son entreprise contre la Pologne, & perdit, peu de temps après, la vie avec l'Empire. *Le Vassor.*

Jacques I, Roi d'Ecosse, fut massacré de nuit dans son lit, par son oncle Gautier, Comte d'Athol, qui vouloit monter sur le trône. Mais ce traître reçut à Edimbourg le prix de sa trahison ; car il fut mis sur un pilier ; & là, devant tout le monde, on lui mit sur la tête une couronne de fer que l'on avoit fait rougir dans un grand feu ; il y avoit cette inscription : *Le Roi des traîtres.* Un Astrologue l'avoir assuré qu'il seroit couronné publiquement dans une grande assemblée de peuple. *Trés. Chron.*

Catherine de Médicis, esclave de la superstition & de l'astrologie, consulta les Devins jusqu'à sa mort. On l'avoit avertie qu'un St. Germain la verroit mourir. Elle ne voulut jamais demeurer à St. Germain-en-Laye, & on dit qu'elle n'y coucha jamais depuis. Mais un nommé *Saint-Germain*, Docteur en Théologie, l'ayant affiftée à l'heure de la mort, on regarda la prédiction accomplie.

Nous ajouterons à ces différents exemples de prédictions accomplies, l'aventure d'un homme dont l'horofcope portoit qu'un cheval le feroit périr. Cet homme évitoit non-feulement d'aller à cheval, mais encore lorfqu'il en appercevoit un, il avoit grand foin de s'en éloigner. Un jour qu'il paffoit dans une ville, une enfeigne lui tomba fur la tête, & il mourut du coup. C'étoit l'enfeigne d'une auberge où étoit repréfenté un cheval noir.

On pourroit encore citer quelques autres prédictions qui ont reçu leur accompliffement ; mais n'oublions point ce que répondit l'ingénieux Barclay à un homme infatué de l'aftrologie judiciaire, qui lui repréfentoit que différentes prédictions d'Aftrologues avoient été juftifiées par l'événement. Ce n'eft pas ce qui m'étonne, répondit Barclay ; mais c'eft de voir que parmi un fi grand nombre de conjectures que les Aftrologues ont publiées, ils n'ayent pas rencontré plus fouvent la vérité.

Tibere, exilé à Rhodes fous le regne d'Augufte, fe plaifoit à confulter les Devins fur le haut d'un rocher fort élevé au bord de la mer ; & fi les réponfes du prétendu prophete donnoient lieu à ce Prince de le foupçonner d'ignorance ou de fourberie, il le faifoit à l'inftant précipiter dans la mer par un efclave. Un jour ayant confulté dans le même lieu un certain Trafulius, regardé comme habile dans cette fcience, & ce devin lui ayant promis l'Empire & toutes sortes de prospérités : *Puisque tu es si habile*, lui dit Tibere, *tu dois savoir ton horoscope; dis-moi combien il te reste de temps à vivre ?* Trasilius, qui se douta sans doute du motif de cette question, examina, avec une feinte sécurité, l'aspect & la position des astres au moment de sa naissance. Bientôt après, il laissa voir au Prince une suprise qui fut suivie de frayeur; & s'écria: *Qu'il étoit, à cette heure même, menacé d'un grand péril.* Tibère, satisfait de cette réponse, l'embrassa, le rassura, & acceptant pour oracle tout ce qu'il lui avoir dit de favorable, le mit au nombre de ses amis. *Tacite, liv. VI des Annales.*

Un autre Astrologue se tira aussi ingénieusement d'un pareil danger du temps de Louis XI. Cet Astrologue avoit prédit qu'une Dame, que le Roi aimoit, mourroit dans huit jours. La chose étant arrivée, le Prince fit venir l'Astrologue, & commanda à ses gens de ne pas manquer, à un signal qu'il leur donneroit, de se saisir de cet homme, & de le jetter par les fenêtres. Aussi-tôt que le Roi l'apperçut : » Toi qui pré-
» tends être un si habile homme, lui dit-il, &
» qui sait si précisément le sort des autres, ap-
» prends-moi, dans ce moment, quel sera le
» tien, & combien tu as encore de temps à vi-
» vre ? » Soit que l'Astrologue eût été secretement averti du dessein du Roi, ou qu'il s'en doutât : » Sire, répondit-il, sans témoigner aucune
» frayeur, je mourrai trois jours avant Vôtre
» Majesté ». Le Roi n'eut garde, après cette réponse, de donner aucun signal pour le faire jetter par les fenêtres; au contraire, il eut un soin particulier de ne le laisser manquer de rien. *Lettres de Boursault.*

ASTROLOGUES, PRÉDICTIONS. 83

Henri VII, Roi d'Angleterre, envoya chercher un Aſtrologue Anglois qui ſe mêloit de prédire les bonnes & les mauvaiſes fortunes des autres, & lui demanda où il paſſeroit les fêtes de Noël. L'Aſtrologue lui répondit qu'il n'en ſavoit rien. » Je ſuis donc meilleur Aſtrologue que » toi, répondit le Roi, car je ſais que tu les paſ- » ſeras dans la tour de Londres; " ce qui arriva effectivement, car le Roi l'y fit conduire.

En 1382, un autre Aſtrologue Anglois fit crier par la ville de Londres, que la veille de l'Aſcenſion perſonne ne ſortît de la maiſon ſans avoir dit cinq fois *Pater noſter*, & ſans avoir déjeûné, à cauſe du brouillard peſtilentiel qui arriveroit ce jour-là; parce que ceux qui ne le feroient pas, mourroit infailliblement. Pluſieurs ſe fiant à cette prédiction, firent ce que l'Aſtrologue avoit preſcrit; mais comme on reconnut après qu'il avoit trompé le peuple, on le mit ſur un cheval à reculons, tenant la queue en place de bride, avec deux marmites au cou, on le promena ainſi par toute la ville.

Un Aſtrologue regardant au viſage Jean Galéas, Duc de Milan, lui dit : » Seigneur, arran- » gez vos affaires, car vous ne pouvez vivre » long-temps". Comment le ſais-tu, lui dit le Duc? Par la connoiſſance que j'ai des aſtres, répondit l'Aſtrologue. Et toi, combien doit tu vivré? Ma planette me promet une longue vie. Oh bien, répartit le Duc, afin que tu ne te fies plus à ta planette, tu mourras maintenant contre ton opinion; & il le fit pendre dans le moment. *Coroſet*.

Hégiage, Général Arabe, ſous le Calife *Valid*, conſulta, dans ſa derniere maladie, un Aſtrologue qui eut la fermeté de lui prédire une

D vj

mort prochaine. » Je compte tellement fur votre
» habileté, lui répondit Hégiage, que je veux
» vous avoir avec moi dans l'autre monde, &
» je vais vous y envoyer le premier, afin que
» je puiſſe me ſervir de vous dès mon arrivée ".
Il ordonna en effet qu'on lui coupât la tête ; ce
qui fut exécuté ſur le champ.

Un Empereur, irrité contre un Aſtrologue,
lui demandoit avec menaces : De quel genre de
mort, malheureux, comptes-tu mourir ? » Je
» mourrai, dit-il, de la fievre ". Tu en as menti, répondit l'Empereur ; tu périras tout-à-l'heure
d'une mort violente. On alloit ſaiſir ce pauvre
malheureux, lorſqu'il dit à l'Empereur : » Seigneur, ordonnez qu'on me tâte le poulx, &
» l'on verra que j'ai la fievre ". Cette ſaillie le
tira d'affaire.

Une Dame Egyptienne fit venir chez elle un
fameux Aſtrologue, & l'interrogea ſur ce qu'elle
deſiroit d'apprendre. L'Aſtrologue dreſſa auſſitôt différentes figures aſtrologiques, & fit ſur
chacune un diſcours d'autant plus long, que ce
qu'il diſoit ne ſatisfaiſoit pas la Dame. A la fin,
il ſe tû ; & la Dame n'étant pas plus inſtruite
qu'auparavant, ſe contenta de lui donner une
drachme. L'Aſtrologue, qui s'attendoit à recevoir une meilleure récompenſe, ajouta, qu'il
voyoit encore, par les figures tracées, qu'elle
n'étoit pas des plus riches. La Dame lui répondit que cela étoit vrai. L'Aſtrologue, regardant
toujours les figures, lui demanda : N'auriez-vous rien perdu ? » J'ai perdu, lui répondit-
» elle, l'argent que je viens de te donner ".
Biblioth. Orientale.

Dara, un des quatre fils du Grand-Mogol
Cha-Jeham, ajoutoit beaucoup de foi, ainſi que

la plupart des Princes de l'Orient, aux prédictions des Aſtrologues. Un de ces charlatans lui avoir prédit, au péril de ſa tête, qu'il régneroit; & telle étoit la foibleſſe de ce Prince, qu'il s'en fioit plus à cette prédiction qu'à ſes droits, à l'amitié de ſon pere, & à ſon courage. L'Aſtrologue ſe moquoit le premier de la ſimplicité de Dara. Cet impoſteur ne craignit pas même de répondre à ceux qui lui demanderent, comment il oſoit, ſur ſa vie, garantir un événement ſi incertain : » Il arrivera de deux choſes l'une ; ou » Dara parviendra à la couronne, & ma for- » tune eſt faite ; ou il ſera vaincu, & dès-lors » ſa mort eſt certaine, & je ne redoute plus ſa » vengeance ". *Révolutions des Indes.*

Lorſqu'on aſſiégeoit le Pouſin, en Dauphiné, le fils de Noſtradamus, qui ſe mêloit de prédire, interrogé par le Sieur de Saint-Luc, que deviendroit le Pouſin, il lui répondit : » Il pé- » rira par le feu ". Pendant que les ſoldats le pilloient, il y mit lui-même le feu en pluſieurs endroits, afin que ſa prédiction fut accomplie. Mais Saint-Luc, irrité de cette action, pouſſa ſon cheval contre le jeune Aſtrologue, qui en fut foulé aux pieds. *De Thou.*

Le Pape Jean XXI ayant étudié toute ſa vie l'aſtrologie, avoit trouvé, par la connoiſſance qu'il prétendoit avoir de l'influence des aſtres, que ſa vie ſeroit longue, & il le diſoit à tous ceux qui l'approchoient. Un jour qu'il s'en vantoit en préſence de quelques perſonnes, une voûte, qu'il faiſoit conſtruire au Palais de Viterbe, étant tombée, il en fut ſi fort bleſſé, qu'il en mourut ſix jours après. *Platina.*

Urbain VIII ſe mêloit d'aſtrologie judiciaire, juſqu'à faire des almanachs. L'Abbé de Longuerue racontoit à ce sujet l'historiette suivante. Ce Pape avoit un ancien domestique nommé *Onoufrio*, qui prenoit avec lui beaucoup de liberté. Une nuit ce Pape l'appella, & lui demanda quel temps il faisoit ? Onoufrio, pour en être plutôt débarrassé, répondit qu'il faisoit beau temps. *Sapiamo*, dit le Pape, donnant à attendre qu'il l'avoit prédit dans son almanach. Onoufrio, qui entendoit pleuvoir à verse, perdit patience; il ouvrit les rideaux du lit du Pape, & les fenêtres de sa chambre, en disant : *Vede, coïone; vede, coïone*. Le Pape en rioit encore le matin, & ne put s'empêcher de le conter à quelques confidents. Le rébarbatif François Barberin, son neveu, l'ayant su, menaça Onoufrio des galeres. Ce fidele domestique se mit à changer de conduite, à servir le Pape à genoux & avec crainte. Le Pape, importuné de ces respects, en apprit enfin la cause ; l'Eminence étant venue chez son oncle, en fut traitée à son tour presqu'aussi mal que l'avoit été Onoufrio.

Cardan, Médecin & Mathématicien célebre du quinzieme siecle, donnoit dans toutes les erreurs de l'astrologie judiciaire. Ayant marqué qu'il mourroit en un certain temps, il s'abstint de manger, afin que la mort confirmât sa prédiction, & que la vie ne décriât point le métier. *Bayle*.

Un bourgeois de Lyon fort riche, ayant fait dresser son horoscope, mangea, pendant le temps qu'il croyoit avoir encore à vivre, tout ce qu'il avoit. Mais ayant été plus loin que l'astrologue ne lui avoit prédit, il se vit obligé de demander l'aumône ; ce qu'il faisoit, en disant : » Ayez pi- » tié d'un homme qui a vécu plus long-temps » qu'il ne croyoit ". *République des Lettres*.

AVARE, AVARICE.

Lorsqu'on a lu l'*Avare* de Plaute & celui de Moliere, on est tenté de croire que tous les traits qui les caractérisent ont été épuisés. Cependant en voici un qui n'est peut-être pas moins vrai, moins énergique que ceux employés par ces grands maîtres. On parloit d'une personne qui aimoit à rendre service. Quelqu'un, qui lui avoit des obligations, dit : » Un tel est très-» honnête homme; il est pauvre. mais cela ne » m'empêche pas d'en faire un cas singulier. Il » y a quarante ans que je suis son ami, & il » ne m'a pas demandé un sou ".

L'Avare ne se regarde point comme tel; il auroit horreur de lui-même : il se considere comme un homme prévoyant, un économe qui pense à l'avenir. Un original de cette trempe ayant entendu parler d'un fameux Médecin de Paris, dont la parcimonie étoit portée à l'excès, eut la curiosité de l'aller voir. C'étoit un fidele disciple qui vouloit aller prendre des leçons d'un maître renommé. Il le trouva sur les huit heures du soir, en hyver, dans une chambre enfumée, avec une seule lampe qui ne donnoit presque point de clarté. Il lui dit, en entrant : » J'ai ap-» pris, Monsieur, que vous étiez l'homme du » monde le plus économe. Je le suis un peu ; » mais je souhaiterois l'être davantage, & je » voudrois bien que vous me fissiez l'amitié de » me donner quelques leçons d'économie " *Ne venez-vous que pour cela ?* lui repliqua brusquement le Docteur avare. *Prenez ce siege ;* & en même-temps il éteignit sa lampe, en lui disant,

nous n'avons pas besoin d'y voir pour parler; nous en serons moins distraits. » Ah! Monsieur,
» s'écria l'humble disciple, cette leçon d'éco-
» nomie me suffit; je vois bien que je ne serai
» jamais qu'un écolier auprès d'un si grand maî-
» tre, mais je vous proteste que j'en profite-
» rai ". Il se retira aussi-tôt à tâtons. *Voyez les Anecdotes de Médecine.*

Toutes les grandes passions, dit Madame de P...., abandonnent les hommes à la mort; toutes, excepté l'avarice. Le Commandeur de.... eut une longue maladie. Sur le point de mourir, il dit à son Médecin, qui lui avoit rendu six mois de visites assidues, qu'il le vouloit récompenser de ses bons services, & lui présenta au même temps trois louis qu'il tira d'un sac qu'il tenoit caché sous son chevet. Le Médecin, surpris de la médiocrité de la somme, lui demanda si c'étoit un à-compte? — Un à-compte, Monsieur! reprit le moribond, non, Monsieur; non, la somme me paroît raisonnable pour tout le temps de ma maladie. Le Médecin lui fit encore quelques remontrances, auxquelles le Commandeur répondit : » Je vois bien que vous n'ê-
» tes pas content; tenez, voilà donc encore un
» petit écu". Le Médecin ne put s'empêcher de rire, & de refuser les trois louis & le petit écu.

L'Avare *Cuttler*, dont parle Pope, dans ses *Epîtres morales*, croyant donner un excellent avis au prodigue *Villiers*, Duc de Buckingham, lui disoit : » Que ne vivez-vous comme moi ? "
— Vivre comme vous, Chevalier Cuttler! j'en serai toujours le maitre, répondit Villiers, quand je n'aurai plus rien.

Ce Cuttler, hommu très-riche & très-avaricieux, voyageoit ordinairement à cheval, &

seul, pour éviter toute dépense. Le soir, en arrivant à l'auberge, il feignoit d'être indisposé, afin qu'on ne lui servît point à souper. Il ordonnoit au valet d'écurie d'apporter, dans sa chambre, un peu de paille pour mettre dans ses bottes, il faisoit bassiner son lit, & se couchoit. Lorsque le domestique s'étoit retiré, il se relevoit, & avec la paille de ses bottes & la chandelle qu'on lui avoit laissée, il faisoit un petit feu, où il grilloit un hareng, qu'il tiroit de sa poche. Il avoit toujours la précaution de se munir d'un morceau de pain, & de faire monter une bouteille d'eau ; & il soupoit ainsi à peu de fraix.

Un homme, dont l'avarice étoit connue, se vantoit d'avoir fait une perte considérable au jeu, sans dire un seul mot. » Je ne m'en étonne » point, répartit un plaisant, les grandes dou- » leurs sont muettes ".

L'Abbé Regnier, Secretaire de l'Académie Françoise, y faisoit un jour, dans son chapeau, la collecte d'une pistole, que chaque membre devoit fournir pour quelque dépense commune. Cet Abbé ne s'étant point apperçu qu'un des quarante, (le Président Rose) qui étoit fort avare, eût mis dans le chapeau, il le lui présenta une seconde fois. Celui-ci, comme on s'y attend bien, assura qu'il avoit donné. *Je le crois,* dit l'Abbé Regnier ; *mais je ne l'ai point vu.* — *Et moi,* ajouta M. de Fontenelle, qui étoit à côté, *je l'ai vu ; mais je ne le crois pas.*

Un noble débonnaire, & qui n'avoit point la réputation d'être brave, demandoit à un avare, quel plaisir il avoit d'amasser des écus, & de ne pas s'en servir ? » J'y trouve autant d'appas, ré- » pondit l'avare, que vous à porter l'épée ".

AVEUGLE.

LES aveugles étant moins diſtraits par la quantité d'objets que le ſens de la vue nous préſente à la fois, doivent avoir celle de l'ouie, de l'odorat, du toucher, plus fins, plus exquis. C'eſt auſſi ce que pluſieurs faits nous confirment. Ajoutons que l'habitude d'exercer un ſens au défaut de l'autre, rend le premier en quelque ſorte plus ſavant. L'aveugle né de Puiſeaux en Gâtinois, eſtimoit la proximité du feu au degré de la chaleur; la plénitude des vaiſſeaux, au bruit que font en tombant les liqueurs tranſvaſées, & le voiſinage des corps, à l'action de l'air ſur ſon viſage. Il s'étoit fait de ſes bras, des balances fort juſtes, & de ſes doigts, des compas preſque infaillibles. Le poli des corps n'avoit guere moins de nuances pour lui, que le ſon de la voix. Il jugeoit de la beauté par le toucher, & faiſoit entrer dans ce jugement la prononciation & le ſon de la voix. Il adreſſoit au bruit & à la voix très-ſûrement. On rapporte qu'il eut, dans ſa jeuneſſe, une querelle avec un de ſes freres, qui s'en trouva fort mal. Impatienté des propos déſagréables qu'il eſſuyoit, il ſaiſit le premier objet qui lui tomba ſous la main, le lui lança, l'atteignit au milieu du front, & l'étendit par terre. Cette aventure, & quelques autres, le firent appeller devant le tribunal du Lieutenant de police de Paris, où il demeuroit pour lors. Les ſignes extérieurs de la puiſſance qui nous affectent ſi vivement, n'en impoſent point aux aveugles. Le nôtre comparut devant le Magiſtrat, comme devant ſon ſemblable; les

menaces ne l'intimiderent point. » Que me fe-
» rez-vous, dit-il à M. Herault. — Je vous
» jetterai dans un cul de basse-fosse, lui répon-
» dit le Magistrat. — Eh! Monsieur, lui repli-
» qua l'aveugle, il y a vingt-cinq ans que
» j'y suis ".

On penseroit peut-être qu'un aveugle né n'a aucune idée nette de la vision. Que l'on en juge par cette réponse. On demandoit à l'aveugle de Puiseaux, ce que c'étoit que des yeux ? » C'est,
» répondit-il, un organe sur lequel l'air fait l'ef-
» fet de mon bâton sur ma main. Cela est si
» vrai, ajouta-t-il, que quand je place ma main
» entre vos yeux & un objet, ma main vous
» est présente, mais l'objet vous est absent. La
» même chose m'arrive, quand je cherche une
» chose avec mon bâton, & que j'en rencontre
» une autre ".

Il définissoit un miroir, pour une machine qui met les choses en relief loin d'elles-mêmes, si elles se trouvent placées convenablement par rapport à elles. » C'est comme ma main, ajou-
» toit-il, qu'il ne faut pas que je pose à côté
» d'un objet pour le sentir ". Combien de Phi-
sophes renommés, dit un Auteur moderne, ont employé moins de subtilité pour arriver à des notions aussi fausses ?

Saunderson, mort il y a quelques années en Angleterre, avoit perdu la vue dès la plus tendre enfance. Malgré cette privation, il fit des progrès si surprenants dans les mathématiques, qu'on lui donna la chaire de Professeur de ces sciences dans l'Université de Cambridge. Ses leçons étoient d'une clarté extrême ; & cela devoit être, puisqu'il parloit à ses éleves comme s'ils eussent été privés de la vue. Ce qui paroitra plus singulier, c'est qu'il faisoit des leçons d'optique. Saunderson n'avoit besoin que de parcourir avec ses mains une suite de médailles, pour discerner les fausses, même lorsqu'elles étoient assez bien contrefaites pour tromper les yeux d'un connoisseur. Il jugeoit de l'exactitude d'un instrument de mathématique, en faisant passer ses doigts sur les divisions. Les moindres vicissitudes de l'athmosphere l'affectoient, & il s'appercevoit sur-tout, dans les temps de calmes, de la présence des objets peu éloignés de lui. Un jour qu'il assistoit, dans un jardin, à des observations astronomiques, il distingua, par l'impulsion de l'air sur son visage, le temps où le soleil étoit couvert de nuages ; ce qui est d'autant plus singulier, qu'il étoit totalement privé, non-seulement de la vue, mais de l'organe.

On a vu avec plaisir, dans la *Gazette littéraire* de l'Europe, du 21 Mars 1764, les circonstances les plus intéressantes qui ont accompagné l'opération de la cataracte faite à un aveugle-né de vingt ans. Ces circonstances ont été rapportées d'après une feuille périodique, intitulée : *The Weekly, amusement.* Un Chirurgien, (*M. Grant*) ayant assuré les parents du jeune aveugle, qu'il détruiroit l'obstacle qui le privoit de la vue, plusieurs personnes s'assemblerent pour être témoins de cette opération. Tous les spectateurs avoient promis de garder le silence, si l'opération réussissoit ; afin de mieux observer les mouvements qu'occasionneroient dans l'ame du jeune homme les nouvelles sensations qu'il éprouveroit. L'opération eut tout le succès qu'on en attendoit. Lorsque les yeux du jeune aveugle furent frappés des premiers rayons de la lumiere, on vit sur toute sa personne l'expression

d'un raviffement extraordinaire ; il parut prêt à s'évanouir de joie & d'étonnement. L'Opérateur étoit devant lui avec fes inftruments à la main. Le jeune homme l'examina depuis la tête jufqu'aux pieds ; il s'examinoit enfuite avec la même attention, & fembloit comparer fa figure avec celle qu'il voyoit. Tout lui paroiffoit exactement femblable, excepté les mains, parce qu'il prenoit les inftruments du Chirurgien pour des parties de ces mains. Pendant qu'il étoit occupé à cet examen, fa mere, qui ne pouvoit plus contenir les tendres mouvements dont fon cœur étoit agité, fe jetta à fon cou en s'écriant : *Mon fils ! mon cher fils !* Le jeune homme reconnut la voix de fa mere, & ne put prononcer que ces mots : *Eft-ce vous ? eft-ce ma mere ?* & il s'évanouit. Il y avoit dans la chambre une jeune fille avec qui le jeune homme avoit été élevé, qu'il aimoit tendrement, & dont il étoit tendrement aimé, tout aveugle qu'il étoit. Lorfqu'elle le vit fans mouvement & fans connoiffance, elle laiffa échapper quelques cris de douleur qui parurent ranimer la fenfibilité du jeune homme. En revenant à lui, fes yeux fe fixoient fur l'objet chéri, dont il reconnoiffoit la voix. Après quelques moments de filence, il s'écria : " Qu'eft-ce
" qu'on m'a donc fait ? où m'a-t-on tranfporté ?
" Ce que je fens autour de moi, eft-ce la lu-
" miere dont on m'a fi fouvent parlé ? Le fenti-
" ment nouveau que j'éprouve eft-il celui de la
" vue ?... Toutes les fois que vous dites que
" vous êtes bien-aifes de vous voir l'un l'au-
" tre, êtes-vous auffi heureux que je le fuis en
" ce moment ?... Où eft *Tom* qui me fert de
" guide ? Il me femble maintenant que je mar-
" cherois bien fans lui ". Il voulut faire un pas ;

mais il s'arrêta, & parut effrayé de tout ce qui étoit autour de lui. Comme l'agitation de son ame étoit extrême, on lui dit qu'il falloit qu'il revint pour quelque temps à son premier état, afin de donner peu-à-peu à ses yeux la force de supporter peu-à-peu l'impression de la lumiere, & qu'il avoit besoin de s'accoutumer par degrés à voir, comme il s'étoit accoutumé à marcher. Il ne se rendit qu'avec beaucoup de peine à ces raisons; on le tint pendant quelque temps les yeux couverts, & dans ce retour de cécité, il se plaignoit amèrement qu'on l'avoit trompé; qu'on avoit employé quelqu'enchantement pour lui faire croire qu'il jouissoit de ce qu'on appelle *la vue* : il ajoutoit que les impressions qui en étoient restées dans son ame, le rendroient fou, si ce sens ne lui étoit pas en effet rendu. Une autre fois, il cherchoit à deviner les noms des personnes qu'il avoit vues dans la foule, ou bien il vouloir compter ce qu'il avoit remarqué, & il manquoit de termes pour s'exprimer. Enfin, lorsqu'on jugea qu'il seroit en état de supporter la lumiere, on chargea la jeune fille d'ôter le bandeau dont ses yeux étoient couverts, & de tâcher de distraire, par ses discours, l'impression trop vive des objets. Elle s'approcha de lui ; & en dénouant le bandeau, elle lui dit :
» M. William, je vais vous rendre l'usage de la
» vue; mais je ne saurois m'empêcher d'avoir
» quelqu'inquiétude. Je vous ai aimé dès mon
» enfance, quoique vous fussiez aveugle; vous
» m'avez aimée aussi : mais vous allez connoître
» la beauté, vous allez éprouver des sentiments
» qui vous ont été inconnus jusqu'ici. Si vous
» allez cesser de m'aimer ! si quelque objet, que
» vous trouverez plus aimable, alloit m'effacer

» de votre cœur !.... Ah ! ma chere amie, ré-
» pondit le jeune homme, fi je devois, en jouif-
» fant de la vue, perdre les tendres émotions
» que j'ai fenties toutes les fois que j'ai entendu
» le fon de votre voix, fi je ne devois plus dif-
» tinguer le pas de celle que j'aime lorfqu'elle
» s'approche de moi ; & s'il falloit que je chan-
» geaffe ces plaifirs fi doux & fi fréquents pour
» le fentiment tumultueux que j'ai éprouvé pen-
» dant le peu de temps que j'ai joui de la vue,
» j'aimerois mieux renoncer pour jamais à ce
» fens nouveau. Je n'ai defiré de voir que pour
» vous fentir, vous pofféder, vous aimer d'une
» autre maniere encore : arrachez-moi ces yeux,
» s'ils ne doivent fervir qu'à vous rendre moins
» chere à mon cœur ". La jeune fille l'em-
braffa en verfant de ces douces larmes. William reçoit la lumiere avec le même trouble
& le même raviffement : il ne pouvoit fe laffer
de regarder fa maîtreffe ; il l'appelloit en la touchant, & prioit de parler pour s'affurer que c'é-
toit bien elle qu'il touchoit. Tout l'étonnoit ; il
ne pouvoit accorder les fenfations qu'il éprou-
voit pour la vue, avec celle qu'il avoit reçues
des mêmes objets pour les autres fens : & ce ne
fut que par degrés qu'il parvint à diftinguer &
à reconnoitre les formes, les couleurs & les
diftances.

On a rapporté ce tour d'adreffe d'un aveugle.
Il avoit cinq cents écus qu'il cacha dans un coin
de fon jardin : mais un voifin, qui s'en apperçut,
les déterra, & les prit. L'aveugle, ne trouvant
plus fon argent, foupçonna celui qui pouvoit
l'avoir dérobé. Comment s'y prendre pour le ra-
voir ? Il alla trouver fon voifin, lui dit qu'il venoit lui demander un confeil ; qu'il avoit mille

écus, dont la moitié étoit cachée en lieu sûr, & qu'il ne savoit s'il devoit mettre le reste au même endroit. Le voisin le lui conseilla, & se hâta de reporter les cinq cents écus, dans l'espérance d'en retirer bientôt mille. Mais l'aveugle ayant retrouvé son argent, s'en saisit; & appellant son voisin, lui dit : » Comperé, l'aveugle a vu plus » clair que celui qui a deux yeux ".

Au milieu d'une nuit fort obscure, un aveugle marchoit dans les rues avec une lumiere à la main, & une cruche pleine sur le dos. Quelqu'un qui couroit, le rencontra; & surpris de cette lumiere : Simple que vous êtes, lui dit-il, à quoi vous sert cette lumiere ? la nuit & le jour ne sont-ils pas la même chose pour vous ? — Ce n'est pas pour moi, lui répondit l'aveugle, que je porte cette lumiere ; c'est afin que les étourdis qui te ressemblent, ne viennent pas heurter contre moi, & me faire casser ma cruche.

AVOCAT.

IL paroît qu'il y a long-temps que les Avocats sont en possession de se dire des injures. Les Avocats, chez les Romains, s'insultoient souvent au barreau par les railleries les plus sanglantes. L'Orateur Philippe, faisant allusion au nom des *Catulus* que portoit son adverse partie, & au bruit qu'il faisoit en plaidant, lui demanda pourquoi il aboyoit si fort : » C'est, répondit » Catulus, que je vois un voleur ". *Discours sur le Barreau de Rome.*

Un Orateur médiocre demandoit à ce même Catulus : » N'ai-je pas bien réussi à exciter la » compassion ? A merveille, reprit celui-ci,

» car il n'y a perfonne à qui votre difcours
» n'ait fait pitié ".

Verrès, que l'on accufoit d'avoir dépouillé les Provinces de fon Gouvernement, avoit envoyé à l'Orateur Hortenfius un fphinx d'ivoire, morceau de fculpture très-précieux. Cicéron, dans fon plaidoyer, ayant dit quelque chofe d'un peu enveloppé contre la conduite d'Hortenfius, celui-ci lui répondit, qu'il ne favoit pas expliquer les énigmes. A quoi Cicéron repliqua fur le champ : *Vous avez chez vous le fphinx.*

Théophrafte parle d'un vieillard qui fe fardoit. Archidamus, plaidant contre lui devant le Sénat de Lacédémone, dit : » Qu'il ne falloit
» pas croire un homme qui portoit le menfonge
» fur le front ".

Un Magiftrat, qui, par une timidité naturelle ou défaut de mémoire, n'avoir jamais pu venir à bout de prononcer de fuite un difcours, interrompit un jour un Avocat qui plaidoit devant lui. L'Avocat piqué, lui dit malignement :
» Vous m'interrompez, Monfieur, quoique
» vous fachiez bien la peine qu'il y a de parler
» en public ".

Un Avocat qui défend une caufe, fe voit fouvent dans la nécefllité d'employer toutes fortes de moyens, parce que chaque Juge a fon principe, bon ou mauvais, fuivant lequel il fe décide. Dumont, célèbre Avocat, étoit perfuadé de cette vérité. Cet Avocat, plaidant à la grand'-Chambre, mêloit à des moyens victorieux, d'autres moyens foibles ou captieux. Après l'audience, le premier-Préfident de Harlay lui en fit des reproches. M. le Préfident, lui répondit-il, un tel moyen eft pour M. un tel ; cet autre pour M. un tel. Après quelques féances, l'affaire

Tome I. E

fut jugée, & M. Dumont gagna sa cause. Le premier-Président l'appella, & lui dit : » Maî- » tre Dumont, vos paquets ont été rendus à » leur adresse ".

Un Avocat, dont le plaidoyer paroissoit trop étendu pour la cause qu'il défendoit, avoit reçu ordre du premier-Président d'abréger ; mais celui-ci, sans rien retrancher, répondit d'un ton ferme, que tout ce qu'il disoit étoit essentiel. Le Président, espérant enfin le faire taire, lui dit: » La Cour vous ordonne de conclure ". Hé bien, répartit l'Avocat, je conclus à ce que la Cour m'entende.

On a rapporté une anecdote à-peu-près semblable de M. Dumont, Avocat. Il avoit été interrompu, en plaidant, par M. de Harlay, premier-Président, qui lui dit : Maitre Dumont, abrégez. Cet Avocat cependant, qui croyoit que tout ce qu'il avoit à dire étoit essentiel dans sa cause, ne retranchoit rien de son plaidoyer. M. de Harlay se crut offensé, & dit à cet Avocat : Si vous continuez de nous dire des choses inutiles, l'on vous fera taire. Maitre Dumont s'arrêta alors tout court, & après avoir fait une petite pause, il dit à M. de Harlay : » Monsieur, » puisque la Cour ne m'ordonne pas de me tai- » re, vous voulez bien que je continue ". Le premier-Président, piqué de cette résistance, ou peut-être de cette distinction faite entre lui & la Cour, dit à un Huissier : Saisissez-vous de la personne de M. Dumont. Huissier, dit cet Avocat, je vous défends d'attenter à ma personne, elle est sacrée pour vous dans le tribunal où je plaide. Monsieur l'Avocat-Général parla pour M. Dumont, & soutint qu'il ne devoit pas être arrêté. La Chambre se leva sans rien décider. Mais la décision de cette affaire fut soumise à Louis XIV, qui, bien informé, dit qu'il ne condamnoit pas l'Avocat. M. Dumont reprit deux jours après son plaidoyer, qu'il continua sans être interrompu, mais ce fut le dernier qu'il prononça.

Des Juges, prévenus contre un Avocat, que sa cause étoit mauvaise, se levoient pour aller aux opinions. Celui-ci ne cessoit cependant de demander audience. Enfin, voyant que le jugement alloit être prononcé, il dit, en élevant la voix : Je demande acte à la Cour du refus qu'elle fait de m'entendre, afin de me justifier envers ma partie, qui est à cent lieues d'ici. Cette demande frappa les Juges ; ils reprirent leurs places pour donner audience à l'Avocat, qui, ramassant tout ce qu'il avoit de forces & de feu, plaida avec tant d'éloquence, qu'il fit appointer la cause, & la gagna avec dépens. Bourfault, dans ses *Lettres*, attribue cette louable hardiesse à M. Fourcroy, célebre Avocat au Parlement de Paris.

Il est d'usage de donner un conseil aux criminels, avant de les condamner. Un Avocat, devenu le conseil d'un filou surpris à dérober des bourses dans une audience du Parlement, le tire à l'écart, il lui demande s'il étoit vrai qu'il eût coupé la bourse à quelqu'un? Il est vrai, Monsieur, dit le voleur, mais:... Tais-toi, repris l'Avocat ; le meilleur conseil que je puisse te donner, est de t'en aller aux plus vite. Le voleur, trouvant l'avis fort bon, gagne l'escalier le plus proche, & disparoît. L'Avocat se présente au barreau ; les Juges lui demandent s'il n'a rien à dire pour la défense du criminel. Messieurs, dit-il, ce pauvre malheureux m'a avoué son crime ; mais comme j'étois nommé son conseil, j'ai cru devoir lui conseiller de prendre la fuite. Ce fut un sujet de risée; mais il n'y avoit rien à dire à l'Avocat; c'étoit aux huissiers à prendre garde que le voleur ne s'échappât.

Un Avocat célebre s'étoit chargé de défendre des bâteleurs & farceurs qui avoient un procès. Le premier-Président lui marqua de la surprise de ce qu'il plaidoit pour de telles gens. » Monsieur, lui répondit l'Avocat, j'ai cru que puisque la Cour avoit bien voulu leur donner audience, je pouvois plaider pour eux ".

Un Avocat, qui s'étoit apperçu que quelques Conseillers dormoient pendant qu'il parloit, s'écria : Que je suis à plaindre! la Cour sommeille, tandis que je suis dans le fort de ma cause. Le Président, indigné de ce reproche, dit à l'Avocat : Maître un tel, la Cour bien éveillée vous interdit.

Un premier-Président demandoit à Maître Langlois, pourquoi il se chargeoit souvent de mauvaises causes. » Monseigneur, lui répondit » l'Avocat, j'en ai tant perdu de bonnes, que » je ne sais plus lesquelles prendre ".

AUTEUR.

FACILITÉ d'écrire, preuve de médiocrité, c'est ce dont étoit persuadé un homme d'esprit. On louoit devant lui un Auteur de cette facilité, en ajoutant qu'il n'en étoit pas moins modeste. Ce n'est pas assez, répondit-il, il faut qu'il en soit plus humble.

J'ai fais sept tragédies dans un an, disoit à un Poète un rimeur enflé de vanité; mais vous? une en sept ans,... Oui, une seule, répondit le Poëte, mais une Athalie. Cette pensée est encore très-bien exprimée par cette fable. On reprochoit à la Lionne qu'elle ne mettoit qu'un petit au monde : oui, un seul, dit-elle, mais c'est un lion.

Mes vers me coûtent peu, disoit un mauvais Poëte; ils vous coûtent ce qu'ils valent, lui répondit-on.

Il échappe toûjours, dit l'Auteur des *Essais de Littérature*, aux esprits *Penseurs*, même dans leur conversation, la plus lâche & la moins tendue, des choses d'un grand prix, & aussi dignes d'être recueillies qu'agréables à entendre. Si néanmoins vous voulez de ces choses pensées & réfléchies, c'est dans les livres des grands Auteurs qu'il faut les chercher, & non dans leur conversation. Une femme de Province avoit désiré d'être d'un dîner que le Marquis *de Lassay* donnoit à quelques hommes célebres dans les Lettres. Surprise de voir le dîner très-avancé sans avoir encore rien entendu de fort merveilleux, elle dit à Madame de St. Just : *Quand commenceront-ils ?*

On a dit qu'il falloit des Auteurs pour toutes les classes; on pourroit ajouter pour les différents pays. Il y a ce fait connu d'un homme qui se faisoit présenter à un Magistrat qui avoit une bibliotheque considérable. Que faites-vous? lui demanda le Magistrat : Je fais des livres, répondit-il. Mais aucun de vos livres ne m'est encore parvenu? Je le crois bien, répond l'Auteur : je ne fais rien pour Paris. Dès qu'un de mes ouvrages est imprimé, j'en envoie l'édition en Amérique : je ne compose que pour les colonies.

Il y avoit à la Chine, dit un fabuliste Allemand, (*M. Lichtwehr*) un Lettré, que la noble envie de s'illuſtrer enflammoit continuellement. Il travailloit jour & nuit à s'ériger dans ſes écrits un monument qui pût le faire vivre chez la poſtérité la plus réculée; car enfin, l'idée de l'immortalité eſt toujours flatteuſe pour tout le monde. Ses ouvrages étoient pleins de citations d'une foule d'Auteurs, & il avoit l'avantage de faire obſerver en paſſant, que ſa bibliotheque étoit bien garnie. Jugez ſi la réputation d'un ſi grand homme tarda à ſe répandre. Entr'autres un vieux Mandarin, perſonnage de grand crédit à la Cour, témoignoit en faire un cas infini; il avoua même un jour publiquement, qu'il n'avoit rien lu de ſa vie, où il eût trouvé à s'inſtruire comme dans les ouvrages de ce Savant. On prit ſoin de l'en informer, & ſa joie fut ſans égale : il va trouver le Mandarin, & le remercie de l'air le plus modeſte qu'il lui eſt poſſible de prendre : il lui témoigne combien il ſe ſent honoré d'un pareil ſuffrage, & lui voue un hommage éternel. Enfin, après s'être épuiſé en longues actions de graces, ajoutez, lui dit-il, une faveur à celle que vous m'avez faite. Ne me laiſſez point ignorer comment il ſe peut que j'aie été aſſez heureux pour apprendre quelque choſe à un Seigneur ſi éclairé. Mon ami, lui répondit le Mandarin, je vais vous expliquer le fait : toutes les fois que j'ouvre un de vos Ouvrages, & que je vois en marge les titres de ceux que vous cités en ſi grand nombre, je m'écrie avec tranſport : Ah! qu'il y a de livres au monde, dont je puis fort bien me paſſer! Cette concluſion ne fut pas ſans doute ſatisfaiſante pour l'Auteur. Mais combien d'Ouvrages modernes pourroient fournir une pareille inſtruction au bon Mandarin!

On liſoit devant un homme de Lettres un livre excellent, dans lequel il y avoit quelqu'une de ses pensées : *Voilà*, dit-il, *un de mes enfants qui a fait fortune.*

AXIOME.

PROPOSITION physique ou morale, spéculative ou pratique, dont la vérité se fait connoître par elle-même, sans qu'il soit nécessaire de la démontrer. Les axiomes sont appellés autrement, des *premieres vérités*.

Les axiomes, dit le Chancelier Bâcon, ont cet avantage, qu'ils dévoilent au moins le mérite & le génie d'un homme : on voit d'abord s'il possede à fond sa matiere, ou s'il ne va que jusqu'au tuf ; car des axiomes sont puériles, quand ils ne renferment pas le germe des choses. Ce doit être comme le suc extrait d'un riche fonds d'observations, qui tiennent lieu de preuves & de raisonnements. Il n'appartient donc qu'aux maîtres de l'art de s'expliquer en axiomes, comme aux législateurs d'énoncer leurs volontés par des édits.

Il nous manque, continue le même Auteur, un recueil de ces axiomes primitifs communs à toutes les sciences, également applicables à la physique, à la morale & à la politique. Cependant la nature est simple, & se ressemble partout. En voici des exemples.

Si l'on ajoute des égaux à des inégaux, les tous seront inégaux.

Axiome de mathématique qui passe en regle de droit. Car dans la justice distributive qui rend à chacun selon ses œuvres, si l'on traite également des actions inégales, il n'y a plus d'égalité, ni d'équité. Mais la justice commutative qui rend à chacun selon ses choses, partage également des personnes inégales.

La nature se représente toute entière en petit.
Ainsi le mouvement des astres se vérifie dans celui des atômes. Aristote transporta dans la politique cet axiome physique de Démocrite; car il établit le gouvernement monarchique sur le gouvernement domestique, & prit le plan de l'Etat dans la famille.

L'être ne périt jamais entièrement, quand le tout retourne à ses principes.
Axiome de physique, & maxime de politique. Comme la matière, loin d'être anéantie, reprend sa vigueur dans les éléments, aussi, pour empêcher la ruine des Empires, les loix doivent appeller les anciennes mœurs.

La peste est plus contagieuse dans les commencements, que dans sa maturité.
C'est une expérience physique applicable à la morale. Car la corruption des méchants déterminés, est moins funeste à la société, que les irrégularités d'une vertu qui plie & se dément.

Les causes les plus générales ont aussi le plus d'énergie.
Principe universel dans la nature. Les mouvements obliques ou directs que l'homme communique aux corps que la nature lui a soumis, sont toujours subordonnés au mouvement général de gravitation qui lie & rapproche tous les êtres. Ainsi le grand intérêt de l'Etat absorbe les petits intérêts des citoyens. La patrie est une mere, mais qui dévore quelquefois une partie de ses enfants, pour conserver la famille, & quelquefois immole la famille aux aînés. Les ressorts qui font subsister ou fleurir la nation,

sont toujours plus forts que ceux du bien-être des particuliers.

Les organes de la réflexion ressemblent aux organes des sens.

C'est un axiome commun à la perspective & à l'acoustique dont voici l'explication. Le miroir qui réfléchit les objets, est transparent comme l'œil qui les reçoit. Le rocher qui renferme les sons & qui forme l'écho, a la même configuration que l'oreille. Autant de ressemblances, ou plutôt autant de vestiges de la nature qui a imprimé son caractere & son sceau sur toute la matiere; en sorte que les traits les plus différentiels, ne peuvent effacer l'empreinte dominante d'une même puissance.

BAGATELLES DIFFICILES.

On trouvoit autrefois une espece de mérite dans les acrostiches, & autres difficultés regardées aujourd'hui comme puériles. Ce goût minutieux avoit aussi conseillé différentes pieces d'écriture & d'industrie surprenantes par leur extrême ténuité. Dans le seizieme siecle, un Religieux Italien, nommé Pierre Alumus, renferma le Symbole des Apôtres, & l'Evangile de St. Jean, *In principio*, dans un grand espace comme un denier.

Un Artiste, non moins patient, présenta à Elisabeth, Reine d'Angleterre, un morceau de papier de la grandeur de l'ongle, sur lequel étoient écrits les Commandements de Dieu, le Symbole des Apôtres, & l'Oraison Dominicale, le nom de la Reine & la date de l'année. Cet Artiste en faisoit distinguer facilement toutes les lettres au moyen d'une paire de lunettes qu'il avoit lui-même conſtruites.

On a pu voir entre les mains des amateurs de ces ſortes de chefs-d'œuvres, une Iliade d'Homere écrite ſur du velin, & que l'on peut renfermer dans la coquille d'une noix. Ces pieces d'écriture ſe tracent ordinairement avec un pinceau, parce qu'il préſente une pointe plus fine, plus déliée que la plume. M. G***, Chanoine régulier de Sainte-Genevieve, a fait des ouvrages curieux en ce genre, & dont la netteté, ſi difficile à obtenir même dans une écriture ordinaire, eſt ſupérieure à celle du burin.

Jérôme Faba, Prêtre Italien, né dans la Calabre, s'étoit exercé dans un autre genre d'induſtrie non moins ſurprenant par la difficulté. Il avoit fait un ouvrage en buis qui repréſentoit tous les myſteres de la paſſion, & ſe pouvoit renfermer dans la coquille d'une noiſette. On lui attribue auſſi un carroſſe de la grandeur d'un grain de froment, où l'on voyoit un homme & une femme dedans, un cocher qui le conduiſoit, & des chevaux qui le tiroient. Ces ouvrages furent préſentés à François I & à Charles-Quint.

Un autre Artiſte avoit conſtruit un chariot d'ivoire qu'une mouche couvroit de ſes ailes, & un navire auſſi d'ivoire avec tous ſes agrès.

Paul Colomiés dit quelque part qu'il a vu un Orfevre à Moulins qui avoit enchainé une puce en vie à une chaîne d'or de cinquante anneaux, qui ne peſoit que trois grains.

On contoit l'autre jour à M. le Dauphin, dit Madame de Sévigné dans une de ſes Lettres, qu'il y avoit un homme à Paris qui avoit fait pour chef-d'œuvre un petit chariot qui étoit traîné par des puces. Le Dauphin dit à M. le

Prince de Conti : " Mon coufin, qui eſt-ce qui a fait les harnois ? " *Quelque arraignée du voi-finage*, répondit le Prince.

BATTOLOGIE.

Les Grammairiens ont donné ce nom à une affluence d'expreſſions fuperflues. C'étoit le défaut du Poëte *Battus*. On demandoit à Mélanthius ce qu'il penſoit d'une Tragédie de Denis, tyran de Syracuſe, & qui avoit la folie de paſſer pour Poëte : " Je ne ſaurois en juger, répon-
" dit-il ; la grande quantité de mots dont elle
" eſt enveloppée m'a empêché de la voir ".

BEAU.

Un jour, dit l'Auteur du *Dictionnaire philoſophique*, j'aſſiſtai à une Tragédie auprès d'un Philoſophe. *O¹que cela eſt beau !* s'écrioit-il. Que trouvez-vous là de beau ? lui demandai-je. *C'eſt, répondit-il, que l'Auteur a atteint ſon but.* Le lendemain, il prit une médecine qui lui fit du bien ; elle a atteint ſon but, lui dis-je ; voilà une belle médecine. Il comprit qu'on ne peut dire qu'une médecine eſt belle, & que pour donner à quelque choſe le nom de beauté, il faut qu'elle nous cauſe de l'admiration & du plaiſir. Il convint que cette Tragédie lui avoit inſpiré ces deux ſentiments, & que c'étoit-là le *To Kalon*, le Beau.

Nous fîmes, continue-t-il, un voyage en Angleterre : on y joua la piece parfaitement traduite ; elle fit bâiller tous les ſpectateurs. Oh, ho, dit-il, le *To Kalon* n'eſt pas de même pour les Anglois & pour les François. Il conclut, après bien des réflexions, que le beau eſt très-relatif, comme ce qui eſt décent au Japon eſt indécent à Rome, & ce qui eſt de mode à Paris, ne l'eſt pas à Pékin, & il s'épargna la peine de compoſer un Traité ſur le beau.

BEAUTÉ.

On a demandé ſi la beauté dans les femmes ou dans les hommes, étoit une choſe arbitraire. Il eſt hors de doute que l'expreſſion des paſſions douces & la grace, plaiſent à tout le monde. La différence des jugements ſur la beauté en divers pays, porte donc principalement ſur la couleur & la forme. Or, cette différence provient des coutumes nationales ou de certains défauts très-répandus, qui alterent le goût naturel. Les Chinois exigent qu'un homme, pour être beau, ſoit gros & gras, qu'il ait le front large, les yeux petits & plats, le nez court, les oreilles un peu grandes, la bouche médiocre, la barbe longue & les cheveux noirs. Les femmes font conſiſter le point le plus eſſentiel de leur beauté, dans la petiteſſe des pieds. Si-tôt que les filles naiſſent, les nourrices ont grand ſoin de leur ſerrer étroitement les pieds, de peur qu'ils ne croiſſent trop.

La beauté des femmes de Cumana, Province de l'Amérique méridionale, eſt d'avoir les joues maigres, un viſage long, & des cuiſſes extrêmement groſſes. Pour cet effet, on leur preſſe, dans l'enfance, la tête entre deux couſſins, & on leur lie fortement le deſſus du genou.

Les habitants des Iſles Mariannes ſont ſort

curieux d'avoir les dents noires & les cheveux blancs.

Chez les Arabes du défert, les femmes fe noirciffent le bord de leurs paupieres d'une poudre noire, & tirent une ligne de ce noir en-dehors de l'œil pour le faire paroître plus fendu. En général, la principale beauté des femmes de l'Orient, eft d'avoir de grands yeux noirs, bien ouvers & relevés à fleur de tête.

Dans quelques autres pays, les femmes fe font faire plufieurs raies bleues au vifage, pour imiter les veines qui paroiffent dans un teint uni & délicat.

Un Anglois voyageant dans les Alpes, attira tous les regards par fa figure; mais on trouvoit qu'il lui manquoit un agrément : *Le bel homme*, difoit-on, *s'il avoit une goëtre!*

Les Dames Françoifes, avec leur rouge & leurs mouches, paroiffent être toutes de la même famille. La premiere fois, dit un voyageur Anglois, que je vis ces femmes rangées dans les loges de l'Opéra à Paris, je crus voir une longue plate-bande de pivoines dans un jardin.

Des caillettes bien frifées, bien poudrées, & le vifage couvert de rouge, demandoient à un étranger, que penfez-vous des beautés Françoifes ? — Mefdames, leur répondit naïvement cet étranger, je me connois mal en peinture.

Nous finirons cet article de la beauté par un apologue de M. *Lichtwehr.* Dans une ville d'Allemagne, un negre & un blanc fe difputoient l'avantage de la figure. L'Allemand difoit à l'Africain : Mon ami, fi j'avois le malheur de te reffembler, je crois que je ne ferois guere tenté de me faire peindre ; & je n'imagine pas non plus que l'envie t'en prenne jamais. Regarde-toi un peu, beau brunet; là, regarde-toi dans cette glace; ne conviendras-tu pas qu'il falloit que la nature fût en train de rire, quand elle a modelé ce visage en poix noire & luisant, à moins qu'elle ne l'ait destiné à faire peur aux petits enfants de mon pays, & à les empêcher de crier? Il est vrai, répondit le negre, que tu as bien de quoi t'en louer avec ta face blafarde! » Ne vois-tu pas, animal que tu es, que tu res- » semble à un fruit ébauché, à qui le soleil n'a » encore daigné donner les derniers coups de » pinceau? " La dispute s'échauffa, & ils alloient en venir aux mains, quand un tiers se présenta pour arbitre, & fut accepté : c'étoit un François, qui, comme de raison, prononça en faveur de l'Allemand. Tu l'emportes, & je suis vaincu, s'écria le fils basané du rivage more! On me condamne en Europe, mais en Afrique tu aurois perdu ton procès.

La Fontaine, dans sa fable philosophique des *Compagnons d'Ulysse*, fait encore mieux sentir cette vérité. Ulysse avoit obtenu de l'enchanteresse Circé de rendre à ses compagnons, changés en animaux, leur premiere forme, s'ils vouloient y consentir. Ce héros, qui, suivant Homere, avoir le don de l'éloquence, après avoir tenté inutilement d'en persuader plusieurs, court à celui qui a été transformé en ours :

. . . . Eh! mon frere,
Comment te voilà fait; je t'ai vu si joli.
 Ah! vraiment, nous y voici,
 Reprit l'ours, à sa maniere;
Comme me voilà fait! comme doit être un ours.
Qui t'a dit qu'une forme est plus belle qu'une autre?
 Est-ce à la tienne à juger de la nôtre?
Je m'en rapporte aux yeux d'une ourse, mes amours.

BIENFAISANCE.

Vertu qui naît de l'amour & de l'humanité, & nous fait contribuer autant qu'il est en nous, au bonheur de nos semblables. La bienfaisance est à la bienveillance, ce que l'acte est au desir.

Un paroissien étoit allé voir son Curé au plus fort de l'hyver; & remarquant qu'aucune de ses chambres n'étoit tapissée, il lui demanda pourquoi il n'avoit point fait tapisser ses murailles pour le garantir de la rigueur du froid? Le fidele Pasteur lui montrant deux pauvres dont il prenoit soin, répondit: *J'aime mieux revêtir ces pauvres, que mes murailles.* On est fâché que ceux qui ont les premiers recueilli ces anecdotes & autres semblables, ne nous ayent point fait connoître les personnes que de semblables traits honorent.

Léopold, Duc souverain de Lorraine, étoit un Prince bienfaisant. Un de ses Ministres lui représentoit que ses sujets le ruinoient. *Tant mieux*, répondit Léopold, *je n'en serai que plus riche, puisqu'ils seront heureux.*

Un autre fois on lui faisoit le récit de quelques avantages qu'un Souverain venoit de faire à ses peuples. *Il le devoit*, répondit le Duc; *je quitterois demain ma souveraineté, si je ne pouvois faire de bien.*

Un Gentilhomme, qui ne lui avoit jamais rien demandé, quoiqu'il fût dans le besoin, jouoit avec son maitre, & gagnoit beaucoup. *Vous jouez bien malheureusement*, dit-il, au Prince. — *Jamais*, répartit Léopold, *la fortune ne m'a mieux servi; mais je devois seul m'en appercevoir.*

Un étranger, qu'il avoit renvoyé dans sa patrie, comblé de bienfaits, osa lui manquer. On en parla au Prince, qui dit, avec bonté : *Je ne dois pas lui faire un reproche de son ingratitude, puisque je ne l'ai obligé que pour moi.*

Un Magistrat attendoit que Léopold sortît de son appartement, pour lui demander un emploi dont on venoit de disposer en faveur d'un autre. Le Duc, voulant sauver le désagrément d'un refus au solliciteur, l'interrompit au milieu de son compliment, & lui dit : *Soyez content, Monsieur, votre ami vient d'obtenir la charge que vous venez me demander pour lui.* Mém. des Hommes illustrés de Lorraine.

Un des Trésoriers d'Alphonse-le-Grand, Roi d'Arragon, venoit de lui apporter dix mille écus d'or, somme très-considérable alors. Un Courtisan, qui croyoit n'être pas entendu du Prince, dit à quelqu'un : » Voilà une somme » qui me rendroit heureux pour toute ma vie ". *Soyez-le*, lui dit le Roi, en la lui donnant.

Le Duc de Montmorency, qui fut décapité à Touloufe, aimoit à répandre des bienfaits. Ce Seigneur, en voyageant en Languedoc, apperçoit dans un champ quatre laboureurs qui dînoient à l'ombre d'un buisson. Approchons-nous de ces bonnes gens, dit-il à ceux qui le suivoient, & demandons-leur s'ils se croyent heureux. Trois répondirent, que bornant leur félicité à certaines commodités de leur condition que Dieu leur avoit données, ils ne souhaitoient rien dans le monde. Le quatrieme avoua franchement qu'une chose manquoit à son bonheur ; c'étoit de pouvoir acquérir certain héritage que ses peres possédoient. — Et si tu l'avois cet héritage, dit M. de Montmorency, se-

BIENFAISANCE. 113

rois-tu content ? — Autant que je le puis être, répondit le payfan. — Combien vaut-il, demanda le Duc. — Deux mille francs, répondit le payfan. — Qu'on les lui donne, reprit le Duc, & qu'il foit dit que j'ai rendu un homme heureux en ma vie. *Le Vaſſor.*

Un Miniſtre, dit le Poëte Sadi, étoit bienfaiſant. Un jour il déplut à ſon maitre, & il fut mis en priſon; mais le peuple follicita fa délivrance. Les gardes lui rendoient fa prifon agréable : les Courtifans parloient au Roi de fes vertus ; & le Roi lui pardonna. Vendez le jardin de votre pere, pour en acheter un feul cœur : brûlez les meubles de votre maifon, fi vous manquez de bois pour préparer le repas de votre ami. Faites du bien à vos ennemis : faites-leur des préfents. Ne menacez pas le chien qui aboie ; jettez-lui un morceau de pain.

L'Empereur Charles IV, inſtruit qu'un de fes Officiers, féduit par l'argent de fes ennemis, méditoit de l'aſſaſſiner ou de l'empoiſonner, le fit venir, & lui dit : » J'ai appris avec peine que » vous n'aviez pas le moyen de marier votre » fille, qui eſt déja grande ; tenez, voilà mille » ducats pour fa dot ". On peut juger de la furprife de ce traître, qui alla auſſi-tôt fe dégager de fa promeſſe criminelle.

Un pauvre demandant l'aumône à un foldat, lui difoit : » Donnez-moi quelque chofe pour » l'amour de Dieu, & je le prierai pour vous ". Le foldat lui donna quelques pieces de monnoie, & lui dit : » Prends, & prie Dieu pour toi-» même ; je ne prête point mon argent à ufure ".

Un mortel bienfaifant eſt la plus fidelle image de la Divinité qui veut le bonheur des hommes. Les Scythes, pourſuivis par Alexandre jufqu'au milieu des bois & des rochers qu'ils habitoient, dirent à ce conquérant, qui vouloit passer pour le fils de Jupiter Ammon : *Tu n'es pas un Dieu, puisque tu fais du mal aux hommes.*

La bienfaisance, dans un Prince, doit être réglée par une économie sage & raisonnée. Le Roi de Pologne, Duc de Lorraine & de Bar, surnommé le *Bienfaisant*, nous offre entr'autres ce modèle de bienfaisance économique. Ce Prince a donné aux Magistrats de la ville de Bar, dix mille écus, qui doivent être employés à acheter du bled lorsqu'il est à bas prix, pour le revendre aux pauvres à un prix médiocre, quand il est monté à un certain point de cherté. Par cet arrangement, la somme augmente toujours, & bientôt on pourra la répartir sur d'autres endroits de la Province.

BIENVEILLANCE.

Les yeux de la bienveillance, dit un Auteur moderne, sont toujours riants. Une femme ne regarde pas son amant comme un autre. Et le favori, à qui son maitre parle sérieusement, doit dire, comme le Marquis de *** : » Je suis per-
» du ! le Prince ne m'a pas demandé des nou-
» velles de ma femme, & n'a point caressé ma
» levrette »

BON MOT.

Nous n'accordons ce nom qu'à une répartie vive, gaie, animée par une pensée qui frappe, qui réveille, qui surprend. On voit par cette définition, que le bon mot diffère essentiellement de beau mot ou de l'apophthegme. Le premier est une espèce d'impromptu que l'occasion seule fait naître, & que la malignité, le plus souvent, assaisonne : c'est un trait qui vole & qui perce en même-temps. Le beau mot ou l'apophthegme, au contraire, n'est qu'une belle pensée, une parole méditée qu'on a coutume de dire souvent, ou, si c'est une réponse, on y cherche moins à briller qu'à dire quelque chose de moral & d'instructif. *Voyez Apophthegme.*

Un homme en place, qui s'étoit rendu coupable de plusieurs infidélités chez les Macédoniens, souffroit impatiemment qu'on l'appellât traître. Il s'en plaignit à Archelaüs, Roi de Macédoine. » Les Macédoniens, lui répondit ce » Prince, sont si grossiers, qu'ils appellent les » choses par leur nom ".

Un Grec, grand parleur, qui se prétendoit philosophe, voyageoit en Scythie, & tout le monde se moquoit de lui. Messieurs les Scythes, dit-il, vous devez me respecter, je suis du pays de Platon. Un Scythe lui répondit : Parle comme Platon, si tu veux qu'on t'écoute.

Diogene ayant été conduit devant Philippe, Roi de Macédoine, ce Prince le traita d'espion. *Oui*, lui répondit Diogene, *de ton ambition & de ta vanité*.

Un homme de la Cour de Louis XIII jouoit au piquet dans une galerie ouverte. Ayant reconnu, par ses cartes de rentrée, qu'il avoit mal écarté, il s'écria : *Je suis un franc Gouffaut !* (C'étoit le nom d'un Président qui ne passoit pas pour un des hommes les plus éclairés de son temps.) Ce Président se trouva par hasard derrière le joueur, qui ne l'avoit pas apperçu ; &

fort offensé d'être cité en cette occasion, lui dit: » Vous êtes un fot ". *Vous avez raison*, lui répartit le joueur, *c'est ce que je voulois dire*.

Une Bourgeoise prenoit le titre de Marquise, afin de passer pour une femme de qualité. » Madame, lui dit quelqu'un, prenez garde à ce » que vous faites, le sobriquet de *Marquise* » pourroit bien vous rester ".

Dans le temps que Madame de Staal écrivoit ses Mémoires, une femme de ses amies lui demanda comment elle s'y prendroit pour se peindre elle-même, lorsqu'elle en seroit à la sensibilité de son cœur, à ses aventures galantes? Oh! dit-elle, *je ne me représenterai qu'en buste*.

Une Dame, avancée en âge, alla voir un vieux Seigneur de ses amis qui se mouroit. La fille de ce Seigneur lui refusa l'entrée de sa chambre, en lui disant que son père ne voyoit plus de femmes... *Ah ! Madame, à mon âge il n'y a plus de sexe*.

On reprochoit à une Demoiselle de consentir à épouser un homme qui heurtoit de front les mœurs & les modes de son temps, un original enfin ; mais la singularité de cet homme n'étoit qu'un vice de l'esprit, & personne n'avoit l'ame plus honnête ; aussi cette Demoiselle qui ne manquoit pas de jugement, répondit très-finement : » Je l'épouse parce que j'espere qu'il sera bon » mari par singularité ".

Des Hollandois disoient à un François, que Mons leur seroit rendu par la paix de Riswick. » Je le crois, répondit le François, nous ne » pourrions le garder ; car lorsque nous l'avons » pris, il y avoit plus de cinquante mille té- » moins ".

On voit aux Chartreux de Dijon, la tête de

BON MOT. 117

Jean, Duc de Bourgogne, qui fut assassiné sur le pont de Montreau par les gens du Dauphin, pour venger la mort du Duc d'Orléans, qu'il avoit tué. François I regardant cette tête, demanda au Religieux qui la lui montroit, d'où provenoit le trou qu'il y avoit ? *C'est*, dit le Chartreux, *que les Anglois sont entrés par-là en France*. En effet, Philippe, fils de Jean, pour venger la mort de son pere, se ligua avec les Anglois, & les attira en France.

Un Evêque avoit un buffet qu'il venoit de garnir de plusieurs vases d'argent, chef-d'œuvres de l'art. Comme on admiroit ces richesses, le Prélat dit pour s'excuser en quelque sorte, qu'il les avoit acquises pour en assister dans l'occasion les pauvres de son Diocese. *Monseigneur*, lui dit quelqu'un malignement, *vous auriez pu leur en épargner la façon*.

Un Frere quêteur disoit, qu'en quittant le monde, il avoit renoncé à son bien qui étoit considérable. *Il valoit mieux*, lui répondit-on, *renoncer au bien d'autrui qu'au vôtre*.

Louis XIV nomma à l'Abbaye de Chelles une sœur de Mademoiselle de Fontanges. Au sacre de cette Abbesse, les tentures de la couronne, les diamants, la musique, les parfums, le nombre des Evêques qui officioient, surprirent tellement une femme de Province, qu'elle s'écria : *C'est ici le Paradis! Eh! non Madame*, lui dit-on, *il n'y auroit pas tant d'Evêques*. Lettres de Sévigné.

Un importun voyant un Savant se promener souvent seul, lui dit un jour en l'abordant : » Monsieur, comment pouvez-vous supporter » cette solitude " : *Je n'ai commencé d'être seul, répondit le Savant, que dans le moment que vous m'ayez abordé.*

Un Prêtre rencontrant, proche une armée, une troupe de volontaires qui alloit faire du butin, falua le chef en lui difant : » Dieu vous » donne la paix ". Mais le Militaire mécontent de ce fouhait, répartit auffi-tôt : » Dieu ôte, à vous » autres Prêtres, le Purgatoire "!

La République de Gênes ayant ofé braver Louis XIV, fut forcée d'envoyer en France pour faire des excufes au Monarque, un Doge accompagné de quatre Sénateurs, ce qui étoit fans exemple. On fit voir à ce Doge Verfailles dans tout fon éclat; on lui demanda enfuite ce qui l'avoit le plus frappé dans ce lieu enchanté : *C'eſt de m'y voir.*

La naiffance du fils aîné d'un Monarque, dans les Etats où la couronne eſt héréditaire, infpire toujours une joie univerfelle : elle refferre les liens du Souverain & des fujets : elle affermit la couronne fur la tête du Monarque; elle donne plus de folidité aux obligations qu'il contracte : auffi lors de la naiffance de M. le Dauphin, Louis XIV, ayant dit à M. Pelletier-Desforts, Contrôleur-général, qu'il falloit chercher de l'argent pour fournir aux réjouiffances, ce Miniſtre lui répondit : » Sire, vous en trouverez facilement, » la Reine vient de vous donner une bonne » caution ".

Un homme épuifé de plaifirs étoit obligé de garder le lit. Un de fes amis vint le voir, & apperçut en entrant dans la chambre du malade, fa maîtreffe qui en fortoit. Il demanda au malade comment il fe trouvoit : » La fievre, dit-il, vient » de me quitter". *Effectivement,* répond fon ami *je l'ai rencontré qui fortoit de chez vous.*

Une Bourgeoife jolie & vertueufe avoit infpiré une paffion très-forte à un grand Seigneur,

qui lui dit : » Votre vertu eft tout ce que j'aime
» dans vous ". *Hé bien, lui répondit-elle, ne
m'expofez point au danger de perdre tout ce que
vous aimez.*

On parloit à un homme d'efprit d'une perfonne que l'on defiroit lui faire connoître; & pour la faire valoir, on lui difoit qu'elle favoit tout Montaigne par cœur. Il fe contenta de répondre : *J'ai le livre.*

Ceci rappelle un autre mot d'un Lacédémonien. On l'invitoit d'aller entendre un homme qui imitoit parfaitement le roffignol; il répondit : *J'ai fouvent entendu le roffignol même.*

Une Duchesse railloit Madame la Maréchale de... dont le mari n'avoit point encore été fait Duc, de n'avoir point le tabouret chez la Reine : » C'eft dommage, difoit-elle, que cette
» belle & majeftueufe Marquife fe fatigue à ref-
» ter debout ". *Madame, répondit la Maréchale, je fuis appuyée fur un bon bâton.*

Un Cavalier battoit fon cheval, qui lui donnoit des ruades, & ne vouloit pas avoir le dernier : *Eh, Monfieur!* lui dit un paffant, *montrez-vous le plus fage.*

Une femme de qualité avancée en âge, & qui aimoit un homme de la Cour, lui donna une terre confidérable; cette donation lui fut difputée par une Dame jeune, belle, qui étoit héritiere de la donatrice; cependant le don fut confirmé par arrêt. La jeune Dame en l'abordant, lui dit d'un ton railleur : » Il faut avouer,
» Monfieur, que vous avez acquis cette terre-
» là à bon marché ". *Il eft vrai, Madame; mais puifque vous favez ce qu'elle me coûte, je vous l'offre au même prix.*

Un des derniers Rois d'Efpagne, auquel le

fort des armes avoit enlevé plusieurs places considérables, recevoit cependant de la plupart de ses courtisans le titre de *Grand*. » Sa grandeur, dit un Espagnol, ressemble à celle des fosses qui deviennent grandes à proportion des terres qu'on leur ôte ". Ajoutons cependant ici que ce mot n'est pas tout-à-fait juste, parce que la véritable grandeur des Rois consiste moins dans l'étendue des terres qui leur sont soumises, que dans leurs vertus personnelles.

Dans une guerre de la France contre l'Espagne, les armées Françoises avoient pris un ascendant décidé sur les troupes Espagnoles, & étoient en possession de les battre. La Cour de Madrid, pour couvrir, autant qu'il étoit possible, les fautes de ses Généraux, se donnoit un air de victoire, après chaque bataille. Un François osa en marquer sa surprise à la Marquise de Grana. Cette Dame, ainsi que le rapporte St. Evremont, lui dit finement : » Laissez-les se contenter » tant qu'ils voudront ; vos feux sont des feux » de joie, & les nôtres sont des feux d'artifice ".

Une Dame embrassoit M. de *** Archevêque. *Prenez-y garde*, dit quelqu'un à cette Dame, *M. de *** est plus berger que pasteur*.

Quelqu'un a dit : Voulez-vous vous débarrasser de certaines personnes ? prêtez-leur de l'argent.

Un homme ayant prêté une somme assez considérable à un de ses amis, celui-ci fut peu exact à la lui rendre ; & il fuyoit son créancier, qui l'ayant rencontré, lui dit : » Ou remettez-moi » mon argent, ou rendez-moi mon ami.

Un Gentilhomme avoit été dans la familiarité d'un grand Prince. Quelque temps après la mort de ce Prince, son fils trouvant sur ses terres

tres ce Gentilhomme en équipage de chasse, fit semblant de ne pas le reconnoître, & lui dit d'un ton méprisant : *Mon ami, qui t'a permis de chasser ici ?* Le Gentilhomme, piqué de ce ton qu'il ne méritoit pas, lui répondit avec une noble fierté : » J'avois l'honneur d'être l'ami de
» Monseigneur votre pere, j'ignorois que j'eusse
» l'honneur d'être le vôtre ". Le Prince senti
» aussi-tôt sa faute, & chercha à la réparer par un accueil gracieux & des plus flatteurs.

Louis XI ayant un jour rencontré l'Evêque de Chartres monté sur un cheval richement caparaçonné : » Les Evêques, lui dit-il, n'alloient
» pas ainsi autrefois ". *Non, Sire*, répondit l'Evêque, *du temps des Rois Pasteurs*. Cette réponse plut au Roi. Un Evêque, voyageant dans son carrosse, vit un Capucin à cheval. Il demanda au Religieux, avec un souris malin :
» Depuis quand St. François alloit à cheval ? " *Depuis que St. Pierre va en carrosse*, répondit le Capucin.

Rien de plus ridicule, disoit un Ministre d'Etat aux Courtisans qui l'environnoient, que la maniere dont se tient le conseil chez quelques nations negres. » Représentez-vous une cham-
» bre d'assemblée où sont placées une douzaine
» de grandes cruches ou jattes à moitié pleines
» d'eau : c'est là que, nuds & d'un pas grave,
» se rendent une douzaine de Conseiller d'Etat:
» arrivés dans cette chambre, chacun saute
» dans sa cruche, s'y enfonce jusqu'au cou, &
» c'est dans cette posture qu'on opine, & qu'on
» délibere sur les affaires d'Etat ". Mais vous ne riez pas, dit le Ministre au Seigneur le plus près de lui. *C'est*, répondit-il, *que je vois tous les jours quelque chose de plus plaisant encore*. Quoi

Tome *I.*   F

donc! reprit le Miniſtre. *C'eſt un pays où les cruches ſeules tiennent conſeil.*

Une Dame parloit d'affaire à M. Colbert, qui ne lui répondoit rien. *Monſeigneur*, lui dit-elle, *faites au moins quelque ſignes que vous m'entendez.*

Un Abbé de qualité repréſentoit au Pere de la Chaiſe, qui avoit la feuille des bénéfices, que depuis long-temps il lui demandoit un bénéfice. ″Votre heure n'eſt pas encore venue, ″ lui dit ce Jéſuite ″. *Elle viendra*, lui répartit l'Abbé, *quand il vous plaira, car vous gouvernez le ſoleil.* On ſait que le ſoleil étoit l'emblême de Louis XIV.

Lorſque le Cardinal de Richelieu fit faire le procès à M. de Bouteville, M. du Châtelet écrivit, pour la défenſe de l'accuſé, un mémoire qui fut trouvé également éloquent & hardi. Le Cardinal lui ayant reproché que c'étoit pour condamner la juſtice du Roi : ″Pardonnez-moi, lui ″ dit-il ; c'eſt pour juſtifier ſa miſéricorde, s'il ″ a la bonté d'en uſer envers un des plus vail-″ lants hommes de ſon Royaume ″.

Madame la Dauphine, Marie-Anne-Victoire de Baviere, paſſoit pour avoir infiniment d'eſprit. Louis XIV lui diſoit un jour : ″Vous ne ″ m'aviez pas dit, Madame, que vous aviez ″ une ſœur qui étoit très-belle ; ″ il parloit de Madame la Grande-Ducheſſe de Toſcane. *Il eſt vrai, Sire*, répondit Madame la Dauphine, *j'ai une ſœur qui a pris toute la beauté de la famille, mais j'en ai eu tout le bonheur.* Une Ducheſſe très-fardée ſe promenoit dans le parc de Verſailles avec d'autres Dames. Un Seigneur de la Cour, qui a la vue un peu baſſe, étoit de la partie ; il s'aviſa, ſous prétexte qu'il étoit nouvellement arrivé de campagne, de vouloir donner à cette Duchesse un baiser qu'elle para, en faisant adroitement demi-tour à gauche, & en se retranchant derriere une statue qui fut tendrement baisée à son intention. Cette méprise fit rire toute la compagnie ; mais le Seigneur, sans se déconcerter, & prenant d'abord son parti : *Il n'y a rien de perdu*, s'écria-t-il, *plâtre pour plâtre ; c'est à-peu-près de même.*

Un vieux rimeur, grand bavard, s'étoit fait peindre, & le portrait étoit d'une si parfaite ressemblance, qu'on bâilloit même en le voyant : il ne lui manque que la parole, dit quelqu'un. Ami, reprit aussi-tôt un plaisant, il n'en est pas plus mauvais pour cela.

Il y a des réparties qui supposent une très-grande familiarité. Un Prince railloit un de ses Courtisans, qui l'avoit servi dans plusieurs ambassades, & lui disoit qu'il ressembloit à un bœuf. » Je ne sais à quoi je ressemble, lui ré-
» pondit le Courtisan ; mais je sais que j'ai eu
» l'honneur de vous représenter en plusieurs
» occasions ".

Un bon mot, ou, ce qu'on appelle proprement, un mot malin, ne consiste souvent qu'à donner une cause ridicule, comme la peur, à une action qui peut avoir un motif plus relevé. Un homme de qualité, voyageant en Espagne, on lui fit voir l'Escurial, & le superbe Couvent des Religieux de l'ordre de St. Hiérôme ; le Supérieur, qui le conduisoit, lui rapportoit, parmi les particularités de sa fondation, que Philippe II l'avoit fait bâtir pour accomplir le vœu qu'il fit le jour de la bataille de Saint-Quentin, en cas qu'il sortît victorieux. *Mon Pere*, lui dit le voyageur, en admirant l'étendue immense de ce bâtiment, *il falloit que le Roi eût grand'peur, lorsqu'il fit un si grand vœu.*

Quelques bons mots ne tirent leur sel que de la nouveauté de l'expression, ou de la surprise que cause un rapport éloigné entre deux choses connues.

On disputoit, dans un repas, sur l'antiquité du monde. Quelqu'un, qui avoit écouté paisiblement la dispute, la termina par ces mots : » Pour moi, je crois que le monde ressemble à » une vieille coquette qui déguise son âge ".

Un homme fort âgé, dont l'esprit étoit baissé, avoit néanmoins de temps en temps des saillies heureuses. Quelqu'un disoit, à cette occasion, *que c'étoit un vieux château où il revenoit des esprits.*

La Ligue, à la mort de Henri III, s'autorisa du nom du Cardinal de Bourbon, sans que ce Cardinal en tirât aucun avantage. On l'appella, pour cette raison, *le chameau de la Ligue.* Le chameau est, comme l'on sait, la bête de somme des Levantins, & porte sur son dos tous les bagages.

M. le Camus disoit de certains Moines gourmands fort révérentieux : *Que c'étoient des cruches qui ne se baissoient que pour se remplir.*

Un Seigneur de la Cour donnoit à manger à des gens de bonne compagnie, & pour tout domestique, n'avoit avec lui qu'un Page qui ne suffisoit pas pour donner à boire aux conviés. » Messieurs, lui dit-il, réjouissons-nous, & » buvons ". — *Pour cela*, lui répondit un d'entr'eux, *donnez-nous donc la monnoie de votre Page.*

Les Allemands avoient une loi fort singuliere. » Si l'on découvre une femme à la tête, on » payera une amende de six sols ; autant, si c'est » à la jambe jusqu'au genou : le double depuis

» le genou ". Il semble, ajoute M. de Montesquieu, que la loi mesuroit les outrages faits à la personne des femmes, comme on mesure une figure de géométrie : elle ne punissoit point le crime de l'imagination, elle punissoit celui des yeux.

Il y a des réparties où la pensée n'est pas exprimée directement, mais où on la laisse aisément appercevoir. Ces sortes de bons mots annoncent la finesse d'esprit de celui qui les dit.

Le Prince de Gueméné étant allé à Meudon, chez Servien, Sur-Intendant des finances sous Louis XIV, ce Ministre lui fit voir la belle terrasse qu'il venoit de faire élever. Le Prince lui demanda à combien elle lui revenoit. » Elle me » revient à vingt-cinq mille livres, lui dit M. » Servien ". *Je croyois, lui répartit le Prince, qu'elle ne vous coûtoit rien.*

Un Général François, jaloux & flatteur, disoit au Duc d'Enghien, qui venoit de remporter la célebre bataille de Rocroi, en 1643 : » Que » pourront dire maintenant les envieux de vo- » tre gloire ? " — *Je n'en sais rien*, répondit le Prince, *je voudrois vous le demander.*

M. Voisin ayant été nommé Chancelier, le Parlement alla en corps pour le complimenter, ayant à la tête le Président de Novion, en l'absence du premier-Président de Mêmes, qui étoit retenu par la goutte. Le Chancelier les assura de sa protection. Le Président de Novion, se tournant vers sa compagnie : » Messieurs, lui dit-il, » remercions M. le Chancelier, il nous accorde » plus que nous ne lui demandons ".

Nota. *On trouvera, dans ce Dictionnaire, plusieurs autres bons mots, que nous avons placés aux différents articles qui le composent.*

BONTÉ.

L'INCLINATION bienfaisante est la plus aimable des vertus. Mais celui-là seul mérite le titre de *bon*, qui sait s'armer, à propos de sévérité contre le vice : autrement la bonté n'est qu'une foiblesse de l'ame ou une paresse de la volonté. Des Grecs louoient devant un Roi de Lacédémone, l'extrême bonté de son collegue Charilaüs. *Et comment seroit-il bon*, leur dit-il, *s'il ne sait pas être terrible aux méchants ?*

Cosroès, Roi de Perse, avoit cette sorte de bonté que l'on admire plutôt dans un particulier que dans un Souverain, qui doit, avant toutes choses, justice à ses peuples. Un jour ce Prince donnoit un festin aux Grands du Royaume. Un Officier, qu'il avoit dépouillé de son emploi, prit sur le buffet, un plat d'or, & l'emporta : il n'y eut que le Sophi qui s'apperçut du vol. Celui qui avoit soin de la vaisselle fit des recherches, se plaignit. " Calmez-vous, lui dit Cos- " roès; celui qui a pris le plat ne le rendra pas; " & moi, qui l'ai vu prendre, je n'ai garde de " découvrir le voleur ". Quelques jours après, le même Officier parut à la Cour avec un habit neuf. Le Roi s'approcha, & lui dit à l'oreille : " Est-ce mon plat qui vous a donné cette robe? " Oui, Seigneur, répondit l'Officier; & mon- " trant ensuite ses caleçons tout déchirés : Vous " voyez, ajouta-t-il, qu'il n'a fait les choses qu'à demi. *Hist. moderne des Persans.*

BORGNE, BOITEUX, BOSSU.

On accorde volontiers de l'esprit à ceux qui sont, comme on dit vulgairement, marqués par un B. D'où vient ce préjugé ? Ne seroit-ce pas que les hommes contrefaits, sont, pour l'ordinaire, difficiles, querelleurs ou moqueurs ? Comme ils sentent le ridicule perpétuel où la nature les a exposés, ils cherchent à prendre leur revanche en raillant les défauts des autres : or la raillerie tient lieu d'esprit auprès de bien des gens.

Un borgne rencontrant le matin un bossu, lui dit, pour le railler sur sa bosse : » Mon ami, tu » as chargé de bon matin ". *Tu penses*, lui répartit le bossu, *qu'il est bien matin parce que le jour n'entre chez toi que par une fenêtre.*

Un boiteux voyant venir à lui un bossu, lui dit aussi par forme de gausserie : » Eh bien ! n'as- » tu rien de nouveau dans ta valise ? " *C'est toi*, répartit le bossu, *qui doit savoir les nouvelles, puisque tu vas toujours de côté & d'autres.*

Un borgne gageoit contre un homme qui avoit bonne vue, qu'il voyoit plus que lui. Le pari est accepté. *J'ai gagné*, dit le borgne, *car je vous vois deux yeux, & vous ne m'en voyez qu'un.*

Un Prédicateur prouvoit en chaire que tout ce que Dieu a fait est bien fait. Voilà, disoit en lui-même un bossu qui l'écoutoit attentivement, une chose bien difficile à croire. Il attend le Prédicateur à la porte de l'Eglise, & lui dit: » Monsieur, vous avez prêché que Dieu avoit » bien fait toutes choses, voyez comme je suis » bâti ". *Mon ami*, lui répondit le Prédicateur en le regardant, *il ne vous manque rien ; vous êtes bien fait pour un bossu.*

On demandoit à un boiteux qui alloit à l'armée comme fantassin, pourquoi il ne s'étoit pas mis dans la cavalerie ? *C'est*, répondit-il, *que je ne vais pas à la guerre pour fuir.*

Le meilleur parti peut-être pour ceux qui ont dans la taille ou dans la figure quelque défaut qui les expose à la plaisanterie, est de s'y prêter de bonne grace. L'Abbé de Pons, qui étoit bossu, étoit le premier à plaisanter sur sa bosse. Cet Abbé étoit intime ami de la Motte-Houdart, & pour le désigner, on l'appelloit le bossu de M. de la Motte. Cet Abbé, abordé un jour par quelqu'un qui croyoit le reconnoître, mais qui se méprenoit, lui dit : " Monsieur, je ne suis " pas le bossu que vous cherchez".

Un jeune homme qui étoit bossu, & qui prétendoit ne pas l'être, fut en députation avec plusieurs de ses confreres chez un ancien d'une compagnie où il venoit d'être admis. Cet ancien étoit bossu, homme plaisant, qui rioit le premier de sa bosse ; appercevant le jeune bossu, il alla aussi-tôt l'embrasser, en lui disant : Eh ! bon jour, mon *double confrere ;* ce propos offensa le jeune homme, qui lui dit qu'à tort il l'appelloit son double confrere. Je le vois, repliqua l'ancien : vous n'êtes pas digne d'être de la compagnie des bossus ; ils ont tous de l'esprit.

BRAVOURE.

Fermeté de l'ame qui nous fait exposer au danger par honneur ou par devoir. *Voyez Courage, Valeur, François.*

Des soldats Perses se vantoient devant un Lacédémonien que les traits & les javelots de l'armée de leur Roi étoient en assez grand nombre pour obscurcir le soleil. *Eh bien, nous combattrons à l'ombre*, répondit le Spartiate.

On railloit un Lacédémonien d'avoir peint une mouche sur un bouclier, comme s'il vouloit éviter d'être reconnu à une si petite marque : *Vous vous trompez*, dit ce brave Lacédémonien, *je serrerai de si près les ennemis, qu'ils pourront la reconnoître aisément.*

Après la prise de la Goulette, sur les côtes d'Afrique, par l'armée de Charles-Quint, en 1535, les troupes alloient droit à Tunis. Un des soldats, effrayé de la multitude d'ennemis qui couvroient la campagne, s'écrie : » Avons-» nous donc à combattre contre tant de Maures ? " *Tais-toi, poltron*, lui dit un de ses camarades, *plus il y aura de péril, plus il nous en reviendra de profit & de gloire.* Brantôme.

Le siege de la Rochelle, le boulevard du Calvinisme, fournit un singulier exemple de bravoure. Les Catholiques, commandés par le Duc d'Anjou, assiégeoient cette place en 1573. Il y avoir près de la contrescarpe un moulin nommé *la Brande*, dont *Normand*, Capitaine, avoit obtenu la propriété, sous condition qu'il le feroit garder. Il pense d'abord à le fortifier ; mais voyant qu'il ne parviendra pas à le mettre en état de défense, il se contente d'y tenir, durant le jour, quelques soldats qui se retirent le soir, & qui n'y laissent qu'une sentinelle. Strozzi, un des Généraux Catholiques, qui croit pouvoir tirer avantage de ce moulin, profite d'un clair de lune pour l'attaquer avec un détachement & deux couleyrines. Un soldat de l'isle de Rhé, nommé *Barbot*, unique défenseur de ce mauvais poste, y tient ferme; il tire avec une célérité incroyable plusieurs coups d'arquebuse sur les assaillants; & en variant les inflexions de sa voix, fait croire qu'il y a un assez grand nombre de camarades. Le Capitaine *Normand* l'encourage du haut du cavalier, & lui parlant comme s'il y avoit une compagnie entiere dans le moulin, il crie qu'on soutienne bravement l'attaque, & qu'on va envoyer du renfort. Barbot, se voyant sur le point d'être forcé, demande quartier pour lui & pour les siens; on le lui accorde. Aussi-tôt il met bas les armes, & montre toute la garnison dans sa personne. *Histoire de la Rochelle.*

Le Grand-Duc de Toscane avoit, en 1577, envoyé à Constantinople, en qualité de son Ambassadeur, le Chevalier de Malthe Bongianni Giantigliazzi. Dans une conversation particuliere, le Grand-Seigneur montra à ce Ministre un plan de la cité de la Vallette, fortification ajoutée à l'isle de Malthe, depuis le dernier siege, & lui demanda si la place étoit aussi redoutable qu'elle le paroissoit: » Seigneur, lui ré-
» pondit le Chevalier, celui qui a levé le plan
» a oublié la principale partie de ses fortifica-
» tions, qui consiste dans la bravoure de plus
» de mille Chevaliers, toujours prêts à répan-
» dre jusqu'à la derniere goutte de leur sang,
» pour la défense de cette place ". *Histoire de Malthe.*

Durant les troubles de la Ligue, en 1637, les Espagnols assiégeoient Leucate, petite ville du Languedoc. Le Duc d'Halluin vint au secours de cette place, & mit en déroute l'armée Espagnole. On trouva parmi les morts des femmes déguisées en homme. Un François ayant demandé aux prisonniers Espagnols s'ils connoissoient ces nouvelles Amazones : *Vous vous trompez*, répondit un d'entr'eux, *ce ne sont point des femmes ; s'il y en avoit dans notre armée, c'étoient les lâches qui ont pris la fuite.*

Les Autrichiens, les Polonois & les Vénitiens ayant, en 1686, formé contre les Turcs une ligue redoutable, le Général des Polonois entre dans la Moldavie. Il se poste devant la forteresse de Nemez, qui a été abandonnée de tous ses habitants, & où il ne se trouve que dix-neuf chasseurs Moldaves, que le hasard y a amenés. Ces braves gens levent les ponts, ferment les portes, & refusent de se rendre. Les Polonois, qui ignoroient l'état de la garnison, canonnent la place pendant quatre jours. Les chasseurs se défendent avec vigueur, tuent grand nombre d'assiégeants, & en particulier le maitre de l'artillerie. Le cinquieme jour, ayant perdu dix de leurs camarades, ils demandent à capituler. On leur accorde une capitulation honorable, & la permission de se retirer où ils voudront. Aussi-tôt que la capitulation est signée, on voit sortir six hommes qui emportent sur leurs épaules trois autres qui sont blessés. Dans ce moment, tous les sentiments d'admiration, de honte & de rage se succedent dans le cœur du Général Polonois. Il demeure un moment interdit ; mais l'honneur le rappelle bientôt à ses engagements, & il renvoie ces braves gens avec éloge. *Cantimir, Hist. Ottom.*

Les Turcs, maîtres de la Morée, attaquent en 1716 l'isle de Corfou, dont les Vénitiens étoient en possession. Le Comte de Schulembourg, après avoir épuisé, pour défendre la

Capitale, ce que la valeur & l'expérience peuvent fournir de ressources, se voit réduit à l'extrêmité par la perte de ses dehors, que les ennemis emportent avec une vigueur extraordinaire. Dans un état si désespéré en apparence, cet Officier, brave & actif, songe à se remettre en possession de ce qui lui a été enlevé. Ses réflexions ne lui présentent qu'un seul moyen ; c'est d'escalader l'ouvrage le plus considérable, d'où dépend le salut de la place, avant que les assiégeants s'y soient solidement établis. Il fait préparer sur le champ les échelles, & se mettant à la-tête des soldats les plus déterminés, il marche à l'ouvrage, y plante l'escalade, s'en rend le maître, & taille en pieces tout ce qui est dedans. C'est peut-être le seul exemple que fournisse l'histoire d'assiégés, qui, après la perte de leurs dehors, ayent pensé à les escalader, & réussi à les reprendre. *Folard, Commentaires sur Polybe.*

Nous terminerons cet article par des traits singuliers de bravoure de différentes femmes. Celui-ci est tiré des *Mémoires de l'Abbé Arnaud.* Madame la Comtesse de Saint-Balmont, née d'une très-bonne Maison de Lorraine, avoit su joindre la fierté d'un militaire à la modestie d'une femme chrétienne. Elle étoit belle. La petite-vérole gâta un peu sa beauté; mais cette femme extraordinaire se réjouissoit d'en être marquée, disant qu'elle en seroit plus semblable à un homme; elle en recherchoit volontiers les exercices. Le Comte de Saint-Balmont, qu'elle avoit épousé, ne lui cédoit ni en naissance, ni en mérite. Ils vécurent ensemble dans une parfaite union. Le Comte ayant été obligé de suivre le Duc de Lorraine à la guerre, Madame de Saint-Balmont prit le parti de se retirer à la campagne. Un Officier de Cavalerie étoit venu prendre un logement sur ses terres, & s'y comporta fort mal. Madame de Saint-Balmont, avec beaucoup d'honnêteté, lui envoya faire des plaintes, qu'il méprisa. Elle résolut d'en tirer raison. Elle lui écrivit un billet, qu'elle signa *le Chevalier de Saint-Balmont*. Elle lui marquoit dans ce billet que le mauvais traitement qu'il avoit fait à sa belle-sœur, l'obligeoit à la venger, & qu'il le vouloit voir l'épée à la main. L'Officier accepta le défi, & se rendit au lieu marqué. La Comtesse l'attendoit en habit d'homme. Ils se battirent; elle eut l'avantage sur lui; & après l'avoir désarmé, elle lui dit galamment: » Vous avez » cru, Monsieur, vous battre contre le Cheva- » lier de Saint-Balmont; mais c'est Madame de » Saint-Balmont qui vous rend votre épée, & » qui vous prie, à l'avenir, d'avoir plus de » considération pour les prieres des Dames ". Après ces mots, elle le quitta rempli de confusion & de honte. Il s'absenta aussi-tôt, & on ne l'a jamais revu depuis.

La Maupin, Actrice de l'Opéra, donna plusieurs fois des preuves de cette espece de bravoure, mais dans des circonstances bien différentes. Cette fille, élevée au milieu des exercices d'une Académie, avoir un goût décidé à faire des armes. Elle s'habilloit souvent en homme pour se divertir ou pour se venger. Un Acteur de l'Opéra, nommé *Dumenil*, l'ayant insultée, elle l'attendit un soir, vêtue en cavalier, dans la place des Victoires, & voulut lui faire mettre l'épée à la main : sur son refus, elle lui donna des coups de canne, & lui prit sa montre & sa tabatiere. Dumenil s'avisa le lendemain

de conter son aventure à l'Opéra ; mais, comme on pense bien, tout autrement qu'elle n'étoit. Il se vantoit de s'être défendu contre trois voleurs qui étoient tombés sur lui, & qui, malgré sa résistance, avoient emporté sa montre & sa tabatiere. » Tu en a menti, lui dit la Maupin
» qui l'écoutoit ; tu n'es qu'un lâche & un pol-
» tron : tu n'as pas été attaqué par plusieurs
» personnes ; c'est moi seule qui a fait le coup ;
» & pour preuve de ce que je te dis, voici ta
» montre & ta tabatiere que je te rends". Dumenil n'eut rien de plus pressé que de se retirer sans rien dire.

On rapporte encore de cette Actrice qu'elle étoit allée à un bal donné au Palais-Royal par feu *Monsieur*, frere unique du Roi ; elle s'étoit déguisée en homme à son ordinaire. Comme elle tenoit à une jeune Dame des propos indécents, trois amis de cette Dame, offensés d'une telle hardiesse, tirerent à part le prétendu Cavalier, & le firent descendre dans la place. La Maupin sortit sans hésiter, mit l'épée à la main, & les blessa tous trois. Elle rentra froidement dans le bal, & se fit connoître à *Monsieur*, qui lui obtint sa grace. Cette singuliere fille est morte sur la fin de 1707, âgée de trente-trois ans. Elle faisoit les délices de l'Opéra par sa voix ; un des plus beaux bas-dessus qu'on eût entendu jusqu'alors.

CACOPHONIE.

La Cacophonie est, comme l'on sait, un vice d'élocution produit par la rencontre de plusieurs mots d'où il résulte un son désagréable. On lit avec déplaisir, dans l'*Ode à la Postérité*, par Rousseau, ce vers qui commence par ces mots: *Vierge non encore née*....

Il seroit facile de faire ici d'autres citations pareilles ; mais on se contentera de rapporter ce singulier exemple de cacophonie que fit un Magistrat en ordonnant, pendant les guerres civiles de Paris, qu'on tendit promptement une chaîne dans une rue, il cria : *Qu'attend-on donc tant ? que ne la tend-on donc tôt !*

La Mothe-le-Vayer cite un homme qui fut vingt-quatre heures à rêver comment il éviteroit de dire *ce seroit*, à cause de la ressemblance des deux premieres syllabes : ce n'est pas ce que nous conseillons ici.

CALOMNIE.

IL est moins difficile, suivant un Sage de Perse, d'échapper à la tentation qu'à la calomnie. On lui disoit : Si quelqu'un se trouvoit seul avec une belle femme, les portes fermées, les surveillants & les rivaux endormis, & le desir importun faisant sentir son aiguillon, croyez-vous qu'il y pût résister ? » Cela se pourroit, répondit-il ; mais à
» coup sûr on ne le croiroit pas ". *Sadi.*

Un Calife avoit condamné un calomniateur à subir la peine de mort. Un Grand de la Cour de ce Prince s'intéressa pour le coupable, & présenta au Calife une requête accompagnée d'une somme d'argent de deux mille dinars. Mais le Calife se contenta de répondre au Courtisan : » Va
» me chercher un homme aussi coupable que cet
» imposteur, qui diffame l'innocence ; je le ferai
» mourir sur le champ, & te donne dix mille
» dinars ".

CALOMNIE.

La calomnie eft l'arme favorite du lâche & du vindicatif hypocrite qui voudroit qu'on lui fût gré de fa modération, parce qu'il n'affaffine pas lui-même fon ennemi. Un Quaker, eft-il dit dans un apologue, paffant par un grand chemin, fon cheval marcha fur un chien qui lui mordit la jambe, & faillit à démonter le cavalier. Celui-ci lui dit froidement: *Je ne porte point d'armes, je ne tue pas, mais je te donnerai mauvaife renommée.* Là-deffus ayant apperçu des gens qui travailloient près delà dans les champs, il fe mit à crier: *Au chien enragé! au chien enragé!* Dans l'inftant le chien fut affommé.

CARACTERE NATIONAL.

UN fait, une anecdote peint mieux le caractere d'une nation, que toutes les réflexions qu'un hiftorien peut faire. *Voyez Anglois, François, Efpagnols, Suiffes.*

Le Duc d'Orléans, Régent, interrogeoit un étranger fur le caractere & le génie différent des nations de l'Europe. » La feule maniere, lui dit l'étranger, de répondre à votre Alteffe Royale, & de lui répéter les premieres queftions que chez les divers peuples l'on fait le plus communément fur le compte d'un homme qui fe préfente dans le monde. En Efpagne, ajouta-t-il, on demande: Eft-ce un Grand de la premiere claffe? En Allemagne: Peut-il entrer dans les Chapitres? En France: Eft-il bien à la Cour? En Hollande: Combien a-t-il d'or? En Angleterre: » Quel homme eft-ce "?

Combien de voyageurs peu Philofophes, qui ne jugent du caractere des nations chez lefquelles ils séjournent, que par celui de deux ou trois personnes qu'ils fréquentent. Ils ressemblent, pour la plupart, à cet Autrichien, qui passant par Blois, où il n'avoit vu que son hôtesse, qui étoit rousse & peu complaisante, mit sur son *album* : Nota. *Que toutes les femmes de Blois sont rousses & acariâtres.*

Un des plus sûrs moyens de connoitre les véritables mœurs d'un peuple, est de les considérer dans les états les plus nombreux, & dans cette partie de la nation qui a le moins d'intérêt à se déguiser. Transportez-vous à la Chine, & considérez deux crocheteurs qui se rencontrent dans une rue étroite ; ils mettent bas leurs charges, se font mille excuses pour l'embarras qu'ils se causent, & se demandent pardon à genoux. A Londres, au contraire, où à Paris, si deux portefaix se croisent, ils commencent par se quereller, & finissent par se battre.

CHARLATANS.

C'est le nom que l'on donne à ceux qui, sous prétexte de prétendus secrets qu'eux seuls possèdent, & qu'ils appliquent par-tout, exercent la médecine. Mais leur plus grand secret, est d'avoir beaucoup de suffisance & d'effronterie ; moyen toujours sûr de faire des dupes. On les reconnoit facilement à ce propos du Poète comique : " Rien de plus aisé que de tirer ce malade d'affaire ; il guérira, c'est moi qui vous en donne ma parole d'honneur ". *Plaute.*

Ecoutez un Charlatan ; il est le premier Médecin du monde, & le patriote le plus zélé de la nation. L'Auteur du *Spectateur* (M. Adisson) rapporte avoir vu à Hammerfmith un de ces patriotes, qui difoit un jour à fon auditoire : « Je » dois ma naiffance & mon éducation à cet en-» droit ; je l'aime tendrement ; & en reconnoif-» fance des bienfaits que j'y ai reçus je fais pré-» fent d'un écu à tous ceux qui voudront l'ac-» cepter ». Chaque auditeur, à bouche béante & les bras immobiles, s'attendoit à recevoir la piece de cinq fchelings. M. le Docteur met la main dans un long fac, en tire une poignée de petits paquets, & dit à l'affemblée : « Mef-» fieurs, je les vends d'ordinaire cinq fchelings, » fix fols ; mais en faveur de cet endroit, pour » lequel j'ai une tendreffe filiale, j'en rabattrai » cinq fchelings ». Chacun s'empreffe de profiter de fon offre généreufe, fes paquets font enlevés, les affiftants ayant répondu les uns pour les autres, qu'il n'y avoit point d'étrangers parmi eux, & qu'ils étoient tous ou natifs, ou du moins habitants d'Hammerfmith.

Un Seigneur Anglois étoit dans fon lit cruellement tourmenté de la goutte, lorfqu'on lui annonce un prétendu Médecin qui avoit un remede fûr contre ce mal. Ce Docteur eft-il venu en carroffe ou à pied, demanda le Lord ? A pied, lui répondit le domeftique. « Eh bien ! répliqua » le malade, va dire à ce frippon de s'en re-» tourner ; car s'il avoit le remede dont il fe » vante, il rouleroit carroffe à fix chevaux ; & » j'aurois été le chercher moi-même, & lui of-» frir la moitié de mon bien pour être délivré » de mon mal ».

Un homme inftruit prend confiance dans ce qu'il fait, & ignore l'art d'éblouir par un difcours apprêté. On peut le comparer à cet habile architecte dont il eft parlé dans l'hiftoire des

Athéniens. Ce peuple vouloit faire élever un superbe édifice, & consultoit deux Architectes. Le premier, qui avoit peu d'expérience, chercha à gagner les suffrages par les plus belles promesses & par la description d'un projet dont il exagéra la grandeur & la magnificence. Le second qui étoit très-habile & très-expérimenté, mais qui parloit peu, se contenta de dire : » Ce que mon » confrere a promis, je l'exécuterai ". Il fut préféré.

CHARTES.

DANS le douzieme siecle, un Moine de St. Medard de Soissons, nommé *Guernon*, se voyant au lit de la mort, s'accusa publiquement d'avoir parcouru plusieurs Monasteres, & d'y avoir fabriqué de fausses Chartes en leur faveur. *Journal de Trévoux*, Mars 1716.

Cette anecdote a pu donner lieu à l'épigramme suivante :

Lucas, jadis maître clerc à Baïeux,
Se promenant le long de ses palis,
Goût lui revint de faire un titre vieux;
Pour envahir cent arpents de taillis.
Or ils n'étoient à Greffiers, ni Baillis;
Mais pis encore, aux Moines Saint-Benoît,
Pour le danger Lucas ses soins accroît,
Chef-d'œuvre il fait, produit son titre aux Peres;
Dom Tritier pour vrai le reconnoît;
Mais à huitaine en promet deux contraires.

CHASTETÉ.

CE que la bravoure est pour les hommes, la chasteté l'est pour les femmes. Cette vertu en les faisant triompher de tout ce qui les environne, leur accorde pour le premier prix de la victoire, l'estime universelle & la leur propre. Cette récompense est si belle pour une ame qui a de l'élévation, que l'on a vu de jeunes personnes foibles & timides s'armer d'un courage héroïque, & s'exposer à périr pour venger leur honneur outragé.

Lorsque Dom Juan d'Autriche commandoit dans les Pays-Bas, en 1578, l'armée Espagnole contre les confédérés, un de ses Officiers voulut faire violence à la fille d'un Avocat de Lille, chez lequel il étoit logé. Cette jeune personne, en se défendant, saisit le poignard de son ravisseur, le lui plonge dans le sein, & s'éloigne. Le Capitaine sentant que sa blessure est mortelle, se confesse; & pénétré du repentir le plus vif, supplie qu'on lui amene la vertueuse fille : » Je sou-
» haite, lui dit-il, que vous me pardonniez l'ou-
» trage que vous avez reçu de moi; & pour ré-
» parer, autant que je le puis, mon attentat
» d'une maniere convenable, je déclare que je
» suis votre mari. Puisque mon crime & votre
» vertu m'ont mis hors d'état de pouvoir vous
» offrir ma personne, recevez du moins, avec le
» nom & les droits de mon épouse, que je vous
» donne, le présent que je vous fais de tous mes
» biens. Que ceux qui sauront l'affront que vous
» avez été sur le point de recevoir, apprennent
» en même-temps qu'un mariage honorable a

CHASTETÉ. 141

» été le prix des efforts que j'ai fais pour vous
» déshonorer, & du courage avec lequel vous
» avez fu vous en défendre ". Ce difcours fini,
le noble Efpagnol, du confentement du pere, &
en préfence du Prêtre qui étoit venu pour le
confeffer, époufe la fille. Il expira auffi-tôt
après, laiffant à juger fi l'on devoit plus admirer la générofité avec laquelle il répara fa faute,
ou le courage de cette jeune perfonne, pour conferver fon honneur. *De Thou.*

En la même année 1578, le Duc d'Anjou,
frere de Henri III, étoit allé dans les Pays-Bas
fecourir les Confédérés contre les Efpagnols. Il
y avoit dans fon armée le Capitainé *Pont*, logé
au village de Becourt, chez un riche laboureur
nommé *Jean Millet*, qui avoit trois filles fort
belles. L'ainée, fur qui rouloit le foin de la
maifon, étoit pleine d'attention pour un hôte
que l'on avoit intérêt de ménager. L'Officier fe
trouve, au bout de quelques jours, épris des
charmes qui s'offrent fouvent à fes regards. Réfolu de fatisfaire fa paffion, & pour en accélérer
l'inftant, il invite le pere & la fille à fouper avec
lui. Au milieu du repas, il la demanda, en riant,
en mariage. Le payfan, fans faire paroître qu'il
a pénétré les vils fentiments de cet Officier, le
refufa honnêtement fous prétexte de l'inégalité
des conditions. Pont entre auffi-tôt en fureur,
le jette rudement hors de la falle, retient la fille
qui veut s'enfuir, en abufe avec emportement,
la livre à la brutalité de quelques fubalternes qui
viennent de feconder fon projet, & tous enfemble enfuite la forcent de fe remettre à table avec
eux. Cette jeune perfonne, qui n'avoit que feize
ans, montra dans ce moment un courage au-deffus de fon âge. Perfuadée qu'il s'agiffoit

moins dans cet inftant, de pleurer fon malheur que de penfer à venger l'outrage qu'elle avoit reçu, elle gagna fur elle de diffimuler fon reffentiment; elle parut même fe prêter d'un air gai aux propos infolents qu'on lui tenoit. Mais elle n'eut pas long-temps à fe faire violence: car le Capitaine s'étant tourné vers un de fes gens qui lui parloit à l'oreille, elle fe faifit d'un couteau, & le lui enfonce dans le cœur. Elle renverfe auffi-tôt la table, fort pendant qu'on donne du fecours à l'Officier, court à fon pere, lui raconte ce qui vient de fe paffer, & l'exhorte à prendre la fuite avec fes deux autres filles. Pour elle, la vie lui eft trop à charge pour daigner fe fervir de la facilité qu'elle a de fe dérober aux fupplices qui la menacent; elle attend fièrement fes raviffeurs, qui la lient à un arbre, où ils la font mourir à coups de fufil. Avant d'expirer, cette héroïque fille crie à fes bourreaux. " Tirez, bar-
" bares; après les marques que je porte de votre
" brutalité, qui m'ont rendu indignes de vivre,
" je recevrai de vos mains, comme un préfent,
" la mort que vos coups vont me porter : le
" Ciel, qui vient de venger mon honneur par
" la perte de votre chef, ne laiffera pas non
" plus cette derniere horreur impunie ". L'événement juftifie fa prédiction : le pere, digne d'une telle fille, anime de fon reffentiment les payfans des environs : on prend de tous côtés les armes ; on extermine les affaffins : & comme dans ces occafions on n'écoute guere la juftice, quatre compagnies entieres font maffacrées; il n'y a pas un feul François de fauvé dans ces cantons. *De Thou.*

Dans quel endroit de la terre, la chafteté, cette vertu fi fublime, a-t-elle été plus refpec-

CHASTETÉ.

tée que dans l'ifle de Scio ? Depuis fept cents ans, au rapport de Plutarque, l'on ne fe fouvenoit pas dans cette ifle qu'aucune femme mariée eût manqué de fidélité à fon mari, ni qu'aucune fille eût été déshonorée.

Un étranger demandoit à un Spartiate, quel fupplice on faifoit fubir, dans fon pays, à un homme coupable d'un adultere ? On le condamne, répondit le Spartiate, à fournir un taureau, qui, du fommet du mont Taigette, puiffe boire dans la riviere d'Eurotas. — Et! comment, reprit l'étranger tout étonné, pourroit-on trouver un taureau de cette grandeur ? — Ce feroit moins difficile; répartit le Spartiate, que de rencontrer à Sparte un adultere. *Plutarque, en la vie de Lycurgue.*

Le même Auteur rapporte cette action héroïque de Chiomara. Dans une guerre que les Romains eurent avec les Galates, cette Dame fut faite prifonniere. L'Officier Romain, entre les mains de qui elle tomba, abufa de fon pouvoir, & ne refpecta point la vertu de fa captive. Comme il n'étoit pas moins fenfible à l'intérêt qu'au plaifir, il remit fa prifonniere aux Galates, pour une forte fomme. Mais au moment qu'il fe retiroit : cette femme outragée fit figne à un de fes gens de le tuer ; ce qu'il fit, & lui coupa la tête. Chiomara la mit dans fa robe : la premiere chofe qu'elle fit, en arrivant dans fa maifon, fut de faire rouler cette tête aux pieds de fon mari ; & fur ce qu'il lui repréfenta qu'elle n'auroit pas dû manquer à la foi qu'elle avoit jurée : „ J'en con-
„ viens, répondit-elle : mais mon honneur me
„ permettoit-il qu'aucun homme vivant, autre
„ que mon mari, pût fe vanter d'avoir eu ma
„ compagnie ? "

CHASTETÉ.

La poésie & la peinture ont célébré la chasteté de Lucrece, femme de Tarquin Collatin. Cette vertueuse épouse avoit, pour son malheur, allumé des feux impurs dans le cœur de Sextus, fils de Tarquin le superbe, & son parent. Ce jeune Prince étoit parti pour l'armée; mais l'image de la beauté qu'il adoroit en secret le suivoit partout. Résolu de satisfaire ses desirs, à quelque prix que ce fût, il quitta secretement le camp pour se rendre à Collatie, où Lucrece demeuroit. Il fut reçu avec les égards dûs à son rang. Lucrece elle-même, qui ignoroit le motif de ce voyage, retint Sextus chez elle. Sur le minuit, cet hôte perfide court à l'appartement de sa parente, qui, s'éveillant au bruit, est saisie d'effroi à la vue du fils de son Roi, qui entre dans sa chambre l'épée à la main & le feu dans les yeux. Le Prince s'approche du lit, porte la main à la gorge de Lucrece, & menace de la tuer, si elle appelle du secours. L'horreur & l'étonnement la rendent immobile. Alors Sextus, quittant les menaces, la flatte, la presse, lui représente l'ardeur de sa passion, & lui offre, pour la séduire, de partager avec elle le Trône dont il doit hériter. Lucrece, indignée, rejette le prix que l'on veut mettre à son déshonneur. Sextus se livre de nouveau à sa lâche fureur; cet homme vil menace de la tuer, & avec elle l'esclave qui gardoit sa porte, afin que le cadavre de ce malheureux, placé auprès d'elle dans un même lit, fasse croire que la mort de l'un & de l'autre a été le châtiment de leur adultere. Lucrece succombe à cette crainte. L'effronterie profite de ce moment de foiblesse causé par la consternation. Sextus, après avoir satisfait ses desirs, s'en retourne au camp. L'infortunée Romaine ne
peut

CHASTETÉ.

peut furvivre à fon malheur : elle affemble fes parents, leur fait le récit de l'attentat du fils du Roi, & les engage, par ferment, à la venger. Quand elle fut affurée de cette vengeance, elle tire fubitement un poignard caché fous fa robe, & fe le plonge dans le cœur. *Voyez l'Hifloire Romaine.*

Le pirate Barberouffe défoloit, en 1534, la petite ville de Fondi ; il en vouloir fur-tout à une très-belle Princeffe de la Maifon de Gonzague, qui étoit pour lors dans cette ville. Un Gentilhomme, inftruit du deffein que ce pirate étoit près d'exécuter, courut la nuit avertir la Princeffe. Elle n'eut que le temps de fortir promptement de fon lit, & de fe fauver nue en chemife par le fecours de ce Gentilhomme. L'hiftoire ajoute, que ne pouvant fe fouvenir qu'avec dépit qu'un homme l'eût vue en cet état, elle le fit poignarder quelque temps après.

Morgan, l'un des chefs barbares de ces pirates, qui, fous le nom de Flibuftiers, ont défolé l'Amérique Efpagnole, s'étant rendu maitre de la ville de Panama, y exerça, avec les fiens, toutes les cruautés que la licence & l'avidité peuvent infpirer à des gens fans mœurs. Au milieu de tant d'horreurs, le feroce Morgan devint amoureux. Comme fon caractere n'étoit pas propre à infpirer une paffion de cette nature, il voulut faire violence à la belle Efpagnole qui avoir fait impreffion fur lui. » Arrête, lui cria-t-elle
» en s'arrachant d'entre fes bras, & en s'éloi-
» gnant de lui avec précipitation; arrête, & ne
» penfe pas que tu puiffes me ravir l'honneur
» comme tu m'as ôté les biens & la liberté : ap-
» prends que je fais mourir, & que je me fens
» capable de porter les chofes à la derniere ex-

» trêmité contre toi & contre moi-même ". A ces mots, elle tire de deſſous ſa robe un poignard, qu'elle lui auroit plongé dans le cœur, s'il n'avoit évité le coup. Morgan perdit toute eſpérance, &, avec l'eſpérance, ſon amour. *Hiſt. des Flibuſtiers.*

On a admiré, avec raiſon, cette réponſe laconique & pleine de ſens d'une Lacédémonienne. Une femme d'Athenes lui demandoit, par maniere de reproche, ce qu'elle avoit apporté en dot à ſon mari? *La chaſteté*, lui répondit-elle.

Henri IV, Roi de France, témoignoit à Catherine de Rohan, depuis Ducheſſe de Deux-Ponts, l'inclination qu'il avoit pour elle. » Je » ſuis trop pauvre pour être votre femme, lui » répondit cette Princeſſe, & de trop bonne » maiſon pour être votre maîtreſſe ".

Antoinette de Pons, Marquiſe de Guercheville, inſpira, par ſa ſage réſiſtance, de l'eſtime à ce même Prince, qui lui dit: » Puiſque vous » êtes véritablement Dame d'honneur, vous le » ſerez de la Reine ma femme ".

COMÉDIE FRANÇOISE.

PERSONNE n'ignore que Moliere eſt le pere de la bonne Comédie en France. Lorſqu'il donna ſes *Précieuſes Ridicules*, un vieillard s'écria du milieu du parterre : » Courage, Moliere, » voilà la bonne comédie ". Il y a bien des anecdotes ſur cet homme celebre. *Voyez Moliere, Dictionnaire des Portraits & Anecdotes des Hommes illuſtres.*

Si Moliere eſt le fondateur de notre Théâtre,

Baron peut être regardé comme l'inſtituteur de la bonne déclamation. *Voyez Déclamation.*

Avant que l'on eût confié aux Gardes Françoiſes le ſoin de la police intérieure des ſpectacles, le parterre de la Comédie pouvoit être comparé à une eſpece de démocratie, qui ſouvent ſe laiſſoit entraîner par les ſaillies d'une tête chaude ou éventée. Lors de la premiere repréſentation de la Tragédie de *Mariamne*, & au moment que l'Actrice, chargée de ce rôle, portoit à ſa bouche la coupe empoiſonnée, quelqu'un du parterre s'aviſa de crier : *La Reine boit*, & cette mauvaiſe plaiſanterie, par les ris qu'elle occaſionna, penſa faire tomber la piece. La même choſe étoit arrivée à une repréſentation de *Mithridate*, qui fut donnée le jour des Rois.

On jouoit une autre Tragédie. Dans les deux premiers actes, on n'avoit vu paroître aucun perſonnage de femme. Mais au commencement du troiſieme, deux Princeſſe, chacune avec ſa confidente, ſe préſenterent ſur la ſcene. On entendit auſſi-tôt du milieu du parterre une voix aigre & perçante, qui cria : *Quatorze de Dames, ſont-ils bons ?* Il n'en fallut pas davantage pour exciter une riſée générale, & empêcher que la piece ne fût achevée.

La premiere fois que l'on repréſenta *Argélie*, de l'Abbé Abeille, l'Actrice, chargée d'un rôle de Princeſſe, étant demeurée court après avoir récité ce vers :

Vous ſouvient-il, ma ſœur, du feu Roi notre pere ?

Un ſpectateur du parterre repliqua par cet autre vers de la comédie de *Jodelet, Prince* :

Ma foi, s'il m'en ſouvient, il ne m'en ſouvient guere.

Les éclats de rire, comme on le pense bien, suivirent aussi-tôt; & il ne fut plus possible aux Acteurs de continuer.

Une autre plaisant du parterre se trouvoit à la premiere représentation d'une piece nouvelle, & applaudissoit à tout rompre, en criant: *Ah, que cela est mauvais!* Ceux qui se trouverent à ses côtés, surpris de ce procédé bizarre, lui demanderent pourquoi il disoit que la piece étoit mauvaise dans le temps même qu'il l'applaudissoit. " J'ai reçu, répondit-il, un billet pour ap-
" plaudir, je l'ai promis, & je tiens parole; mais
" je suis honnête homme, & je ne puis trahir
" mon sentiment; c'est pourquoi, tout en bat-
" tant des mains, je dis & répete que la piece
" ne vaut rien ". La sensation de ce personnage devint générale, & les spectateurs se mirent comme lui à battre des mains & à siffler.

La *Judith*, de l'Abbé Boyer, fut représentée par de fameux Acteurs, & occupa la scene pendant tout un Carême. On l'imprima dans la quinzaine de Pâques; & comme le prestige de la scene n'en imposoit plus, elle fut sifflée à la rentrée. La Champmêlé, qui faisoit le rôle de Judith, étonnée d'entendre une pareille symphonie, elle dont les oreilles étoient accoutumées à l'harmonie des applaudissements, s'avança sur le théâtre, & dit aux spectateurs : " Messieurs,
" nous sommes surpris que vous receviez au-
" jourd'hui si mal une piece que vous avez ap-
" plaudie pendant le Carême". Dans le moment, un homme du parterre s'écria: *Les sifflets étoient à Versailles, aux sermons de l'Abbé Boileau.*

Lorsqu'en 1670, on donna *le Gentilhomme Guespin*, par de Visé, des Seigneurs qui aimoient cet Auteur, applaudissoient sur le théâtre, où des spectateurs avoient autrefois la liberté de se placer. Le parterre, qui n'étoit pas affecté de même, siffla beaucoup ; le sifflet dérangeoit la piece, lorsqu'un de ses protecteurs s'avança, & dit : » Messieurs, si vous n'êtes pas » contents, on vous rendra votre argent à la » porte ; mais ne nous empêchez pas d'entendre » des choses qui nous font plaisir ". Un turlupin du parterre lui cria ce vers :

Prince, n'avez-vous rien à nous dire de plus ?

Un autre répondit aussi-tôt :

Non, d'en avoir tant dit, il est même confus.

L'Auteur des *Recherches sur les Theâtres de France*, qui rapporte ce fait, l'a imaginé, ou Campistron, comme on l'a remarqué, a dérobé ces deux vers aux plaisants du parterre, pour les insérer dans son *Andronic*, qui n'a paru que quinze ans après *le Gentilhomme Guespin*.

Les Mousquetaires, les Gardes-du-corps, les Gendarmes, les Chevaux-légers entroient anciennement à la Comédie sans payer, & le parterre en étoit toujours rempli. Le célebre Moliere, qui dirigeoit alors le spectacle, pressé par les Comédiens, obtint du Roi un ordre pour qu'aucune personne de sa Maison n'entrât à la Comédie sans payer. Ces Messieurs indignés, forcerent la porte de la Comédie, tuerent les portiers, & cherchoient la troupe entiere pour lui faire éprouver le même traitement. Un jeune Acteur, nommé *Bejart*, qui étoit habillé en vieillard pour la piece qu'on alloit jouer, se présenta sur le Théâtre : *Eh! Messieurs*, leur dit-il, *épargnez un vieillard de soixante-quinze ans, qui n'a plus que quelques jours à vivre.* Cette plaisanterie fit rire les mutins ; & ce que n'auroient peut-être pas fait les meilleures raisons, calma leurs fureurs. Moliere tint ferme, & l'ordre du Roi fut depuis observé.

Raimond Poisson, Comédien, mort en 1690, remplissoit avec beaucoup de succès les rôles de Crispin. Son jeu plaisoit par sa naïveté; mais il bredouilloit. Comme il n'avoit pas de gras de jambe, il imagina de mettre des bottines. Son fils & son petit-fils avoient hérité de son jeu naturel, de son bredouillement & de ses bottines. Il est encore d'usage aujourd'hui, que l'Acteur qui remplit les rôles de Crispin, ait un petit manteau noir & des bottines; mais il paroit que l'on a proscrit sur ce théâtre les masques que Moliere faisoit quelquefois prendre à ses vieillards.

Autrefois les Comédiens achetoient les pieces, & les payoient à proportion de la réputation de celui qui les présentoit. Quinault, ayant composé la Comédie des *Rivales*, en 1653, pria Tristan de la vendre à la troupe. Les Comédiens en offrirent cent écus, parce qu'ils croyoient que Tristan en étoit l'auteur. Mais celui-ci leur ayant avoué qu'elle étoit d'un jeune homme, ils se rétracterent, & ne voulurent plus en donner que la moitié de la somme. Tristan alors leur proposa d'accorder à Quinault le neuvieme de la recette, tant qu'on la joueroit : le marché fut accepté, & cet usage fut conservé depuis.

L'usage de donner une petite piece après la grande, n'est établi que depuis 1722. Les grandes pieces se jouoient seules auparavant, & l'on n'y joignoit une petite piece qu'après les huit ou dix premieres représentations; ce qui donnoit lieu de croire que la piece commençoit à tomber. Pour prévenir ces jugements, quelquefois mal fondés, mais toujours défavantageux, M. de la Mothe fit jouer une petite piece dès la premiere représentation de Romulus. Cet exemple a été fuivi depuis par les Auteurs qui defiroient de voir l'ufage établi, mais qui craignoient de commencer, de peur qu'il n'en réfultât un mauvais préjugé pour leur Drame.

Avant que les pantins euffent régné à Paris, la mode avoit mis un bilboquet entre les mains de la plupart des Parifiens. Cette niaiferie monta même fur le théâtre, & l'on vit, il y a environ cinquante ans, la Defmares s'en amufer au milieu de fes rôles de fuivante, au grand contentement du parterre.

Des anecdotes, plus intéreffantes pour notre fcene dramatique, font les changements arrivés depuis quelques années à la Comédie Françoife. Ces changements ont été très-bien expofés dans un difcours imprimé dans *l'Etat de la Mufique du Roi*. Il a manqué, y eft-il dit, à *Corneille*, à *Racine*, & à *Moliere*, cette vérité de repréfentation, fi propre à favorifer le fuccès des Drames. Le peu de goût, ou le défaut de zele de leurs Acteurs, déroba aux yeux de leurs contemporains les plus grandes beautés de leurs ouvrages: une fcene embarraffée de fpectateurs toujours frivoles & peu attentifs, des perfonnages revêtus d'habillements bizarres, & rarement convenables à leurs rôles, détruifoient cette illufion précieufe, à laquelle l'intérêt eft fi étroitement lié. De nos jours même, nous avons vu les femmes des Confuls Romains & des Héros Grecs, paroitre avec des habits François, & ne différer de nos petites-maîtreffes, que par une coëffure de mauvais goût, que le caprice de l'Actrice imaginoit, & qu'elle faifoit fouvent contrafter

G iv

avec son rôle. Les mêmes Consuls Romains & les mêmes Grecs, couverts de la cuirasse antique, & chaussés du cothurne, portoient nos chapeaux François, surmontés d'un panache qui rendoit encore cette coëffure plus barbare, & la disparate plus choquante. Enfin, Mademoiselle *Clairon* & M. *le Kain*, éclairés & conduits par l'amour de leur talent, ont introduit le costume, dont la nécessité étoit si évidente. Les paniers & les chapeaux ne paroissoient plus dans le tragique, s'ils n'y sont essentiels. On dessine les habits d'après les antiques. Nos plus célebres peintres sont consultés avant nos marchandes de modes & nos tailleurs. Ce changement a paru si avantageux, que les autres spectacles l'ont adopté. Les Comédiens de Province en ont également senti les avantages. L'émulation s'est ranimée entre les différentes troupes, à la faveur de cette utile nouveauté. Le goût du public s'est réveillé; & jamais nos théâtres n'ont été suivis avec plus d'affluence. On a cherché à jetter de la magnificence dans la représentation des pieces; on a multiplié les gardes & les soldats qui environnent ou suivent les personnages tragiques; on les a revêtus avec décence, & toujours conformément à la vérité historique. Les coups de théâtre se font avec plus de précision, de faste & de vraisemblance. Les dénouements s'exécutent sans embarras & sans ridicule. Cependant il manquoit encore cette liberté de la scene, si long-temps desiré par les maîtres du théâtre. En 1760, un amateur a eu la générosité de procurer à sa nation, ce qu'elle sembloit souhaiter inutilement. Un théâtre vuide de spectateurs, ouvre une nouvelle carriere au génie des Auteurs dramatiques & à l'art des Comédiens. Tel est l'é-

tat actuel de la Comédie Françoife, de ce fpectacle où tant de chefs-d'œuvres, dans tous les
genres, étoient représentés avec fi peu de vérité
& d'illufion, où la même décoration fervant à
la fois au tragique & au comique, étoit tantôt
un temple, & tantôt un fallon; tantôt un vefti-
bule commun, & tantôt un cabinet particulier.
Le Roi, toujours attentifs aux progrès des arts,
vient d'accorder à fes Comédiens l'ufage de quelques décorations. Tout concourt en un mot à
rendre déformais notre fcene digne de la beauté
de nos Poëmes. Quels avantages ne doivent pas
réfulter de ces différentes réformes ? Les Auteurs, dans les plans de leurs ouvrages, ne fe-
ront plus intimidés & refroidis par la crainte des
contre-temps qu'entraîne inévitablement une
exécution rendue difficile par le peu d'étendue
de la fcene, & l'embarras qu'y jettoit la préfence
des fpectateurs. Il n'en réfulte pas moins d'a-
vantages pour le Comédien intelligent; un efpace plus étendu lui permettra de varier fes attitudes, de changer fes pofitions, de donner
plus de naturel & de vivacité à fes mouvements:
en un mot, le génie de l'Acteur pourra peindre
celui du Poëte; peut-être même la force de l'illufion théâtrale pourra-t-elle faire oublier au fpectateur l'Auteur & le Comédien. M. de *Voltaire*
avoit fi bien fenti l'utilité d'un théâtre plus étendu, qu'il eft peu de Préfaces où il n'en foit queftion. Il parle encore d'un établiffement à la gloire
des arts : c'eft d'élever en l'honneur des grands
hommes qui les ont illuftrés, des monuments
qui tranfmettent leur mémoire à la poftérité. Ce
projet commence à s'exécuter; les Comédiens,
jaloux de perpétuer parmi eux d'une maniere
plus particuliere, le fouvenir des peres de leur

théâtre, vont orner leur nouvelle salle d'assemblée, des bustes de ces illustres Auteurs : ils l'ont déja décorée du portrait du Roi, que Sa Majesté leur a donné.

Combien de spectateurs qui se prétendent les juges des pieces de théâtre, & ressemblent à ce vieux Magistrat dont on compte l'anecdote suivante! Ce grave personnage n'ayant jamais été à la Comédie, s'y laissa entraîner par une compagnie, à cause de l'assurance qu'elle lui donna, qu'il seroit très-content de l'*Andromaque*. Il fut très-attentif au spectacle, qui fut terminé par les *Plaideurs*. En sortant, il trouva l'Auteur; & croyant lui devoir un compliment, il lui dit : » Je suis très-content, Monsieur, de votre An- » dromaque ; c'est une jolie piece : je suis seule- » ment étonné quelle finisse si gaiement. J'avois » d'abord eu quelqu'envie de pleurer ; mais la » vue des petits chiens m'a fait rire ".

Pourquoi est-on porté à rire sur le compte d'un Auteur qui n'a pas réussi au théâtre ? » C'est » par la même raison que la chûte d'un homme » qui passe sur un endroit glissant, excite la ri- » sée de ceux qui le regardent ".

Une de ces sociétés de beaux-esprits, dont Paris est rempli, avoit élevé jusqu'aux nues une piece nouvelle, qui tomba à la premiere représentation. On étoit le lendemain tristement assemblé, sans dire mot. Enfin, une jolie femme, qui, la premiere, avoit donné son suffrage, rompit le silence. Je ne conçois pas, dit-elle, pourquoi on ne rejoue pas cette piece ; car elle n'a pas été sifflée ? » Parbleu! Madame, je le crois » bien, répondit brusquement un étranger ; & » comment voulez vous que l'on siffle quand » on bâille ? "

COMÉDIE FRANÇOISE.

Un Auteur venoit de voir tomber sa piece en plein théâtre. Remis un peu de cette chûte, il alla voir l'Actrice qui avoit été chargée du principal rôle : il lui dit, dans l'espérance d'obtenir quelques mots de consolation, que le public n'étoit pas toujours juste ; que ses amis d'ailleurs avoient tort de l'avoir tant pressé, & que la poire n'étoit point encore mûre... » Oh ! mûre » ou non, reprit l'Actrice, elle est pourtant » d'abord tombée ".

Un Auteur tragique, qui n'avoit pas été plus heureux, fit un faux pas en sortant du spectacle. Quelqu'un s'empressa de le soutenir. Le pauvre Auteur, qui pensoit toujours à sa piece, dit à l'homme charitable : » Parbleu ! Monsieur, c'est » ma piece qu'il falloit soutenir, & non pas moi ".

On rapporte aussi de Roy, Poëte lyrique, que sortant de la Comédie, il fit une chûte, parce qu'il s'étoit embarrassé dans la robe d'une Dame. Comme celle-ci lui fit des excuses : » Il n'y a » pas de mal, lui dit Roy, les Auteurs sont » accoutumés à tomber ici ".

Un Poëte étoit à la représentation d'une de ses pieces dont il expliquoit le sujet à un homme de la Cour. » La scene, lui disoit-il, est en Ca- » padoce, il faut se transporter dans ce pays-là, » & entrer dans le génie de la nation ". Vous avez raison, répondit le Courtisan, je crois que votre piece seroit bonne à jouer sur les lieux.

Quelques personnes faisoient malignement courir le bruit qu'*Alzire*, Tragédie de M. de Voltaire, n'étoit pas de cet Auteur : *Je le souhaiterois de tout mon cœur*, dit un amateur éclairé. — *Et pourquoi*, lui demanda quelqu'un ? — *C'est*, répondit-il, *que nous aurions un bon Poëte de plus.*

La *Sémiramis*, du même Auteur, n'eut point à la premiere repréfentation le fuccès qu'un public éclairé lui accorda par la fuite. M. de Voltaire trouvant M. Piron dans le foyer, lui demanda ce qu'il penfoit de fa Tragédie ? — *Je penfe*, reprit celui-ci, *que vous voudriez bien que je l'euffe faite*... *Je vous aime affez pour cela*, répondit M. de Voltaire.

Quelques importants du parterre demanderent, dit-on, pour la premiere fois l'Auteur, après la repréfentation de *Mérope*. On a ceffé depuis de le demander à chaque nouvelle piece, foit pour l'applandir, foit pour le baffouer ; mais il paroit que les Auteurs commencent aujourd'hui à s'affranchir de cette efpece de fervitude, & ils font bien. Les fpectateurs des Théâtres de Londres ont effayé depuis peu d'établir cet incommode & ridicule ufage. L'Auteur d'une piece nouvelle Angloife, aux cris impératifs & redoublés des communes du Théâtre, parut, & leur fit ce compliment : « Meffieurs, je vous remer-
» cie de l'honneur que vous m'avez fait en ac-
» cueillant mes foibles effais ; mais par recon-
» noiffance, vous auriez bien dû m'épargner la
» peine de me donner en fpectacle, d'autant
» plus qu'il y a quelque différence entre l'ou-
» vrage & l'Auteur. La deftination de l'un pour-
» roit être de vous amufer quelque temps ; mais
» je n'ai jamais penfé que ce dût être celle de
» l'Auteur ". *Affiches de Provinces*, 1766.

Une derniere anecdote, relative à la Comédie Françoife, eft ce qui fe paffa à la premiere repréfentation d'*Heureufement*, petite Comédie, donnée fur le théâtre le 29 Novembre 1762. M. le Prince de Condé, qui venoit d'arriver de l'armée, où il s'étoit montré le digne héritier des vertus de ſes ancêtres, aſſiſtoit à cette premiere repréſentation. On ſait qu'il y a dans la piece une ſcene de collation entre un Militaire & une jeune Dame. L'Officier Lindor dit à Marton :

Verſe raſade, Hébé ; je veux boire à Cypris.

Madame Lisban, qui eſt la jeune Dame, lui répond : *Je vais donc boire à Mars.* L'Actrice, en prononçant ces derniers mots, ſe retourna, avec autant de grace que de reſpect, vers M. le Prince de Condé. Tout le public ſaiſit la vérité de l'application ; les applaudiſſemens furent univerſels, & durerent long-temps.

Pluſieurs autres anecdotes, qui ont rapport à la Comédie Françoiſe, ont trouvé leur place dans d'autres articles de ce recueil. *Voyez Déclamation.*

COMÉDIE ITALIENNE.

DANS les commencemens que la troupe des Comédiens Italiens ſe fixa à Paris, en 1652, elle jouoit ſes pieces à l'impromptu : on attachoit dans les couliſſes de ſimples cannevas de chaque piece ; les Acteurs y voyoient au commencement de chaque ſcene, ce qu'ils avoient à dire. Cette façon de repréſenter la Comédie donnoit lieu à la variété du jeu ; mais elle ſuppoſoit néceſſairement une imagination vive & fertile dans les Comédiens, ou peu de goût dans les ſpectateurs, pour s'accommoder de toutes les inepties qui ſortoient ſouvent de la bouche des Acteurs.

Cette troupe s'étant ingérée par la ſuite de donner des pieces Françoiſes, les Comédiens François s'en plaignirent au Roi, qui manda les

Italiens, afin qu'ils plaidaſſent leur cauſe en préſence de leurs adverſaires. Baron, au nom de la troupe Françoiſe, parla le premier. Lorſqu'il eut fini, le Roi fit figne à Dominique, Arlequin de l'ancien théâtre, de parler à ſon tour. Cet Acteur, après avoir fait quelques poſtures dans ſon caractere, dit au Roi : Quelle langue Votre Majeſté veut-elle que je parle ? — Parle comme tu voudras, lui dit le Roi. — Je n'en demande pas davantage, répondit Dominique en remerciant le Monarque, ma cauſe eſt gagnée. Le Roi fourit de la ſurpriſe qui lui avoit été faite, & les Italiens continuerent de jouer les pieces Françoiſes.

Louis XIV, au retour de la chaſſe, étoit venu dans une eſpece d'*incognito*, voir la Comédie Italienne qui ſe donnoit au Château. Dominique y jouoit. Malgré le jeu de cet excellent Acteur, la piece parut inſipide. Le Roi lui dit en ſortant : Dominique, voilà une mauvaiſe piece. Dites cela tout bas, je vous prie, lui répondit ce Comédien, parce que ſi le Roi le ſavoit, il me congédieroit avec ma troupe. Cette réponſe, faite ſur le champ, fit admirer la préſence d'eſprit de Dominique.

Ce même Acteur, ſe trouvant au ſouper du Roi, avoit les yeux fixés ſur un certain plat de perdrix. Ce Prince, qui s'en apperçut, dit à l'Officier qui deſſervoit : Que l'on donne ce plat à Dominique. Quoi, Sire ! & les perdrix auſſi ? Le Roi, qui entra dans la penſée de Dominique, reprit : Et les perdrix auſſi. Ainſi Dominique, par cette demande adroite, eut avec les perdrix, le plat qui étoit d'or.

Ce fut en faveur de Dominique que le Poëte Santeuil, Chanoine de St. Victor, fit cette épigraphe si connue, & que les Italiens ont mise sur leur toile :

Castigat ridendo mores.

Dominique, pour obtenir cette épigraphe de Santeuil, dont l'humeur étoit brusque & difficile, crut devoir user de son art. Un jour ayant pris son habit de théâtre avec son petit chapeau & son sabre de bois, s'enveloppa d'un long manteau, & alla frapper à la porte de la chambre de Santeuil. Celui-ci ne répond point. Dominique recommence. Ah! quand tu serois le diable, s'écrie Santeuil, entre si tu veux. Dominique ouvre aussi-tôt la porte, jette son manteau, & se met à courir autour de cette chambre, en faisant mille lazis & différentes postures de caracteres. Santeuil, surpris de cette incartade, arrête brusquement le Comédien ; & le serrant de près : Je veux que tu me dises qui tu es. — Je suis, répond Dominique, le Santeuil de la Comédie Italienne. — Et moi, répondit le Poëte, qui le reconnut à l'expression originale de ses attitudes, tu vois l'Arlequin de St. Victor. Il se mit aussi-tôt à répondre aux singeries de l'Acteur, par des grimaces & de contorsions ; & la farce finit par s'embrasser. Ce fut ce moment de verve & de bonne humeur que Dominique saisit pour obtenir ce qu'il vouloit.

Quelques-uns prétendent que le nom d'*Arlequin*, donné à Dominique & à ceux qui remplissent ses mêmes rôles dans les Comédies Italiennes, doit son origine à un jeune Acteur Italien, qui vint à Paris sous le regne de Henri III. Comme ce Comédien étoit accueilli dans la maison du Président Achilles de Harlay, ses camarades l'appellerent *Harlequino*, selon l'usage des

Italiens, qui donnent souvent le nom des maîtres aux valets, & celui des patrons aux clients. Mais, comme on l'a remarqué, le nom d'*Harlequinus* se trouve dans une lettre de Raulin, imprimée en 1521, & dans d'autres écrits antérieurs au regne de Henri III.

Il y avoit dans l'ancienne troupe Italienne un rôle de *Mezetin*, qui étoit à-peu-près le même que celui de Scapin. *Angelo Constantini*, de la ville de Vérone, le joua avec succès jusqu'au mois de Mai 1697, que le théâtre fut fermé. Mezetin se mit au service d'Auguste, Roi de Pologne, qui prit tant de plaisir au talent de ce Comédien, qu'il le fit son camérier, & lui accorda d'autres graces. Mais Mezetin ayant eu l'audace d'adresser ses vœux à une maîtresse du Prince, & d'accompagner sa déclaration de quelques discours peu mesurés sur ce Monarque, il pensa perdre la vie, & resta vingt ans en prison. Tout Paris, qui le croyoit mort, ne fut pas peu surpris de le voir reparoître sur le nouveau théâtre Italien, le 5 Février 1729. On courut d'abord en foule pour le voir jouer; mais il ne tarda point à s'appercevoir que le goût du public étoit changé; c'est ce qui le détermina à se retirer en Italie, où il finit ses jours à l'âge de 75 ans. On rapporte de lui ce trait : il vouloit dédier un ouvrage de sa façon à un Duc protecteur zélé des talents; mais pour parvenir jusqu'à lui, il falloit avoir l'agrément d'un portier, d'un laquais & d'un valet-de-chambre, dont les oreilles, suivant l'expression d'un Auteur moderne, étoient dans leurs mains. Mezetin tenta de les fléchir, mais inutilement. Voici comme il s'y prit pour s'en venger. » Monsieur, dit-il fort respectueu-
» sement au portier, je dois être récompensé

» d'un ouvrage que j'ai dédié à M. votre maî-
» tre ; laiffez-moi entrer, je vous promets, foi
» d'homme d'honneur, le tiers de ce qu'il me
» donnera ". Le portier, devenu plus humain
à ce difcours, lui dit : » Vous pouvez paffer, je
» vous en crois fur votre parole ". Il fallut faire
la même promeffe au laquais de garde pour entrer dans l'appartement. Reftoit un troifieme tiers qu'il pria le valet-de-chambre, placé à la porte du cabinet, de vouloir bien accepter. Le voilà entré ; il fait fon compliment, & préfente fon ouvrage. Le Duc, charmé de cet hommage de la part d'un Acteur fêté par-tout, lui promet de lui accorder ce qu'il pourra defirer. » Mon-
» fieur, répondit Mezetin, puifque vous avez
» cette bonté, je vous demande cent cinquante
» coups de bâton ". — Quelle eft donc cette plaifanterie, reprit le Duc ? Mezetin lui raconta auffi-tôt à quel prix il a humanifé le portier, le laquais & le valet-de chambre. » Vous voyez
» bien, Monfieur, pourfuivit-il, que n'ayant
» aucune part dans la récompenfe, je n'en au-
» rai aucune aux coups de bâton, & j'aurai le
» plaifir de voir punir ceux qui m'ont mis à con-
» tribution ". Le Duc ayant ri de tout fon cœur, fit la mercuriale à fes gens, & envoya un préfent à la femme de ce Comédien, afin qu'il en profitât fans violer fa parole.

Scaramouche étoit un autre perfonnage de l'ancien théâtre : fon caractere étoit celui de capitan, qui n'eft qu'un fanfaron & un poltron. Le fameux Acteur qui rempliffoit ce rôle dans l'ancienne troupe, fe nommoit *Tiberio Fiurelli*. Il étoit né à Naples en 1608 : il fut un pantomime fin & fpirituel. Il avoit une femme qui rempliffoit les rôles de foubrette, & qui étoit fort galante. Un petit-maître qui étoit à la Comédie, voulant un jour badiner Scaramouche à ce sujet, prit une paire de petites cornes de chevreuil, & la jetta aux pieds de l'Acteur, en lui disant qu'il ramassât ses cornes. Scaramouche les prit; & après s'être tâté le front, il les rejetta au petit-maître, en lui criant : » Monsieur, j'ai » mes cornes, il faut que celles-ci soient les » vôtres ".

Les Comédiens Italiens, quoiqu'aimés du public, se virent quelquefois obligés d'user de stratagême pour se procurer des spectateurs. En 1735, ils donnerent une comédie en un acte, ornée de chants & de danses, intitulée *le Conte des Fées*. On avoir mis exprès dans la piece un rôle de géant, qui fut représenté par un Finlandois âgé de vingt-neuf ans, haut de six pieds huit pouces huit lignes, mesure de France, exactement prise sans souliers, & très-bien proportionné d'ailleurs; il étoit le septieme de onze enfants, & pesoit 450 livres. Cette singularité attira tout Paris à la piece nouvelle.

Lorsqu'en 1753, on donna sur ce Théâtre *Brioché*, parodie de l'acte de *Pigmalion*, cette piece n'eut aucun succès, & n'étoit pas faite pour réussir. Quelqu'un ayant demandé à l'Auteur, pourquoi il l'avoit risquée au Théâtre : » Il y a si long-temps, répondit-il, que tout » Paris m'ennuie en détail, que j'ai saisi cette » occasion pour rassembler tout le monde, & » prendre ma revanche en gros ". On rapporte qu'il l'a prit effectivement avec usure.

Racine, le fils du grand Racine, nous dit quelque part qu'il avoir connu un acteur & une actrice de l'ancienne troupe Italienne, qui vivoient comme deux Saints, & qui ne montoient jamais fur le Théâtre, fans avoir mis un cilice ; mais il ne les a point nommés.

Les Italiens jouiffent aujourd'hui du privilege qu'avoir autrefois l'opéra-comique : ils nous donnent des intermedes où l'on rencontre, fur-tout dans le genre gracieux, des tableaux muficales d'une touche libre & facile : il faut efpérer que, notre profodie mieux connue, le muficien déterminera plus fûrement le mouvement propre à chaque arriette, & que le chanteur ne fe verra point fi fouvent forcé d'épeller les vers, au-lieu de les fcander conformément au génie de notre langue.

COMÉDIEN.

IL y a entre ces deux mots, *Compagnie*, *Troupe*, une différence établie par l'ufage, & qu'il n'eft pas permis d'ignorer. Des Comédiens vinrent demander une gracé à M. de Harlay, premier Préfident du Parlement de Paris. L'acteur chargé de porter la parole, lui dit qu'il venoit de la part de fa compagnie, pour le fupplier de telle chofe. » Je délibérerai avec ma *troupe*, répondit le » Magiftrat, pour favoir fi je dois accorder à » votre *compagnie* la grace qu'elle me demande ".

On me contoit l'autre jour, dit Madame de Sévigné dans une de fes lettres, qu'un Comédien vouloit fe marier, quoiqu'il eût un certain mal un peu dangereux. Son camarade lui dit : » Hé! morbleu, attends que tu fois guéri, tu » nous perdras tous ". Cela, ajoute Madame de Sévigné, me parut faire épigramme.

Des Comédiens depuis long-temps promettoient une piece nouvelle où la vertu étoit personnifiée. Le public, impatient de la voir, la demandoit tous les jours. » Pourquoi donc ne la » repréfentez-vous pas, dit une Dame de qua- » lité à un Comédien"? — Nous ne pouvons, lui répondit-il, la donner avant quinze jours, parce que la fille qui doit jouer le rôle de la vertu, vient d'accoucher.

Un Comédien faifoit en compagnie le mauvais plaifant vis-à-vis une jolie femme. » Celle- » ci piquée au vif, lui répondit affez féche- » ment : Un tel ; je n'ai pas le temps de vous » répondre à préfent; quand j'irai à la comédie, » je verrai fi vous méritez mes applaudiffe- » ments ".

Un célebre acteur de la comédie Françoife, celui-là même qui fervit de modele au *Glorieux* de Deftouches, jouant un jour d'un ton de voix baffe, un fpectateur cria : *Plus haut.* L'acteur qui croyoit être le Prince qu'il repréfentoit, répondit fans s'émouvoir : *Et vous, plus bas.* Le parterre indigné, répartit par des *brouhaha* qui firent ceffer le fpectacle. Des ordres fupérieurs ayant obligé l'acteur de faire fes excufes au public, il s'avance fur le bord du Théâtre, & commença ainfi fa harangue : *Meffieurs, je n'ai jamais mieux fenti la baffeffe de mon état, que par la démarche que je fais aujourd'hui...* Ce début, quoiqu'injurieux au public, fatisfit néanmoins le parterre, plus occupé de la démarche d'un acteur qu'il chériffoit, qu'attentif à fon difcours; il le difpenfa de continuer, par des applaudiffements reïtérés.

Un premier acteur de l'opéra étant tombé malade au moment d'une nouvelle repréfentation, on choifit pour le remplacer un acteur fubalterne : celui-ci chanra, & fut fifflé; mais fans fe

COMÉDIEN.

déconcerter, il regarde fixement le parterre, & lui dit : *Je ne vous conçois pas; & devez-vous vous imaginer que pour six cents livres que je reçois par année, j'irai vous donner une voix de mille écus?* Le public oublia le peu de talent du chanteur, & lui applaudit pendant le reste de son rôle. On en pourra conclure qu'il est quelquefois bon de payer d'assurance.

Un Comédien François qui jouoit dans les Provinces, eut la vanité de se faire peindre en Achille. Il avoit exercé la profession de menuisier avant que de monter sur le Théâtre. Le Peintre lui cacha les deux mains sous un bouclier peint en détrempe ; le reste du portrait étoit en huile. Après un certain temps, une partie du bouclier se détacha du tableau, & fit un effet désagréable sur la peinture. Le Comédien pria le Peintre d'y remédier ; celui-ci lui conseilla de bien frotter avec une éponge l'endroit endommagé ; l'éponge enleva toute la couleur en détrempe, & au-lieu de bouclier, on vit Achille qui tenoit un rabot. *Lettres sur quelques écrits de ce temps.*

Un Comédien qui venoit d'acheter une terre seigneuriale en toute justice, demandoit au Curé les prieres nominales qu'il avoit droit d'exiger comme Seigneur. Le Curé embarrassé d'accorder ce droit honorifique avec la loi de l'Eglise qui excommunie les Comédiens, dit à ses paroissiens dans son prône : " Mes chers freres, prions Dieu
" pour la conversion de Monsieur un tel, Co-
" médien, Seigneur de cette Paroisse ".

Les *Aventures d'un Comédien ambulant*, rapportées dans le *Magasin Britannique*, (*Journal Anglois*) peuvent amuser par le ton de plaisantetie naïve qui y regne. Je fus l'autre jour, dit l'Auteur du Journal, dans le parc de St. James, vers l'heure où tout le monde le quitte pour aller diner : je n'apperçus que très-peu de gens qui continuoient la promenade dans les allées, & tous avoient la mine de chercher plutôt à distraire la faim, qu'à gagner de l'appétit. Je m'assis sur un banc, à l'extrêmité duquel étoit un homme fort mal vêtu, mais qui, malgré le mauvais état de son habillement, conservoit un air distingué. En un mot, je le pris, selon l'expression de Milton, *pour quelque Gentilhomme dépouillé de ses rayons.* Nous commençâmes alternativement à tousser, à nous moucher, nous regarder, comme on a coutume de faire en pareille occasion ; & enfin, j'entamai le discours. Pardon, Monsieur, lui dis-je, il me semble que je vous ai déja vu. — Votre visage... Monsieur, me répliqua-t-il fort gravement, il est vrai que ma physionomie est très-répandue ; je suis connu dans toutes les villes de la Grande-Bretagne autant que le dromadaire & le crocodile qu'on y promene par-tout. J'ai l'honneur de vous informer, Monsieur, que pendant seize années j'ai fait avec quelque distinction le rôle de bouffon sur un Théâtre de marionnettes : j'eus derniérement querelle avec le Docteur *Barthelemi ;* nous nous battîmes, & nous nous quittâmes, lui pour aller vendre aux épingliers de *Rosemarylane*, le Seigneur Polichinelle & toute sa suite ; & moi, comme vous voyez, pour mourir de faim dans le parc Saint-James. Je suis fâché, Monsieur, lui répondis-je, qu'une personne de votre figure soit exposée à de pareilles disgraces... Oh, Monsieur, ma figure est très-fort à votre service : à la vérité, je ne me vante pas de manger beaucoup ; mais le jeûne ne m'attriste point ;

& graces au deſtin, quoique je n'ai pas un ſol, je n'engendre point de mélancolie : je ne ſuis jamais honteux d'accepter une politeſſe d'un honnête homme. Voulez-vous me donner à dîner ? Je vous régalerai à mon tour ſi je vous rencontre une autre foi dans ce parc, ayant comme moi, bon appétit & n'ayant point d'argent. — J'aime les originaux de toute eſpece, & le récit de leurs aventures me fait beaucoup de plaiſir. Je menai mon homme au cabaret le plus prochain, & l'on nous ſervit dans le moment une grillade brûlante, & un pot de bierre dont l'écume s'élevoit au-deſſus du vaſe. Il eſt impoſſible d'expliquer combien cette chair ſplendide redoubla la gaieté de mon convive ; il tomba ſur cette grillade, quoique brûlante, & en un inſtant elle diſparut. Après qu'il eut mangé : Monſieur, me dit-il, cette grillade étoit aſſurément des plus coriaces ; néanmoins je l'ai trouvée d'un goût exquis, & plus tendre que du poulet. O délices de la pauvreté ! O charmes du bon appétit ! Nous autres gueux, ſommes les enfants gâtés de la nature ; c'eſt une marâtre pour les gens riches : les mêts les plus délicats ne ſauroient ſatisfaire leur goût ; les vins pétillants de Champagne ne chatouillent point leur palais, tandis que la nature entiere eſt prodigue pour nous en friandiſes. Réjouis-toi, mon ame : vive les gueux ! Je n'ai point un pouce de terre ; mais qu'un torrent ravage les moiſſons de Cornouaille, je ſuis tranquille ; que la mer engloutiſſe des vaiſſeaux, peu m'importe ; je ne ſuis point un Juif. Allons, Monſieur, buvons, & je vais vous conter mon hiſtoire. Je deſcends d'une famille qui a fait du bruit dans le monde ; ma mere crioit des huîtres, & mon pere étoit tambour : j'ai même oui dire que parmi mes aïeux, je pouvois compter des trompettes; plus d'un homme de qualité auroit peine à prouver une généalogie plus refpectable; mais ce n'eft pas là ce dont il s'agit. J'étois fils unique & l'enfant gâté de mon pere & de ma mere, le charme de leur entretien, & le gage de leur mutuel amour; mon pere m'apprit à battre la caiffe; je parvins bientôt à être tambour des marionnettes, & tout le refte de ma jeuneffe j'ai été le compere, (*l'Interprête*) de Polichinelle & du Roi Salomon dans toute fa gloire. Fatigué de ces honneurs, je me fis foldat. Je n'aimois point à battre la caiffe, je m'ennuyai bientôt de porter le moufquet. J'avois la fureur de faire le Gentilhomme; j'étois forcé d'obéir à un Capitaine; il avoit fes caprices; j'avois les miens, & vous avez fans doute auffi les vôtres. Je conclus qu'il valoit mieux fuivre fes fantaifies que celles d'un autre : je demandai mon congé, on me le refufa, je défertai. Délivré du militaire, je troquai mes habits de foldat contre de plus mauvais encore; & pour n'être point rattrapé, j'allai par les routes les moins frequentées. Un foir, comme j'entrois dans un village, j'apperçus un homme qui fe débattoit dans un bourbier, & qui étoit fur le point d'y être étouffé; je volai à fon fecours, & lui fauvai la vie : c'étoit précifément le Pafteur du lieu; je fus charmé de cette rencontre. Il s'en alloit après m'avoir remercié; mais je voulus l'accompagner jufqu'à la porte de fon logis. Chemin faifant, il me fit plufieurs queftions : il me demanda qui étoit mon pere, d'où je venois, où j'allois, fi j'étois un garçon fidele, &c. Je le fatisfis fur tous les points, & je lui vantai particulièrement ma fobriété. (*Monfieur, j'ai l'honneur de boire à votre fanté.*) Pour abréger

abréger, il avoit befoin d'un valet, il me prit à fon fervice. Je vécus trois mois avec lui ; nous ne nous accommodâmes point enfemble. J'avois grand appétit, il ne me donnoit rien à manger ; j'aimois les jolies filles, & fa fervante étoit laide & méchante. Ils avoient réfolu entr'eux de m'affamer ; mais je pris la ferme réfolution de m'oppofer à cet homicide. Je gobois tous les œufs frais ; j'achevois toutes les bouteilles entamées, & tout ce qui pouvoit être mangé difparoiffoit. On me donna trois fchellings, fix fols, pour trois mois de gages. Pendant que l'on comptoit mon argent, je me préparai à mon départ. Il y avoit deux poules pendues au croc avec quelques poulets; pour ne point féparer les meres d'avec les enfants, je mis le tout dans mon biffac. Après ce petit exploit, je vins, le bâton à la main & la larme à l'œil, prendre congé de mon bienfaiteur. Je n'avois pas fait trente pas hors de la maifon, que j'entendis crier après moi : Arrétez ce voleur. La voix de fa fervante que je reconnus, me donna des ailes. Mais arrêtons-nous ; il me femble que j'ai été trois mois fans boire chez ce maudit Curé : je veux que ceci me ferve de poifon, fi de ma vie j'ai paffé un temps plus défagréable. Au bout de quelques jours, je fus rencontré d'une troupe de Comédiens ambulants : mon cœur treffaillit de joie à leur afpect : je me fentois un penchant invincible pour la vie errante. Je leur offris mes fervices : ils les accepterent. Ce fut un paradis pour moi que leur compagnie : ils chantoient, danfoient, buvoient, mangeoient & voyageoient en même-temps. *Par le fang des Mirabelles!* je ne crus commencer à vivre que de ce moment ; je devins tout-à-fait gaillard ; & je riois du matin au

Tome I. H

soir des bons mots de mes camarades. Je leur plus autant qu'ils me plurent : je n'étois pas mal de figure, comme vous voyez ; & quoique fort gueux, je ne crevois pas de modeſtie J'adore la vie vagabonde ; on eſt tantôt bien, tantôt mal ; on mange quand on peut, & l'on boit (*le pot eſt vuide*) quand on a de quoi boire. Nous arrivâmes à Tenterden, où nous louâmes un grenier pour y repréſenter *Roméo & Juliette*, accompagné de tous ſes agréments, de la pompe funebre, de la foſſe & de la ſcene du jardin. Un Comédien du Théâtre royal de *Drury-Lane* devoit jouer le rôle de *Roméo*. Une grande fille, qui n'avoit encore paru ſur aucun Théâtre, devoit faire le perſonnage de *Juliette* : & moi, je devois moucher les chandelles : chacun de nous excelloit dans ſon genre. Nous ne manquions point de figures, mais la difficulté conſiſtoit à les habiller : je fus le ſeul qui eût un habit qu'on peut appeller de caractere. Notre repréſentation fut univerſellement applaudie ; tous les ſpectateurs furent enchantés de nos talents. Il y a une regle que tout Comédien ambulant doit obſerver, s'il aſpire au ſuccès. Agir & parler naturellement, ce n'eſt point jouer. Pour plaire dans la Province, il faut être ampoulé, rouler des yeux égarés, prendre des attitudes forcées ; avoir en un mot l'air d'un Energumene. Tels ſont les moyens de réuſſir infailliblement. Comme on nous combla d'éloges, il étoit fort naturel que je m'en attribuaſſe une partie. Je mouchois les chandelles ; & quand une ſalle n'eſt point éclairée, vous conviendrez, Monſieur, que la piece perd la moitié de ſes agréments. Nous repréſentâmes quatorze fois de ſuite, & le ſpectacle fut toujours rempli. La veille de notre départ, nous annonçâmes une pièce excellente & dans laquelle nous devions déployer tous nos talents Les prix étoient doublés, & nous nous attendions à une recette très-considérable. Malheureusement le premier acteur se trouve attaqué tout-à-coup d'une fievre violente ; toute la troupe consternée s'assemble, & maudit cent fois l'acteur qui s'est avisé de tomber malade si mal-à-propos. Je saisis ce moment, & je propose de jouer à sa place. Le cas étoit désespéré ; on accepte mon offre. En conséquence, je prends mon rôle d'une main, & tenant de l'autre un pot de bierre, (*Monsieur, à votre santé*) je meuble ma mémoire de cinq cents vers. Etonné moi-même de cette prodigieuse facilité, je sens que la nature m'a destiné pour un emploi plus relevé que celui de moucheur de chandelles ; je vais triomphant retrouver mes compagnons, que je jette dans la plus grande surprise. Je répete avec eux mon rôle ; je le joue en public deux heures après, & j'entraîne tous les suffrages. La troupe, ravie autant que moi, differe son départ, & elle affiche, qu'à l'instance de plusieurs personnes de considération, elle fera encore quelque séjour à Tenterden. Je parois sur la scene dans le rôle de *Bajazet* ; il sembloit que la nature m'eût formé exprès pour représenter ce personnage. J'étois grand, j'avois la voix rauque ; & avec un gros turhan enfoncé sur mes yeux, j'avois l'air du plus fier Musulman qu'ait jamais vu l'Orient. Quand j'entrai sur la scene, en secouant mes chaines, on applaudit à tout rompre. J'adoucis mes regards, & avec un sourire gracieux, je restai profondément incliné vers les spectateurs, qui redoublerent leurs applaudissements. Comme le rôle de Bajazet est extrêmement passionné, j'avois eu la précaution de renforcer mes esprits de trois grands verres de brandevin. (*Mais il n'y a plus rien dans le pot.*) La chaleur que je mis dans ma déclamation, est une chose inconcevable : *Tamerlan* ne fut qu'un sot vis-à-vis de moi. De temps-en-temps il vouloit hausser le ton ; mais je le rabaissois bien vite par la vigueur & la supériorité de celui que je prenois. Mes gestes étoient d'ailleurs admirables ; mille attitudes variées, des exclamations sans nombre, quel brouhaha surtout, lorsque je croisois les bras sur ma poitrine ! J'ai remarqué qu'à Drury-Lane, cela produisoit un effet merveilleux : en un mot, je me couvris de gloire, & je fus regardé comme un prodige. Toutes les Dames de Tenterden vinrent me complimenter sur mes talents ; les unes louoient ma voix, les autres vantoient ma figure. *Sur mon honneur*, dit l'une d'entr'elles, *il deviendra bientôt un des plus jolis acteurs de l'Europe ; c'est moi qui vous le dis, & je m'y connois.* Un Comédien est sensible aux premieres louanges, & les reçoit comme une faveur ; mais quand on les lui prodigue, il s'imagine que c'est un tribut qu'arrache son mérite. Loin de remercier ceux qui m'en accabloient, je m'applaudissois en moi-même, & j'avois souvent l'impertinence d'être brusque jusqu'à l'impolitesse. Je vous avoue que j'ai été bien payé de mon insolence, comme vous le verrez tout-à-l'heure. Nous quittâmes enfin l'aimable Tenterden, où les Dames, en honneur, font de très-bons juges des pieces de Théâtre, & décident encore mieux du mérite des acteurs. (*Allons, Monsieur, buvons, s'il vous plaît, à leur santé.*) J'entrai dans leur ville moucheur de chandelles ; j'en sortis héros. Ainsi va le monde ; aujourd'hui laquais, demain grand

Seigneur. Je pourrois en dire davantage sur ce sujet, qui est vraiment sublime ; mais ne parlons point de la fortune & de ses bizarreries, cela nous incommoderoit la rate. De Tenterden, nous allâmes à New-marker, lieu célebre par ses courses & par tant de foux qui s'y ruinent par des gageures. J'y jouai les premiers rôles, & j'y brillai à mon ordinaire ; je suis très-persuadé que j'y aurois passé long-temps pour le plus grand Comédien de l'univers, sans une cruelle aventure que je vais vous raconter. Je charmois toutes les Dames, en faisant le personnage de *Sir Harry Wildair*. Quand je tirois ma tabatiere, toute la salle retentissoit d'un bruit flatteur d'admiration ; mais quand je donnois des coups de bâton à l'Echevin, vous eussiez vu rire toutes les femmes, jusqu'à tomber en convulsion. Il se rencontra dans New-market, une Provinciale maudite, qui avoit demeuré neuf mois à Londres, & qui, par cette raison, prétendoit être l'oracle du goût qu'on devoit suivre à New-market. On lui parla de mes talents, chacun m'élevoit jusqu'aux nues, & cependant elle s'obstinoit toujours à ne vouloir en juger que par elle-même ; elle ne pouvoir concevoir, disoit-elle qu'un Histrion ambulant (pardonnez-lui le terme) pût être propre à autre chose, qu'à faire périr d'ennui. Elle étourdissoit toutes les sociétés des éloges qu'elle donnoit à Garrick, & ne parloit que du Théâtre & des Comédiens de Londres. Enfin, on lui persuada de venir au spectacle ; on m'avertit secretement qu'à ma premiere représentation, je devois avoir ce juge redoutable. Cet avis ne m'intimida pas du tout. Je parus sur la scene d'un air libre & dégagé, une main dans mes culottes, & l'autre dans ma ves-

H iij

te, ainſi que les plus fameux Comédiens de Drury-Lane. Mais loin de fixer les regards ſur moi, je m'apperçus que tous les ſpectateurs cherchoient, dans les yeux de la Provinciale qui avoit reſté neuf mois à Londres, s'ils devoient m'applaudir ou me ſiffler. J'ouvre ma tabatiere, je prends du tabac, la Provinciale garde un ſérieux qui me glaçoit, & ſa gravité ſe répand ſur tous les viſages. Je caſſe mon bâton ſur les épaules de l'*Echevin*, la Provinciale hauſſe les ſiennes, & tous les ſpectateurs en font autant. Enfin, je me mets à rire de la meilleure grace du monde, je n'en ſuis pas plus heureux. J'avoue qu'en cet inſtant je fus totalement déconcerté. Mon rire forcé ne fut plus qu'une grimace; & tandis que je me battois les flancs pour jouer la gaieté, on liſoit dans mes yeux la triſteſſe la plus profonde. En un mot, la Provinciale vint à la comédie dans l'intention de s'y déplaire, & elle s'y déplut; ma réputation expira, & (*le pot eſt vuide.*)

COMIQUE LARMOYANT.

QUELQUE difficile qu'il ſoit de faire paſſer inſenſiblement les ſpectateurs de l'attendriſſement au rire, ce paſſage n'en eſt pas moins naturel aux hommes. M. *de Voltaire* cite ces deux exemples d'aventures qui affligent l'ame, & dont certaines circonſtances inſpirent enſuite une gaieté paſſagere. Une Dame reſpectable voyant une de ſes filles en danger de mort, s'écrioit, fondant en larmes: *Mon Dieu! rendez-la-moi, & prenez tous mes autres enfants.* Un homme qui avoit épouſé la ſœur de la moribonde, s'approcha

COMIQUE LARMOYANT. 175
d'elle, & la tirant par la manche : *Madame*, dit-il, *les gendres en sont-ils* ? Le sang-froid & le comique avec lequel il prononça ces paroles, firent faire un grand éclat de rire à la mere, à la malade & à toute la famille qui l'environnoit.

On avoit défendu à un régiment, dans la bataille de Spire, de faire quartier ; un Officier Allemand demanda la vie à un des nôtres, qui lui répondit : *Monsieur, demandez-moi toute autre chose ; mais pour la vie, il n'y a pas moyen*. Cette naïveté passa de bouche en bouche, & on rit au milieu du carnage. A combien plus forte raison, conclut l'Auteur, le rire peut-il succéder dans la comédie à des sentiments touchants !

CONSEIL.

NE jugeons pas toujours de la bonté d'un conseil par l'événement : c'étoit la maxime de Phocion. Cet Athénien avoit donné à ses concitoyens un conseil qui ne fut pas suivi. L'affaire, cependant, qui avoit passé contre son opinion, eut un succès favorable. Hé bien, Phocion, lui dit quelqu'un, es-tu content que la chose aille si bien ? — Je m'en réjouis, répondit-il, mais je ne me repens pas de ce que j'ai dit.

Charles-Quint attaque Alger en 1541. Comme il prévoit le peu de succès de son entreprise, il envoye au vieil eunuque Hascen, Gouverneur de la place, un Gentilhomme adroit & éloquent, qui n'oublie rien pour l'intimider ou pour le corrompre. Après qu'il a cessé de parler, le brave Gouverneur le renvoye en lui disant :
» Que c'étoit être fou que de conseiller son en-
» nemi ; mais que c'étoit être encore plus fou,

» que de s'arrêter aux conseils qu'un ennemi
» donne ". *Hist. de Malthe.*

Le Poëte Scheichi étoit pauvre, & distribuoit une eau salutaire pour les yeux, afin de gagner de quoi vivre. Mais il avoit lui-même mal aux yeux, & il ne s'étoit point avisé de se servir de ce remede qu'il vendoit aux autres. Un jour une personne qui avoit besoin de cette eau ; lui en acheta pour un aspre ; & en la payant, au-lieu de cet aspre, elle lui en donna deux. Scheichi vouloit en rendre un ; l'acheteur le refusa, & lui dit : L'un est le prix du remede que je vous ai acheté pour mon usage, & je vous donne l'autre afin que vous preniez une pareille dose de votre eau pour vous en frotter les yeux, car je vois que vous y avez bien mal. C'est là l'histoire de ces prétendus sages, qui font en quelque sorte métier de donner des conseils, & qui se conduisent eux-mêmes très-mal.

Une veuve vouloit se remarier avec son valet Jean, & demandoit conseil au Curé du lieu. — Je suis encore d'âge à pouvoir me marier, lui dit-elle. — *Mariez-vous*, répondit l'Ecclésiastique. — Mais on dira peut-être que mon futur est de beaucoup trop jeune pour moi ? — *Ne vous mariez pas*. — Il m'aideroit à faire aller notre ferme ? — *Mariez-vous*. — Mais j'ai peur qu'il ne vienne à me méprifer ? — *Ne vous mariez pas*. — Mais d'un autre côté, on méprise aussi & on trompe de toutes parts une pauvre veuve qui est sans appui. — *Mariez-vous donc*. — Je crains seulement qu'il ne s'amuse avec nos servantes. — *Ne vous mariez donc pas*. La consultante, plus incertaine après ces réponses qu'elle ne l'avoit été auparavant, s'en plaignit au Curé, qui, pour ne rien hasarder dans un cas

CONSEIL.

si délicat, la renvoya à ce que lui conseilleroient les cloches de la paroisse qui alloient sonner. Elle crut entendre qu'elles lui disoient : *Prends ton valet Jean.* Elle le prit; elle eut lieu de s'en repentir, & elle se plaignit vivement au Curé de ce qu'il l'avoir adressée à l'oracle imposteur des cloches. Oh, vous les avez mal entendues, lui dit le bon Prêtre. Ecoutez-les encore une fois. Eh bien, que chantent-elles de bon ? Elles ont grande raison, répondit-elle. Que n'ai-je eu l'oreille aussi bonne la premiere fois ! Elles disent : *Ne prends jamais Jean.*

Cette historiette, est celle de bien de gens. Quand ils demandent conseil, ils n'écoutent que ce qui flatte leur penchant ou leur aversion.

C'est moins l'amitié que la vanité qui conseille : aussi veut-on corriger tout le monde. Un Philosophe répondoit à ce sujet, à un de ces conseillers empressés : » Comment me corrigerois-je » de mes défauts, puisque tu ne te corrige pas » toi-même de l'envie de corriger ".

Quand vous aurez des conseils à donner à votre supérieur, dit le Chancelier Bacon, faites passer vos leçons sous le nom d'un Auteur ancien, ou à la faveur d'une réflexion générale, que la conscience rend toujours personnelle à celui qui en a besoin.

CONTEUR.

Tout Conteur se répete; voilà le grand inconvénient du métier. Un Conteur de profession, auquel on reprochoit ce défaut, répondit assez naïvement : » Il faut bien que vous me per- » mettiez de vous redire de temps en temps mes

» petits contes ; fans cela, je les oublierois ".
Essais de Littérature.
Quelqu'un vantoit beaucoup une personne qui contoit très-bien, qui jouoit même ses contes ; il disoit que c'étoit un homme très-bon à voir : *Pour un jour,* ajouta quelqu'un, *& à fuir ensuite.*
Un prétendu bel-esprit racontoit une histoire qui étoit sans vraisemblance, & qu'il donnoit pour véritable. » Que dites-vous à cela, deman-» doit-il à une Dame ? C'est un fait ". — Je dis, répondit la Dame, qu'apparemment le coq chanta, & que vous vous éveillâtes.

CONTES.

RÉCITS plaisants dans lesquels on se propose moins d'instruire que de plaire par la finesse des plaisanteries, la singularité des événements, la naïveté & la variété des peintures. C'est principalement l'à-propos qui fait valoir le conte. S'il n'est pas heureusement placé, le conte & le conteur y perdent également.

Le Baptême difficile. On apporta dans une Eglise de campagne un enfant à baptiser. Le Curé, qui venoit de boire avec ses amis un peu plus que de coutume, ne pouvant trouver l'endroit du baptême dans son Rituel, disoit, tout en feuillettant : Que cet enfant est difficile à baptiser !

Commissaire embarrassé. Une Duchesse étoit accusée de magie. On nomma un Commissaire pour lui faire subir l'interrogatoire. La laideur affreuse du Magistrat, & sa gravité concertée, auroient pu effrayer toute autre que cette Dame. Cependant elle le laissa tranquillement s'acquitter de sa commission. Elle avoua le désir qu'elle avoit de lier conversation avec le diable, & qu'elle avoit même vu cet ange infernal. Comment étoit-il fait, lui demande le Commissaire ? — Ma foi, répondit la Duchesse, si vous voulez que je vous le dépeigne au naturel, tenez, Monsieur, il vous ressembloit comme deux gourtes d'eau. Puis s'adressant au Greffier : Ecrivez ma réponse, lui dit-elle. Le Commissaire, qui vit que cette procédure apprêteroit à rire à ses dépens, jugea à propos de supprimer le procès-verbal.

Curé embarrassé. Un petit-maitre, frisé, poudré, parfumé & couvert d'or, avoit mené à l'Eglise, pour se marier, une coquette au teint luisant. Le Curé, ayant considéré un moment ce couple défiguré, lui dit : » Or ça, avant de pro» noncer le *Conjungo*, avouez-moi, crainte de » *qui-pro-quo*, qui de vous deux est l'épousée ? "

Ceci rappelle ce mot du Ministre Dumoulin. Le 18 Octobre 1690, la fille du Comte de Créqui, âgée de neuf à dix ans, avoit été accordée en mariage au Marquis de Rosni, fils du Duc de Sully. Le Ministre Dumoulin, voyant approcher la mariée, dit : *Présentez-vous cet enfant pour être baptisé ?* La mariée d'ailleurs étoit Catholique, & voilée à la Romaine.

Curé embarrassé de répondre en Latin. Un Curé d'une grande ville étoit obligé, un jour de cérémonie, de répondre à un discours Latin : mais comme il n'entendoit point cette langue, voici comme il s'y prit. Monsieur, dit-il, les Apôtres parloient plusieurs langues, vous venez de me parler en Latin, & moi je vais vous répondre en François.

Curé interrogé par son Evêque. Doit-on juger

des gens à la mine ? Un Evêque témoignoit du mépris à un pauvre Curé, qu'il regardoit comme un ignorant à cauſe de ſon air ſimple. Je ſuis perſuadé, lui dit-il un jour, que vous ignorez les premiers élémens du Catéchiſme. Combien y a-t-il de péchés capitaux ? — Il y en a huit, répondit le Curé. — Je ne me ſuis point trompé, reprit le Prélat, dans le jugement que j'ai fait de votre ſcience. Dites-moi, je vous prie, quel eſt l'âne d'Evêque qui vous a fait Prêtre, & quels ſont ces huit péchés capitaux ? — C'eſt vous, Monſeigneur, répondit le Curé, qui m'avez conféré les ordres. A l'égard des péchés capitaux, outre les ſept que tout le monde connoit, on doit y ajouter un huitieme, qui eſt le mépris qu'on fait des pauvres Prêtres.

Le Curé qui mangea les mûres. Un Curé monté ſur ſa jument, s'en alloit au marché. Il apperçoit dans ſon chemin un mûrier chargé de très-belles mûres. Il fut tenté d'en manger, & pour atteindre à l'arbre, il ſe mit debout ſur la ſelle. Ce mûrier étoit planté au milieu d'un buiſſon d'épines & de ronces. Le bon Curé, admirant la tranquillité de ſa jument : » Je ferois dans un » grand embarras, dit-il, ſi quelqu'un alloit » crier *Hez* ". Il prononça ce mot ſi haut, que la jument partit, & voilà notre cavalier dans le buiſſon. La femme au Curé, dit le conte, & ſes domeſtiques, voyant arriver la jument ſans leur maître, furent effrayés ; ils croyoient qu'il lui étoit arrivé quelque malheur. Ils courent auſſi-tôt le chercher, & le trouvent au milieu des épines où il s'étoit déchiré tout le corps. L'Auteur du conte finit par ce proverbe : » Il ne faut pas » toujours dire ce que l'on penſe ". *Ordene de Chevalerie.*

Le danger de trop parler. Le Poëte Ibicus fut attaqué par des voleurs en un lieu écarté, prêt à se voir assassiner, ne sachant à quoi avoir recours, il vit voler des grues. *O grues!* s'écria-t-il, *vous servirez un jour de témoins contre mes meurtriers.* Quelque temps après, ces voleurs étant à un marché, il passa une volée de grues. *Voilà*, dit l'un d'eux en souriant, à l'un de ses compagnons, *les témoins du Poëte Ibicus qui s'envolent.* Ce propos fut entendu de quelqu'un, qui, les soupçonnant là-dessus d'avoir commis le meurtre, en avertit la justice. Ils furent pris, & avouerent leur crime. *Œuvres morales, par Jean Descaures.*

Le dénicheur de merles. Boursault raconte dans ses *Lettres*, qu'un jeune manant de vingt-deux ou vingt-trois ans étant allé à confesse à son Curé, s'accusa d'avoir rompu la haie de son voisin pour aller reconnoître un nid de merles. Le Curé lui demanda si les merles étoient pris? — Non, lui répondit-il; je ne les trouve pas assez forts, & je n'irai les dénicher que samedi au soir. Le Curé, plus alerte, y alla le samedi matin, & les dénicha lui-même. L'autre ayant trouvé la place vuide, ne douta point de la supercherie de ce Curé; mais il n'osa lui en rien dire. Un jubilé l'ayant obligé de retourner à confesse, trois ou quatre mois après, il s'accusa d'aimer une jeune paysanne extrêmement jolie, & d'en être assez aimé pour obtenir ses faveurs. Quel âge a-t-elle, dit le Curé? — Dix-sept ou dix-huit ans, lui répondit-il. — Belle, sans doute? — La plus jolie de tout le village, vous dis-je. — Hé dans quelle rue demeure-t-elle, ajouta promptement le Curé? — *A d'autres, dénicheur de merles,* lui repliqua le manant; *je ne me laisse pas attraper deux fois.*

Le diabloteau en pénitence. Satan châtioit un diable, parce qu'il avoit perdu son temps à solliciter un homme de ne faire restitution de quelque argent qu'il avoit dérobé, & disoit Satan : » Ne te suffisoit-il pas de l'avoir induit à faire » ce larcin? ne sais-tu pas qu'il est homme, & » encore Florentin, qui de soi-même se contre- » garde assez de jamais rendre ce qu'il a une fois » dérobé? " Ce petit conte épigrammatique est tiré d'un *Recueil de facéties & mots subtils d'aucuns excellents esprits & très-nobles Seigneurs*, imprimé en 1572.

Ecclésiastique dupé de sa charité. Un Ecclésiastique, surpris par la nuit au milieu de la campagne, rencontre un voleur, qui, content de lui dérober un manteau, le laisse poursuivre son chemin. Mais le bon Ecclésiastique, moins touché de cette perte que de celle de l'ame du voleur, pense que le seul moyen de lui sauver ce dernier péché, est de lui remettre son vol. Il revient en conséquence sur ses pas, & dit au voleur : » Mon ami, je vous fais présent du man- » teau que vous m'avez pris ". — Comme vous êtes dans votre quart-d'heure de libéralité, répondit le voleur, je vais en profiter. Il lui ôta aussi-tôt son habit. L'Ecclésiastique, qui sentit le froid, sentit aussi refroidir sa charité. Il dit au voleur, que pour son juste-au-corps, il ne lui donnoit point, & qu'il le lui feroit rendre en l'autre monde. — Puisque vous me faites crédit jusques là, reprit le voleur, je vais encore vous ôter le reste de vos habits; & il le dépouilla jusqu'à la chemise.

Écornifleurs congédiés. » Un Curé étoit pressé » de la noblesse, qui sans cesse venoit chez lui » l'écornifler. Un jour qu'il y avoit sept ou huit

» haubereaux chez lui, il leur fit bon visage.
» Messieurs, soyez les bien venus : ça, que l'on
» se dépêche : garçon au vin, au poulailler,
» au crochet, à la fuie serviettes blanches. Di-
» sant cela, il mouvoir, & prend un surplis qui
» étoit à part sur une autre robe que celle qu'i
» avoit rapportée de l'Eglise; & prenant un bré-
» viaire en sa main, les rendit étonnés. Où al-
» lez-vous, Monsieur le Curé ? — Je reviens
» incontinent, dit-il, Messieurs ; je ne ferai
» qu'aller & venir, tandis que le diner s'apprê-
» tera ; je vais réconcilier un pauvre pestiféré
» que j'ai confessé ce matin. Et ce disant, il sor-
» tit; & soudain tous ces guillerets, épouvan-
» tés, sortirent, & de treize semaines n'y vou-
» lurent aller ". *Le Moyen de parvenir.*

La vraie éloquence. » Un jour Pentagruel ren-
» contra certain licencié, non autrement savant
» ès sciences de son métier de Docteur; mais
» en récompense, sachant très-foncièrement
» danser & jouer à la paume : lequel donc ren-
» contré par Pentagruel, fut interrogé d'où il
» venoit, & lui répondit : *Je viens de l'urbe &*
» *cité célébrissime que vulgairement on vocite Lu-*
» *tece.* — Qu'est-ce à dire, dit Pentagruel à
» son truchement ordinaire ? je suis tout ébahi
» de tel jargon. — C'est, répondit le truche-
» ment, qu'il vient de Paris. — Hé! reprit Pen-
» tagruel, à quoi passez-vous le temps à Paris,
» vous autres Licenciés ? — *Nous*, répondit le
» Licencié, *en occupations épurons & dispumons*
» *la verbocination latine ; & en nos récréations ,*
» *captons la benévolence de l'omni séduisant, &*
» *omni mouvant sexe féminin.* A quoi Pentagruel
» dit : Quel diable de langage est ceci ? Ce n'est
» que Latin écorché, dit le truchement ; & lui

» semble qu'il est éloquent orateur pour ce qu'il
» dédaigne l'usance commune de parler. Or le
» Licencié, croyant que l'étonnement & éba-
» hissement de Pentagruel venoit pour admirer
» haute beauté de cette élocution, se reguinda
» encore plus haut & plus obscur, si que, par
» la longueur des périodes, poussa patience à
» bout. — Parbleu! dit à part soit Pentagruel,
» je t'apprendrai qu'elle est la vraie & naturelle
» éloquence. Puis demanda au Licencié, de
» quel pays il étoit? A quoi répondit ainsi le
» Licencié : *L'illustrissime & honoriférante propa-*
» *gation de mes aves & ataves tire son origine pri-*
» *mordiale des régions Lémoviciennes.* — J'en-
» tends bien, dit Pentagruel ; tu n'es qu'un Li-
» mosin de Limoges, & tu veux faire le Démos-
» thene de Grece. Or vient çà, que je te donne
» un tour de peigne. Lors le prit à la gorge, di-
» sant : Tu écorches le Latin ; moi j'écorcherai
» le Latiniseur. Si fort lui seroit la gorge, que
» le pauvre Limosin commence à crier en Li-
» mosin : *Vée, dicou gentillatre ; hé! Saint Mar-*
» *sau, secoura-me ; hau, hau, laissas à quou, au*
» *nom de Dieu, & ne me toucas grou.* — Ah! dit
» Pentagruel, en le laissant, voilà comment je
» te voulois remettre en droit chemin de vraie
» éloquence ; car à cette heure viens-tu de par-
» ler comme nature, & grand bien te fasse
» icelle correction ". *Rabelais.*

Femme à confesse. Un femme se confessoit à
un Religieux, & s'accusoit de mettre du rouge ;
il lui demanda à quoi il étoit bon ; elle lui répon-
pit qu'elle n'en usoit que dans le dessein d'embel-
lir son visage. — Mais cela vous rend-il plus
belle, lui répondit le Confesseur? — Du moins,
mon Pere, je le crois ainsi. Le Confesseur, ti-

sant sa pénitente du confessional, & l'ayant regardée au grand jour : Allez, dit-il, Madame, mettez du rouge, vous êtes encore assez laide.

La femme muette. » Dans un certain pays bar-
» bare & non policé en mœurs, y avoit aucuns
» maris bourrus, & à chef mal timbré, ce que
» ne voyons mie parmi nous Parisiens, dont
» grande partie, ou tous, pour le moins sont
» merveilleusement raisonnants & raisonnables :
» aussi onques ne vit-on arriver à Paris grabuge
» ni maléfice entre maris & femmes. Or en ce
» pays-là, tant différent de celui-ci nôtre, y avoit
» un mari, si pervers d'entendement, qu'ayant
» acquis en mariage une femme muette, s'en en-
» nuya; & voulant soi guérir de cet ennui, &
» elle de sa muetterie, le bon & inconsidéré
» mari voulut qu'elle parlât, & pour ce eut re-
» cours à l'art des Médecins & Chirurgiens,
» qui pour la démuettir, lui inciserent & bistou-
» riserent un enciglote adhérant au filet ; bref
» elle recouvra la santé de langue, & icelle lan-
» gue voulant récupérer l'oisiveté passée, elle
» parla tant, tant & tant, que c'étoit bénédic-
» tion : si ne laissa pourtant le mari bourru de se
» lasser de si planthereuse parlerie : il récourut
» au Médecin; le priant & conjurant, qu'autant
» il avoit mis de science en œuvre pour faire
» caqueter sa femme muette, autant il en em-
» ployât pour la faire taire. Alors le Médecin,
» confessant que limité est le savoir médecinal,
» lui dit qu'il avoit bien pouvoir de faire parler
» femme, mais que faudroit art bien plus puis-
» sant pour la faire taire. Ce nonobstant, le
» mari supplia, pressa, insista, persista; si que
» le savantissime Docteur découvrit en un coin
» des registres de son cerveau, remede unique

» spécifique contre icelui interminable parlement
» de femme, & ce remede, c'est surdité de mari.
» Oui-da, fort bien, dit le mari; mais de ces
» deux maux, voyons quel sera le pire, ou en-
» tendre femme parler, ou ne rien entendre du
» tout. Le cas est suspensif, & pendant que le
» mari là-dessus en suspens étoit, Médecin
» d'opérer, Médecin de médicamenter par pro-
» vision, sauf à consulter par après. Bref, par
» certain charme de sortilege médecinal, le pau-
» vre mari se trouva sourd, avant qu'il eût ache-
» vé de délibérer s'il consentiroit à surdité. L'y
» voilà donc, & il s'y tint faute de mieux, &
» s'est comme il faudroit agir opération de mé-
» decine. Qu'arriva-t-il? Ecoutez, & vous le
» sautez. Le Médecin, à la fin de besogne, de-
» mandoit force argent, mais c'est à quoi ce mari
» ne peut entendre; car il est sourd comme
» voyez; le Médecin pourtant, par beaux signes
» & gestes significatifs, argent demandoit & re-
» demandoit, jusqu'à s'irriter & colérier; mais
» en pareil cas, gestes ne sont entendus, à
» peine entend-on paroles bien articulées, ou
» écritures attestées & réitérées par sergents in-
» telligibles. Le Médecin donc se vit contraint
» de rendre l'ouie au sourd, afin qu'il entendît
» à payement, & le mari de rire, entendant
» qu'il entendoit; puis de pleurer par pré-
» voyance de ce qu'il n'entendroit pas Dieu
» tonner, dès qu'il n'entendroit parler sa fem-
» me. Or de tout ceci résulte conclusion mora-
» lement morale, qui dit, qu'en cas de maladie
» & de femmes épousées, mieux est de se tenir
» comme on est, de peur de pis ". *Rabelais.*

Femme prévoyante. Un menuisier qui se mouroit, disoit à sa femme, fondante en pleurs:

» Vois-tu, Françoife, fi je meurs, il faut que
» tu époufes notre garçon Jacques; c'eft un bon
» enfant, & dans notre métier il faut un hom-
» me ". Hélas, dit-elle, tiens, j'y penfois.

Femme prudente par réflexion. Une jeune Dame étoit allée dans une Eglife de Religieux à deffein de s'y confeffer. Elle y trouve un Religieux de cette maifon, qui étoit alors feul dans un confeffionnal à marmotter quelques prieres. Elle fe met à genoux auprès de lui, & fe dépêche de lui dire tous fes péchés. Comme le Religieux ne lui répondoit rien, elle lui demande l'abfolution. — Je ne puis vous la donner, car je ne fuis pas Prêtre. — Comment, vous n'êtes pas Prêtre, & vous m'écoutez? — Pourquoi me parlez-vous ? — Je vais porter mes plaintes à votre fupérieur, dit la jeune femme en colere? — Et moi, repart le Religieux, je cours dire de vos nouvelles à votre mari. Ce mot radoucit la jeune Dame, qui penfa qu'il feroit plus fage à elle de fe retirer tranquillement.

Le Gafcon puni. Une jeune veuve belle & riche, avoir un amant fort pauvre & fort préfomptueux, un Gafcon enfin. Il vouloit abfolument qu'on le crût heureux, & divulguoit beaucoup plus de faveurs qu'il n'en recevoir. La Dame, d'une humeur enjouée, réfolut de l'en punir, & choifit pour cet effet un moyen affez plaifant. Je fais, lui dit-elle, que vous avez de l'affection pour moi, & je me flatte que vous voudrez bien m'en donner des preuves dans une occafion qui fe préfente. Le Gafcon lui répond auffi-tôt qu'il n'attend que fes ordres pour lui marquer fon entier dévouement: vous connoiffez, ajouta la veuve, Madame de... qui eft de mes amies. Elle a un mari incommode, jaloux,

& qui ne lui permet jamais d'aller au bal; cependant j'en ai arrangé un ce soir chez moi, & c'eft fur cette amie que je compte le plus. Je defire donc que vous nous aidiez à tromper ce jaloux. Vous irez pour cet effet vous coucher en la place de fa femme. Son mari qui ne reviendra que tard, vous trouvant dans fon lit, croira que c'eft fa femme; & comme il eft obligé de fe lever matin pour fes affaires, il ne s'appercevra de rien; car quoiqu'il foit fort jaloux de fa femme, il ne trouble jamais fon repos. Le Gafcon, qui craignoit les fuites d'une pareille entreprife, fit paroître d'abord quelques difficultés. Mais que ne peut l'efpoir des faveurs d'une belle, & dans un Gafcon, le plaifir de les publier! Il confent donc à tout. On le mene chez l'amie de fa maîtreffe, on lui met une coëffure de femme; & lorfque tout le monde eft retiré, il fe place dans le lit du mari qui étoit alors abfent, & que la jeune veuve favoit bien ne devoir pas revenir ce foir-là. Quelques moments après, la jeune veuve entre en robe-de-chambre & fans lumiere, & va fe coucher dans le lit où étoit le Gafcon. Celui-ci qui la prend pour le mari fe tapît le mieux qu'il peut à l'autre bord du lit. Il appréhende toujours quelque caprice amoureux de la part de fon prétendu jaloux, ou quelque contre-temps encore plus fâcheux; ce fut dans ces tranfes continuelles qu'il paffa la nuit la plus inquiette. Mais que de penfées vinrent encore l'agiter lorfqu'il entendit fonner, & quelqu'un entrer dans la chambre qui tira les rideaux du lit! Il fe cache auffi-tôt la tête avec la couverture, & auroit voulu s'abymer dans le lit; mais de grands éclats de rire qui partoient d'une voix qui lui étoit connue lui ayant fait ouvrir les yeux, il voit l'amie de son amante, & cette jeune veuve s'élance du lit entre ses bras, parée de toutes ces beautés naturelles qu'il idolâtroit. La vengeance fut complete, & notre Gascon pensa mourir de regret, de dépit & de honte d'avoir fait un si mauvais usage d'une si belle nuit.

Ce conte qui se trouve dans quelque anciens recueils, a pu fournir l'idée de la petite comédie du *Fat puni*, joué pour la premiere fois sur le Théâtre François, le 7 Avril 1738. Il y a aussi un conte parmi ceux de la Fontaine, intitulé le *Gascon puni*.

Gens exaucés au-delà de leurs vœux. Un assez mauvais écuyer, obligé de monter un cheval un peu haut, & appréhendant de n'en venir à bout, disoit : *Mon Dieu, aidez-moi.* Il fit un si grand effort, qu'il tomba de l'autre côté du montoir. Il s'écria en se relevant avec douleur : *Mon Dieu, vous ne m'avez que trop aidé.*

Une dévote avoit fait une neuvaine à St. Ignace, pour obtenir, par l'intercession de ce Saint, la conversion de son mari. Huit jours après, son mari mourut. *Que ce Saint est bon*, s'écrioit-elle, *il accorde plus qu'on ne lui demande.*

Homme qui change de Religion. Un Gentilhomme François, dans le dessein de s'avancer à la Cour d'Angleterre, où il étoit, avoit quitté la Religion Romaine pour la Luthérienne. Sa conduite fut récompensée d'une pension de cinq cents livres sterlings. Des Luthériens concluoient de ce changement, qu'il étoit persuadé que leur Religion étoit meilleure que la Romaine. Mais il leur répondit sur le même ton : » Lorsque j'ai
» troqué ma Religion contre la Luthérienne, j'ai
» pris de retour une pension de cinq cents livres

» sterlings ; donc la Religion Romaine vaut
» mieux ".

L'ingrat puni. » Matthieu Gras perdit une bour-
» se de velours, dans laquelle il y avoit cent
» ducats. Après fut trouvée par un pauvre
» compagnon qui print un d'iceux, & acheta un
» bonnet. Ce que venu à la notice du perdant,
» vint à celui qui l'avoit trouvé, le priant de la
» rendre ; ce qu'il fit soudainement, disant:
» *Voilà votre bourse, il ne s'en faut que d'un du-*
» *cat.* Le Gras commence grandement à se cour-
» roucer, & disant avec colere : *Tu m'as volé*
» *mon argent ; je ne prendrai pas la bourse que*
» *tout n'y soit :* & à la fin le fit citer par-devant
» le Juge, lequel, après avoir ouï l'une & l'au-
» tre des parties, dit à Matthieu Gras : *Tu as*
» *perdu ta bourse où il y avoit cent ducats ?* Oui,
» dit Matthieu : *Oh bien celle-ci n'est pas la tien-*
» *ne ; car il n'y en a que nonante-neuf ;* disant aussi
» à celui qui l'avoit trouvée : *Tiens, gardes-la,*
» *ce n'est pas la sienne, qu'il la voise chercher s'il*
» *veut ".* Voyez un recueil de facéties & mots
subtils, imprimé en 1582.

Le Marchand à confesse. Un gros marchand se
trouvant dans un temps de Jubilé, crut devoir
aller à confesse. Ce marchand, qui possédoit
mieux l'arithmétique que le droit canon, venoit
d'acquérir pour son fils, un bénéfice à prix d'argent : il se flatta d'en obtenir aisément l'absolu-
tion. Mais le Confesseur, instruit de cette action : » Allez, misérable, lui dit-il, sortez
» promptement de cette Eglise, & ne la souil-
» lez pas davantage par la présence d'un abomi-
» nable réprouvé ". — Est-il possible, mon très-
révérend Pere !... — Laissez-là vos superlatives
grimaces, interrompit brusquement le Reli-

gieux ; je regarde comme autant d'injures les hypocrites civilités d'un fimoniaque. — Quoi ! mon Pere, ajouta le pénitent, vous me refufez l'abfolution ! je m'en vais donc vers M. le Pénitencier. — Le Pénitencier, l'Archevêque, le Pape même ne fauroit vous la donner que vous ne vous foyez défait de ce pernicieux bénéfice, & que vous n'ayez promis de faire une pénitence proportionnée à l'énormité du crime que vous avez commis. Le marchand, effrayé de ce que lui difoit fon Confeffeur, & fe doutant bien qu'il n'en feroit pas quitte ailleurs à meilleur marché, prit congé de lui, avec proteftation de quitter ce bénéfice, puifqu'il ne pouvoit avoir l'abfolution autrement. Quinze jours ou trois femaines après, étant revenu à confeffe : Hé bien, lui dit le Confeffeur, l'abordant, vous êtes-vous défait de ce malheureux bénéfice ? » Oui, mon Pere, lui répondit le marchand, » ravi de la bonne action qu'il avoit faite ; & qui » plus eft, ajouta-t-il, vous m'aviez fait une fi » grande peur, que je n'ai pas voulu gagner un » fou deffus : je l'ai revendu juftement ce qu'il » m'avoir coûté ". On laiffe à imaginer s'il fut bien reçu à demander l'abfolution. *Voyez les Lettres de Bourfault.*

La Marchande de Bierre. Pendant les guerres de 1672, une bonne femme qui vendoit de la bierre à l'armée de Hollande, crioit de toute fa force, à deux fols ma bonne bierre : A deux fols. Un foldat crioit derriere fa tente : A fix liards ma bonne bierre, à fix liards. Hélas ! difoit la bonne femme, voilà un malheureux qui s'eft venu camper près de moi pour m'ôter tous mes chalands ; car tout le monde couroit au meilleur marché. Enfin, après avoir bien lamenté fur ce qu'elle croyoit que fa bierre lui refteroit, elle fut toute étonnée de voir qu'il n'y en avoit plus une goutte dans fon tonneau, & cela parce que le foldat avoit trouvé le fecret de le percer de l'autre côté de la tente ; & en faifant deux liards de meilleur marché, il avoit tout débité avant que la bonne femme fe fût apperçue du tour.

Mari à bon marché. Une jeune villageoife, nommée *Nicole*, ayant bonne envie de fe marier, avoit reçu de la Dame du lieu dix écus pour fe former une dot. La Dame voulut voir le prétendu. Nicole le lui préfente ; c'étoit un Limofin petit & fort laid. Ah, ma fille, lui dit cette Dame en le voyant, quel amoureux as-tu choifi là ? Hélas ! Madame, lui répond la naïve Nicole, que peut-on avoir pour dix écus ?

Mari prudent. Dans un village de Poitou, une femme, après une groffe maladie, tomba en léthargie. Son mari & ceux qui étoient autour d'elle, la crurent morte. Ils l'envelopperent feulement d'un linge, felon la coutume des pauvres gens du pays, & la firent porter en terre. Mais en chemin, ceux qui la portoient, ayant paffé près d'un buiffon, les épines la piquerent, & elle revint de fa léthargie. Quatorze ans après, elle mourut tout de bon ; au moins le crut-on ainfi. Comme on la portoit en terre, & que l'on approchoit d'un buiffon, le mari fe mit à crier deux ou trois fois : N'approchez point des haies.

Le matelot de retour. La plupart des habitants de Gayette, gagnent leur vie dans le fervice de la marine. Un d'entr'eux, qui étoit fort pauvre, fe mit en mer pour amaffer quelque argent, laiffant à fa femme le foin de gouverner fon ménage. Comme elle étoit jeune & jolie, elle ne fut pas long-temps fans fe confoler de l'abfence de fon son mari. De retour au bout de cinq ans, il alla voir sa femme. Il fut agréablement surpris de trouver sa maison toute réparée & fort agrandie. Comment, dit-il, ont pu se faire ces réparations? C'est répondit-elle, une grace que Dieu m'a faite ; le mari en remercia le Ciel. Étant entré plus avant dans la maison, il voit des meubles & un lit d'une propreté au-delà des facultés de l'un & de l'autre. Ce lit, ces meubles, d'où sont-ils venus, dit encore le mari? — De la même grace, répondit la femme. Pendant que le mari bénissoit la bonté du Ciel envers lui, il vint un petit garçon d'environ trois ans, caresser sa mere. A qui est cet enfant, demanda le mari? — A moi, dit la femme; le Ciel me l'a aussi donné. — Ah! pour le coup, répartit le mari, le Ciel a pris trop soin de ma maison. *Poge.*

Moine fastueux. Un Moine voyageant, entra chez un pauvre Curé de village, & lui demanda l'hospitalité. Le Curé le reçut de son mieux, mais le fit servir en vaisselle de terre, cuiller d'étain, fourchette de fer, &c. Le Moine, qui aimoit ses aises, ne s'accommoda pas de cette simplicité ; il ouvre sa valise, en tire tous ses ustensiles en argenterie, & les pose sur la table. Le Curé, à la vue de ce faste, lui dit: Révérend Pere, nous ferions un bon Religieux à nous deux. — Pourquoi, dit celui-ci? — C'est que vous avez fait vœu de pauvreté, & moi je l'observe.

Le Moine qui reçoit un démenti du diable. Un Moine, qu'une trop longue abstinence impatientoit, s'avisa un jour, dans sa cellule, de faire cuire un œuf à la lumiere d'une lampe. L'Abbé, qui faisoit sa ronde, ayant vu, par le trou de la serrure, le Moine occupé de sa petite cuisine,

Tome I. I

entra brufquement, & l'en reprit avec aigreur. De quoi le bon Religieux s'excufant, dit que c'étoit le diable qui l'avoit tenté, & lui avoit infpiré cette rufe. Tout auffi-tôt parut le diable lui-même, qui étoit caché fous la table, en difant : " Tu en as menti, chien de Moine, ce " tour n'eft pas de mon invention, & c'eft toi " qui viens de me l'apprendre". *Mélanges hiftoriq.*

Moine mécontent. Un Moine qui demeuroit dans une riche Abbaye, fe plaignoit de ce que le Supérieur faifoit obferver une trop grande frugalité dans les repas de fes Moines. Le Magiftrat lui dit, que par cette fage économie, il faifoit fubfifter l'Abbaye. " Comment, reprit le " Moine, favez-vous bien, Monfieur, qu'au " revenu que nous avons, nous devons être " plus de vingt-quatre heures à table "?

Le Novice effrayé. On avoit dit à un Religieux, prêt à s'embarquer fur mer : Ne défefpérez de rien dans une tempête, tant que les matelots jureront & blafphêmeront; mais s'ils s'embraffent, s'ils fe demandent pardon réciproquement, tremblez. Ce Religieux ne fut pas plutôt en pleine mer, qu'il fe leva une tempête. Le bon Pere, inquiet, envoyoit de temps en temps un Frere de fon ordre à l'écoutille, afin qu'il lui rapportât les difcours des matelots. Ah ! mon Dieu, mon Pere, tout eft perdu, lui vint dire le Frere; ces malheureux font des imprécations horribles, vous frémiriez de les entendre ; leurs blafphêmes feuls font capables de faire périr le vaiffeau. " Dieu foit loué, dit le Pere ; allez, " tout ira bien ".

Ordonnance de Médecin, difficile à remplir. Un Médecin obligé de purger un Magiftrat malade, dont le tempérament froid & lent étoit difficile à émouvoir, crut devoir ufer d'adreffe. Il dit fecretement au valet-de-chambre du malade de tâcher de le mettre en colere, & qu'auffi-tôt qu'il s'appercevroit de l'émotion, il lui fît avaler la médecine. Le valet-de-chambre ne négligea rien pour faire réuffir la chofe. Dès le point du jour, s'approchant du lit de fon maître, il en tire les rideaux, avec une précipitation, capable de furprendre & de fâcher un homme dont le fommeil eft brufquement interrompu. Mais le malade, fans s'émouvoir, demande tranquillement : *Quelle heure eft-il?* Le valet-de-chambre, fâché d'avoir manqué fon coup, s'avife de brûler la chemife de fon maitre, & il la lui apporte toute en feu. Le malade, toujours froid, fe contente de lui dire : *Chauffez-en une autre.* Tout cela n'opérant rien, le valet-de-chambre, d'un coup de coude, caffe cinq ou fix verres de Venife, que fon maitre aimoit beaucoup : & ce maitre, auffi-peu ému qu'auparavant, dit fort doucement : *C'eft dommage, ils étoient beaux.* Enfin, le valet-de-chambre au défefpoir, ne comptoit plus fur rien, lorfqu'il arriva un homme qui avoit une affaire épineufe au rapport du Magiftrat. Cet homme étoit vêtu de taffetas ; & comme il parloit avec beaucoup d'action en défendant fa caufe, l'étoffe faifoit une efpece de fifflement, qui chagrinant le malade, l'impatienta, & lui fit dire en colere : *Faites taire votre habit, Monfieur, fi vous voulez que je vous écoute.* Le valet-de-chambre voyant fon maître ému, lui préfente auffi-tôt la médecine ; & elle fit effet.

Paffato il periculo, gabbato il fanto, dit le proverbe Italien : On ne fe fouvient plus des promeffes, quand le péril eft paffé. Un pauvre voyageur s'étoit embarqué : le vaiffeau effuya une

tempête furieufe. La confternation fe répand dans tout l'équipage. Notre voyageur, encore plus effrayé que les autres, fe met à genoux, promet en tremblottant, à Saint Chriftophe fon patron, un cierge auffi grand & auffi gros que la ftatue de ce Saint, qui eft dans l'Eglife de Notre-Dame de Paris. Quelqu'un de fenfé qui fe trouve à côté du faifeur de vœux, lui remontre, qu'encore qu'il vendît tout fon bien, il ne pourroit pas acquitter fa promeffe. L'autre répond à voix baffe, de peur d'être entendu de Saint Chriftophe : » Tais-toi, fat ; penfe que je fais
» ce que je fais. Si une fois je touche la terre,
» je ne lui donnerai pas une bougie groffe com-
» me le petit doigt ".

Payfan à qui on dérobe fon âne entre fes jambes.
» Un pauvre meûnier qui étoit fur fon âne, fut
» furpris d'une groffe proceffion, qui le pref-
» foit fort ; & lui, ayant fon bonnet à la main,
» dandinoit regardant la banniere & les beaux
» joyaux. Deux ou trois frippons approchant
» de lui, couperent les fangles de fon bât, &
» foutinrent le bât affez long-temps, portant
» le drôle, tandis qu'un autre arrêta le mulet,
» le tirant par la queue comme une anguille.
» Quand ils l'eurent affez porté, ils le plante-
» rent là, & le pauvre de crier & hucher : Eh ?
» où eft mon âne ? " *Le Moyen de parvenir.*

Le prétendu Sage. Un matelot étoit prêt à s'embarquer fur un vaiffeau qui partoit pour les Indes. Un Bourgeois, qui fe croyoit apparemment plus fage que ce marin, lui dit : Mon ami, où ton pere eft-il mort ? — Dans un naufrage, répondit le matelot. — Et ton grand-pere ? — Comme il alloit à la pêche, il s'éleva une tempête fi furieufe, qu'il fut fubmergé avec la barque. — Et ton bifaïeul? — Il périt auſſi dans un navire, qui alla ſe briſer contre un écueil. — Comment donc, reprit le Bourgeois, oſes-tu te mettre ſur mer, puiſque tous tes ancêtres y ſont péris? Il faut que tu ſois bien téméraire. — Monſieur le philoſophe, reprit le matelot, faites-moi auſſi la grace de me dire où votre pere eſt mort? — Fort doucement dans un lit. — Et vos ancêtres? — De la même maniere, très-tranquillement dans leur lit. — Eh, Monſieur le philoſophe, reprit le matelot, comment oſez-vous donc vous mettre au lit, puiſque tous vos ancêtres y ſont morts?

Le Queſtionneur intéreſſé. Le Gouverneur d'une des Iſles de l'Amérique, plus ami de préſents que de la juſtice, rebutoit ceux qui venoient demander des graces les mains vuides. Quelquefois auſſi il leur faiſoit des queſtions ridicules, mettant les privileges qu'ils deſiroient au prix d'une ſolution qu'il leur étoit impoſſible de donner. Un de ces reſpectueux viſiteur étant venu le trouver, il lui dit qu'il vouloit bien lui promettre ce qu'il ſouhaitoit, à condition qu'il lui diroit comment ſe nommoit le pere de *Melchiſedech*. Le marin, qui connoiſſoit mieux la manœuvre que la Bible, lui dit, que cela n'étoit point du tout ſur la carte. Allez, lui dit le queſtionneur, vous n'êtes qu'un ignorant, qui n'entendez pas votre métier. Un autre, informé de la réception qu'on avoir fait à ſon camarade, crut avoir deviné le mot du ſphinx. Il apporta ſous ſon habit un ſac d'écus; & la même queſtion lui étant faite : Monſieur, lui dit-il, d'un air délibéré, verſant avec fracas ſon argent ſur le comptoir : *Le pere de Melchiſedech s'appelloit Créſus.* Oh! c'eſt un habile homme que celui-ci, dit le

I iij

questionneur : je ne croyois pas que les gens de mer fussent si habiles dans l'histoire : j'aime la littérature & ceux qui la cultivent, & je vous accorde, Monsieur, ce que vous me demandez. *Lettres de M. Desforges-Maillard.*

La meilleure recommandation. Il y a long-temps que l'on a dit que la meilleure recommandation étoit l'argent ; c'est ce que fit bien sentir un jour à ses amis, *Arlotto*, Curé Italien, célebre par ses bons mots & par ses plaisantes réparties. Ce Curé s'embarquant pour un voyage, fut prié par plusieurs de ses amis de leur faire diverses emplettes au pays où il alloit. Ils lui en donnerent des mémoires ; mais il n'y en eut qu'un qui s'avisa d'y joindre l'argent nécessaire pour payer ce qu'il demandoit. Le Curé employa l'argent de son ami, conformément à son mémoire, & n'acheta rien pour les autres. Lorsqu'il fut de retour, ils vinrent tous chez lui pour y recevoir leurs emplettes ; & *Arlotto* leur dit : " Messieurs, " lorsque je fus embarqué, je mis tout vos mé-
" moires sur le pont de la galere, à dessein de
" les ranger par ordre ; mais il s'éleva un vent
" qui les emporta tous dans la mer ; ainsi, je
" n'ai pu me souvenir de ce qu'ils contenoient ".
— Cependant, lui dit un d'entr'eux, vous avez apporté des étoffes à un tel. " Il est vrai, repli-
" qua le Curé ; mais c'est qu'il avoit enveloppé
" dans son mémoire un nombre de ducats, dont
" le poids empêcha le vent de l'emporter avec
" les vôtres, qui étoient légers ; ce qui a fait
" que je ne me suis souvenu que de ce qu'il m'a
" demandé ".

L'amour de Dieu n'est pas toujours une bonne recommandation. Un pauvre Ecclésiastique Irlandois, étant entré dans une boutique de barbier, demanda si on vouloit bien le raser pour l'amour de Dieu. Après l'avoir fait attendre quelque temps, on lui dit qu'il peut s'asseoir. On le frotte avec l'eau froide; & sans lui donner ni savonnette, ni linge, on prend un mauvais rasoir, qui, suivant l'expression de M. de la Monnoye, lui charchutte le menton & la joue. Pendant qu'il souffroit le martyre, sans oser se plaindre, un chat, que l'on poursuivoit dans l'arriere-boutique, faisoit un sabbat épouvantable. Le Barbier, déja assez de mauvaise humeur de la pratique qui lui étoit survenue, & impatient d'entendre un si grand bruit : Que diable, dit-il, fait-on à ce chat, pour le faire tant crier ? » C'est » sans doute, reprit l'Ecclésiastique, quelque » pauvre chat à qui on fait la barbe pour l'a-» mour de Dieu ". Cette plaisanterie dérida le front du Barbier, & le rendit un peu plus humain.

Religieux montrant des reliques. Un Religieux montroit les reliques de son Couvent devant une nombreuse assemblée; mais la plus rare, selon lui, étoit un cheveu de la Sainte Vierge, qu'il sembloit présenter à l'assemblée, en écartant les mains. Un paysan, ouvrant ses deux grands yeux, dit en s'approchant : Mais, mon Révérend Pere, je ne vois rien. Parbleu, je le crois, reprit le Religieux; il y a vingt ans que je le montre, & je ne l'ai point encore vu.

Ressemblance parfaite. Deux freres qui logeoient ensemble se ressembloient parfaitement, & portoient le même nom. Un homme demande à parler à l'un des deux. *Lequel voulez-vous voir*, dit le portier... Celui qui est Conseiller... *Ils le font tous deux*... Celui qui est marié... *Ils le font tous deux*... Celui qui a une jolie femme... *Ils en ont tous deux*... Eh bien, c'est donc celui qui eſt cocu... *Ma foi, Monſieur, je crois qu'ils le font tous deux*... Voilà, dit cet homme, deux freres bien deſtinés à ſe reſſembler.

Soupe au caillou. Deux Moines paſſant dans un village de Normandie, entrerent, à l'heure du dîner, dans la maiſon d'un payſan. Ils n'y trouverent point de cuiſine. Le pere & la mere étoient aux champs, & les enfants qui étoient de garde au logis ne pouvoient être d'un grand ſecours à ces Religieux. Ils leur allumerent pourtant du feu, & leur préſenterent du cidre; mais ce n'étoit pas aſſez pour des gens qui avoient envie de dîner. De peur d'effrayer les petits payſans, les Moines n'oſerent pas demander tout d'un coup ce dont ils avoient beſoin; mais pour commencer par quelque choſe, ils propoſerent d'abord une ſoupe. On leur répondit qu'il n'y avoit rien pour la faire. — Quoi! dirent les Moines, vous ne ſavez donc pas que nous faiſons nos ſoupes avec un caillou? — Un caillou, répondirent ces pauvres enfants; cela doit être curieux. — Vraiment ſans doute, dirent les Religieux, & très-curieux. Si vous voulez, nous vous enſeignerons notre ſecret. Vous n'avez, pour cela, qu'à nous donner de l'eau, & un caillou bien propre. Ce qui fut dit, fut fait: on leur porta des cailloux à choiſir : & après qu'on en eut bien lavé un, & mis dans une marmite pleine d'eau, & que la marmite eut été poſée ſur le feu, on s'aſſit pour attendre qu'il fût cuit. La marmite cuiſoit à force, & le caillou ne cuiſoit point. Ces enfants y regardoient à tous moments de la meilleure foi du monde. Enfin, nos Religieux, que la faim preſſoit, commencerent à s'impatienter. Ils accuſerent l'eau de ce retardement, & dirent qu'il falloit qu'elle ne fût pas bonne, & qu'on ne pourroit y remédier qu'en jettant du sel dedans. On leur en donna; mais comme l'effet n'en fut pas assez prompt, ils crurent qu'il seroit à-propos d'y joindre aussi du beurre. Ces enfants, attentifs à cette nouvelle façon de faire de la soupe, donnoient tout ce qu'on leur demandoit ; si bien que les Moines, après avoir obtenu le sel, le beurre, envoyerent au jardin cueillir des choux, des oignons, & toutes sortes de légumes, qui furent plutôt cuits que le caillou. C'est assez, dirent-ils alors, il n'y a qu'à dresser le potage. On leur apporta du pain, ils firent une soupe excellente: le caillou fut servi dessus en guise de chapon, un peu dur à la vérité : aussi n'y toucha-t-on point. Les Moines dirent qu'il falloit l'enfermer bien proprement, & qu'on pouvoit encore en faire une autre soupe. Cependant celle-là fut trouvée bonne au grand étonnement des pauvres enfants qui ne faisoient point attention au sel, au beurre, ni aux choux qu'ils avoient apportés pour faire cuire le caillou. Plusieurs personnes riront de la simplicité de ces enfants, & comme eux se laisseront attraper par le premier aigrefin qui connoîtra la tournure de leur esprit.

Tempête de Rabelais. » En notre nauf étions
» avec Pentagruel le bon, joyeusement tran-
» quilles, & étoit la mer tranquillement triste;
» car Neptune, en son naturel, est mélancoli-
» que & songe-creux, pour ce qu'il est plus
» flegmatique que sanguin. Bonasse traîtreuse
» nous invitoit à molle oisiveté, & oisiveté nous
» invitoit à boire; or à boisson vineuse mêlions
» saucisses, poutargue & jambons outrement sa-
» lés, pour plus faire sentir & contraster sua-
» vité nectarine, douce, non comme, mais plus

» que lait. Oh! que feriez, mieux nous cria
» le Pilote, au-lieu d'icelles falines, manger
» viandes douces, pour ce qu'incontinent, ne
» boirez peut-être que trop falé, ce que difoit
» le Pilote par pronoſtication ; car Pilotes, ainſi
» que chats en gouttieres, fleurent par inſtinct
pluies & orages. Et de fait le beau & clair
» jour qui luifoit, perdant peu-à-peu fa tranſ-
» parence lumineufe, devint d'abord comme
» entre chien & loup, puis brun obfcur, puis
» prefque noir, puis fi noir, fi noir, que fûmes
» faifis de malpeur; car autre lumiere n'éclaira
» plus nos faces blêmes & effrayées, que lueurs
» d'éclairs fulminants par crévements de flam-
» bantes nuées, avec millions de tonnerres to-
» nigrondants fur tous les tons & intonnations
» des orgues de Jupin ; les pédales, pou, dou,
» dou, ici cremornes, ton, ron, ron, ron, &
» cla, cla, cla, cla, cla ; miféricorde, difant
» Panurge, détournez l'orage, fonnez les clo-
» ches ; mais cloches ne fonnerent, car en pleine
» mer cloches n'y avoit pour lors : voilà tout
» en feu, voilà tout en eau, bourrafques de
» vents, fifflements horrifiques ; cela fait trois
» élements, dont de chacun trop avions ; n'y
» avoit que terre qui nous manquoit, finon
» pourtant que frondieres marines furent fi pro-
» fondes, qu'en fin fond d'abymes ouverts, eut-
» on pu voir harangs fur fable, & morues en-
» gravées : or du fond d'iceux abymes vagues
» montoient aux nues, & d'icelles nues fe pré-
» cipitoient comme torrents, montagnes d'eau,
» foi-difant vagues ; defquelles aucunes tom-
» bant fur la nauf, Panurge, qui de frayeur ex-
» travaguoit, difoit : Ho, ho, ho, quelle pluie
» eſt ceci ? vit-on jamais pleuvoir vagues tou-

» tes brandies ? Hélas ! be, be, be, be, je nage ;
» bou, bou, bou : ah ! maudit cordonnier, mes
» souliers prennent l'eau par le collet de mon
» pourpoint. Ah ! que cette boisson est amere.
» Hola, hola ; je n'ai plus soif. Te tairas-tu,
» crioit frere Jean ; & viens plutôt nous aider à
» manœuvrer. Où sont nos boulingues ? Notre
» trinquet est à vau-l'eau. Amis ! à ces ramba-
» des ; enfants ! n'abandonnons le tirados. A
» moi ! à moi ! par ici, par-là haut, par là-bas.
» Viens donc, Panurge ; viens, ventre de fol ;
» viens donc. Hé ! ne jurons point, disoit pi-
» tieusement Panurge ; ne jurons aujourd'hui,
» mais demain tant que tu voudras ; il est main-
» tenant heure de faire des vœux & promettre
» pélerinage. Ha, ha, ha, ha ; ho, ho, ho, ho,
» je nage ; boubi, boubous ; sommes-nous au
» fond ? ah ! je me meurs. Mais viens donc ici
» nous aider, crioit frere Jean : au-lieu de mo-
» ribonder ; mets la main à lestaransol ; gare la
» pane ; haut amure, amure bas. Peste soit du
» pleurard, qui nous est nuisible au-lieu de nous
» aider. Ha ! oui, oui, oui, reprenoit Panurge,
» vous suis nuisible ; mettez-moi donc à terre,
» afin que puissiez à l'aise manœuvrer tout vo-
» tre saonl. Or icelle tempête, ou tourmente,
» comme voudrez, commença à prendre fin à
» force de durer, comme toutes choses mon-
» daines. Terre ! terre ! cria le Pilote : & jugez
» bien quelle jubilation s'ensuivit, à quoi prit
» la plus forte part le craintif Panurge, qui,
» descendant le premier sur l'ärêne, disoit : O
» trois & quatre fois heureux jardinier, qui
» plante choux ! car au moins a-t-il un pied sur
» terre, & l'autre n'en est éloigné que d'un fer
» de besche ".

Valet qui demande caution. Un valet se présentoit pour entrer en condition chez un Mousquetaire, qui passoit pour un grand dissipateur. Celui-ci lui demanda s'il avoit un répondant. Comment l'entendez-vous? lui dit le valet; c'est moi qui vous en demande un.

Le Voyageur rusé. Un voyageur du Comté de Kent, qu'un orage avoit transi de froid, arrive dans une hôtellerie de campagne, & la trouve si remplie de monde, qu'il ne peut approcher de la cheminée. *Que l'on porte vîte à mon cheval une cloyere d'huîtres*, dit-il à l'hôte. — A votre cheval, s'écrie celui-ci : croyez-vous qu'il veuille en manger?... *Faites ce que j'ordonne*, repliqua le Gentilhomme. A ces mots, tous les assistants volent à l'écurie, & notre voyageur se chauffe. » Monsieur, dit l'hôte en revenant, je l'aurois » gagé sur ma tête, le cheval n'en veut pas.... " *En ce cas*, reprend le voyageur, qui s'étoit bien chauffé, *il faut donc que je les mange.*

CONTRADICTION.

LA contradiction est principalement insupportable à ceux qui parlent par humeur & sans principes. Ce seroit même souvent un cruel moyen de se venger d'eux que de les contredire. Un Curé donnant dans un rigorisme excessif, soutenoit que les festins des noces étoient de l'invention du diable. Quelqu'un lui objecta là-dessus que Jesus-Christ y avoit pourtant assisté, & qu'il avoit même daigné y faire son premier miracle, pour prolonger la gaieté du festin. Le Curé, un peu embarrassé, répondit en grondant : *Ce n'est pas ce qu'il a fait de mieux.*

CONVERSATION.

LES hommes en général recherchent moins l'inftruction que les applaudiffements. C'eft donc un moyen sûr de déplaire dans la converfation, que d'y paroître plus occupé de foi que des autres. L'illuftre Racine, dans la vue de dégoûter un de fes fils de la manie des vers, dans la crainte qu'il n'attribuât à fes Tragédies les careffes dont quelques grands Seigneurs l'accabloient, lui difoit fouvent : » Ne croyez pas que ce foient mes
» vers qui m'attirent toutes ces careffes ; Cor-
» neille fait des vers cent fois plus beaux que
» les miens, & cependant perfonne ne le re-
» garde : on ne l'aime que dans la bouche de fes
» acteurs ; au-lieu que fans fatiguer les gens du
» récit de mes ouvrages, dont je ne leur parle
» jamais, je me contente de leur tenir des pro-
» pos amufants, & de les entretenir de chofes
» qui leur plaifent. Mon talent avec eux n'eft
» pas de leur faire fentir que j'ai de l'efprit, mais
» de leur apprendre qu'ils en ont. Ainfi, quand
» vous voyez Monfieur le Duc paffer fouvent
» des heures entieres avec moi, vous feriez
» étonné, fi vous étiez préfent, de voir que
» fouvent il en fort fans que j'aie dit quatre pa-
» roles ; mais peu-à-peu je le mets en humeur
» de caufer, & il me quitte encore plus fatisfait
» de lui que de moi ".

Les étrangers reprochent aux François d'être les tyrans de la converfation ; mais les Anglois font filentieux ; & comme ils ne prennent point ce caractere pour un défaut, ils ne fe forcent point à parler. Le François, au contraire, fe croit chargé de soutenir la conversation : il cherche, si elle tombe, à la relever par les propos même les plus frivoles. C'est ce que le Docteur Burnet, Evêque de Salisbury en Angleterre, reprocha finement à un François, qui dînoit chez cet Evêque en grande compagnie. Ce François étoit homme d'esprit & savant, mais il avoit le défaut de s'emparer un peu trop de la conversation. Quelqu'un rapporta qu'on venoit de nommer un Gouverneur de la Chartreuse de Londres. » Je comprends par ce nom de *Chartreuse*, » dit là-dessus notre François, que vous avez » eu autrefois des Chartreux dans votre Capi- » tale. Il faut convenir que c'étoit quelque chose » de bien méritoire à eux d'être entrés dans cet » Ordre. Un Anglois a bien de la peine à se pas- » ser à dîner de son morceau de bœuf. Il n'y a » pas moins de mérite à vos François, qui se » font Chartreux, repliqua M. *Burnet*, à cause » de la loi du silence ".

Ce ne sont pas toujours les Auteurs qui brillent le plus dans la conversation. Le talent de parler sur le champ, demande un homme qui pense promptement & nettement. Or, combien de bons esprits qui ne peuvent développer leurs pensées que par la méditation ? M. Nicole, l'un des premiers écrivains du siecle passé, étoit de ce nombre : il fatiguoit même ceux qui l'écoutoient ; aussi disoit-il au sujet de M. *de Tréville*, qui parloit facilement : *Il me bat dans la chambre ; mais il n'est pas plutôt au bas de l'escalier, que je l'ai confondu.*

Pour se venger d'une parleuse impitoyable, femme d'esprit d'ailleurs, on s'avisa un jour de lui présenter un homme qu'on lui disoit très-savant. Cette femme le reçoit à merveille ; mais pressée de s'en faire admirer, elle se met à parler, lui fait cent questions différentes, sans s'appercevoir qu'il ne répondoit rien. La visite faite: *Etes-vous*, lui dit-on, *contente de votre présenté ? Qu'il est charmant !* répondit-elle : *qu'il a de l'esprit !* A cette exclamation, chacun de rire; ce grand esprit, c'étoit un muet.

COQUETTERIE.

C'EST dans les femmes le desir de plaire à plusieurs hommes. Examinez une coquette au milieu d'une troupe sémillante de jeunes gens : elle sourit à l'un, parle à l'oreille à l'autre, soutient son bras sur un troisieme, & fait signe aux deux autres de la suivre. La Célimene du Misanthrope, instruite que ses amants sont jaloux les uns des autres, les rassure tour-à-tour, par le mal qu'elle dit à chacun d'eux de ses rivaux ; d'où l'on voit que les coquettes sont toujours fausses.

On a proposé ce problême : Chloé, jeune bergere, a deux amants ; elle les regarde comme la gloire de ses charmes ; & pour les retenir auprès d'elle, s'interdit tout ce qui pourroit déceler le secret de son cœur. Chaque amant, en particulier, se croit le plus aimé, & redouble ses soins pour faire prononcer sa victoire. Mais la coquette Chloé éloigne toujours ce moment fatal. Pressée à la fin de s'expliquer, elle leur donne un rendez-vous. Elle va, dit-elle, dévoiler son cœur tout entier. Quel triomphe! quelle gloire pour l'amant préféré! Ils arrivent ensemble au rendez-vous : l'un d'eux avoit une couronne de fleurs. Chloé assise sur un lit de verdure, & pareillement couronnée de fleurs, se leve aussi-tôt qu'elle les apperçoit, ôte sa couronne, la met sur la tête de celui qui n'en avoit pas, & prend celle de l'autre amant pour s'en couronner. Chloé s'eft expliquée ; quel eft l'amant favorifé ?

On pourroit faire encore ici la même queftion : Aglaé affife à table avec fes trois amants, fourit à l'un, boit dans le verre de l'autre, & preffe le pied du troifieme.

COUR, COURTISANS.

ON a fouvent comparé la Cour à une mer orageufe & fertile en naufrages. Louis XIV difoit à un Seigneur de fa Cour, en lui montrant les nouveaux bâtiments de Verfailles : » Vous fou-
» vient-il qu'il y avoit là un moulin ? — Oui,
» Sire ; le moulin n'y eft plus, mais le vent
» y eft encore ".

On confeilloit à Madame de Longueville d'aller à la Cour, pour lui donner bon exemple. » Je
» ne faurois, dit-elle, lui donner un meilleur
» exemple, que de la quitter ".

Le Cardinal de Richelieu s'amufoit volontiers à de petits jeux d'exercice, pour fe délaffer des pénibles travaux de fon cabinet. Antoine de Grammont, mort en 1678, le furprit un jour, qui tout feul en vefte, s'exerçoit dans fon cabinet à fauter contre un mur. Un Courtifan moins délié que lui, eût été fans doute fort embarraffé de fe trouver avec un Miniftre du caractere de M. de Richelieu, témoin d'une occupation fi contraire au férieux de fa dignité : mais il s'en tira en homme d'efprit. » Je parie, dit-il au Cardi-
» nal, que je faute auffi-bien que votre Eminen-
» ce ". Auffi-tôt, quittant fon habit, il fe mit

à fauter avec le Miniftre. Ce trait d'adreffe fit fa fortune, & ne contribua pas peu à fon avancement.

Un jour Louis XIV jouant au trictrac, il y eut un coup douteux. On difputoit; les Courtifans demeuroient dans le filence. Le Comte de Grammont entra : Jugez-nous, lui dit le Roi. — Sire, c'eft vous qui avez perdu, dit le Comte. — Eh comment pouvez-vous décider contre moi, avant de favoir ce dont il s'agit? — Eh! Sire, ne voyez-vous point que pour peu que la chofe eût été feulement douteufe, tous ces Meffieurs vous auroient donné gain de caufe.

Le même Prince s'amufoit depuis quelques jours à faire des vers. MM. de Saint-Aignan & Dangeau lui montroient comment il falloit s'y prendre. Ce Prince venoit de compofer un petit madrigal, que lui-même ne trouva pas trop joli. Un matin, il dit au Maréchal de Grammont : M. le Maréchal, lifez, je vous prie, ce petit madrigal, & voyez fi vous en avez jamais vu un fi impertinent : parce qu'on fait que depuis peu j'aime les vers, on m'en apporte de toutes les façons. Le Maréchal, après avoir lu, dit au Roi : Sire, Votre Majefté juge divinement bien de toutes chofes : il eft vrai que voilà le plus fot & le plus ridicule madrigal que j'aie jamais lu. Le Roi fe mit à rire, & lui dit : N'eft-il pas vrai que celui qui l'a fait eft bien fat? — Sire, il y a pas moyen de lui donner un autre nom. — Oh bien, dit le Roi, je fuis ravi que vous m'en avez parlé fi bonnement; c'eft moi qui l'ai fait. — Ah! Sire, quelle trahifon! que Votre Majefté me le rende, je l'ai lu brufquement. — Non, Monfieur le Maréchal, les premiers fentiments font toujours les plus naturels. Le Roi, ajoute Madame de Sévigné, a fort ri de cette folie ; & tout le monde trouve que voilà la plus cruelle petite chose que l'on puisse faire à un vieux Courtisan. *Lett. de Sévigné.*

Il étoit un temps que tout le monde disoit *gros* pour *grand* : une *grosse* chose, une *grosse* maison, une *grosse* réputation. Louis XIV étant un jour chez Madame de Montespan, où se trouvoit Boileau, lui témoigna qu'il n'aimoit pas cette expression nouvelle. Il est surprenant, lui dit Boileau, qu'on veuille par-tout mettre *gros* pour *grand*. Par exemple, ajouta-t-il en fin Courtisan, il y a bien de la différence entre Louis-le-*Grand* & Louis-le-*Gros*.

En 1702, M. de Melac, qui étoit très-âgé, défendit près de quatre mois Landau, assiégé par les Impériaux. Le Comte de Grammont, pour le moins aussi vieux, dit familièrement au Roi à-peu-près du même âge : Sire, il n'y a que nous autres cadets qui valions quelque chose. Cela est vrai, répondit le Roi ; mais à notre âge on n'a point long-temps à jouir de la gloire. Sire, reprit le Comte de Grammont, on ne compte pas l'âge des Rois ; & lorsqu'ils sont comme vous, on ne suppute leurs années que pour rappeller leurs belles actions.

On présentoit à ce Prince un Officier pour remplir une place. Cet homme, dit le Roi, est trop âgé. Sire, reprit l'Officier en habile Courtisan, je n'ai que quatre ans plus que Votre Majesté, & j'ai encore vingt-cinq ans à la servir. Le Roi lui accorda ce qu'il demandoit.

Ce Prince étant à Fontainebleau, se plaignoit un jour au Marquis de Cavoix, Maréchal-des-logis de sa maison, de ce que les Seigneurs de la Cour étoient très-mal logés. M. de Cavoix s'excufoit fur ce que le château n'étoit pas affez grand pour contenir un Cour auffi nombreufe. Mais, dit le Roi, Fontainebleau, n'eft pas bâti d'aujourd'hui : on y tenoir Cour du temps de François I; fous le Roi Henri mon grand-pere, il y avoit affez de place, de même que fous le feu Roi mon pere. Ah! Sire, dit alors le Marquis de Cavoix, Votre Majefté me parle-là de plaifants Rois. Cette réponfe fut bien interprétée à caufe de fa naïveté ; mais un homme fage n'auroit pas voulu la hafarder.

Un Prince Italien avoit fait faire une belle ftatue à Rome, par le meilleur Sculpteur. Auffi-tôt qu'elle fut achevée, il alla la voir; & l'ayant confidérée depuis les pieds jufqu'à la tête, il trouva, ou crut trouver quelque chofe à redire. Le Sculpteur n'en demeuroit pas d'accord. Cependant, en habile courtifan, il s'empreffa d'y remédier. Il prit fon maillet & fon cifeau avec un peu de poudre de marbre, & feignit de retoucher l'endroit trouvé défectueux par le Prince, en laiffant tomber adroitement de cette poudre de marbre qu'il avoit dans la main. Alors le Prince ne lui trouvant plus de défaut, lui dit tout tranfporté de joie : Vraiment vous lui avez donné la vie.

Le Calife Almanfor avoit confulté deux Aftrologues fur fon horofcope. Le premier lui prédit que les prétendants au Califat *mourroient* avant lui ; le fecond, qu'il *vivroit* beaucoup plus long-temps que ceux qui pouvoient prétendre au Califat. Ce dernier Aftrologue annonçoit la même chofe que le premier. Sa prédiction néanmoins fut la feule bien reçue & bien récompenfée, parce qu'il avoit habilement évité le terme de *mourir*, qui laiffe toujours une idée fâcheuſe dans l'eſprit. Ceci rappelle ce mot de la Reine Pariſatis, qui vouloit qu'on n'eût que des paroles de ſoie pour les grands.

Un Roi de Perſe délibéroit avec ſes Courtiſans ſur une affaire importante. Tous étoient d'un avis oppoſé à celui du Prince, excepté un Conſeiller qui approuva le ſentiment du Roi. Quelqu'un lui demanda pourquoi il avoit embraſſé une opinion différente de celle de tous les Miniſtres. Les événements, répondit-il, étant incertains, ſoit que les projets du Roi réuſſiſſent, ſoit qu'ils échouent, je ſuis à l'abri de ſa diſgrace : j'ai penſé comme lui. Combattre l'opinion d'un Roi, c'eſt tremper les mains dans ſon propre ſang. Si le Roi dit au milieu du jour qu'il eſt nuit, dites que la lune eſt brillante; voyez-vous les Pleïades? *Extrait de Sadi.*

Un Prince, continue Sadi, avoit trois fils : le dernier étoit fort petit & fort laid; ſes freres l'aimoient, mais ſon pere le mépriſoit : il entreprit de s'en faire eſtimer. Il ſurvint une guerre; on donna une bataille, dans laquelle l'armée du Roi prit la fuite; mais le jeune Prince la rallia, la força d'attaquer de nouveau l'ennemi, & remporta une victoire complete. Depuis ces ſervices, le Roi le préféroit à ſes autres fils. Il revint à la Cour, où il fut careſſé & loué des Courtiſans. Cependant ſes freres gardoient le ſilence ; & quelques jours après ſon arrivée, le jeune Prince mourut empoiſonné. Le tigre ſe cache ſous le feuillage paiſible. Craignez à la Cour le ſilence de l'envie.

COURAGE.

LE courage est cette ardeur impatiente du tempérament qui fait mépriser le danger & ses suites. Cette vertu mâle, moins éclairée, mais plus impétueuse que la bravoure, affronte aussi plus volontiers le péril. Voy. *Bravoure*, *Valeur*, *Honneur*, *François*.

Toute la race du Roi Gélon, tyran de Syracuse, fut, au rapport de Valere Maxime, détruite dans une sédition. Une seule fille, nommée *Harmonie*, échappa aux séditieux. Pendant qu'ils la cherchoient pour l'immoler à leur sûreté, sa nourrice, qui avoit une fille à-peu-près du même âge, la revêtit des habits royaux, & l'exposa à la fureur du peuple. Cette jeune fille n'avoit qu'à parler, & elle étoit sauvée; mais elle souffrit constamment la mort. Tant de fidélité n'est comparable qu'au courage magnanime de la Princesse, qui, frappée de cette action héroïque, rappella elle-même les meurtriers, se fit connoître à eux, & sembla partager avec joie le sort de celle qui lui avoit montré un si grand attachement.

Cénina Pœtus ayant été fait prisonnier par les troupes de l'Empereur Claude, après la déroute de Scriboniamus, dont il avoit embrassé le parti, fut envoyé à Rome. Sa femme fit les instances les plus vives pour être reçue dans le navire qui conduisoit son mari prisonnier; elle ne put y réussir. Alors, sans s'abandonner au désespoir, elle loue un bateau de pêcheur; & seule dans ce petit esquif, elle suit Pœtus depuis l'Esclavonie jusqu'à Rome. Quand elle y fut arrivée, & qu'elle n'y vit plus d'espérance de sauver les jours de son mari, elle le presse à se donner lui-même la mort; elle s'apperçoit qu'il n'avoit pas le cœur assez ferme pour une telle action; aussi-tôt elle se saisit d'un poignard qu'il portoit: *Sic, Pæte*: Fais ainsi, mon cher Pœtus. Et à l'instant, s'étant donné un coup mortel de ce même poignard, elle l'arracha de la plaie, le lui présenta tranquillement, & lui dit en expirant: *Pæte, non dolet*, tiens Pœtus, il ne m'as point fait de mal.

Voici un autre trait rapporté par Tacite, qui, avec les précédents, prouveroit que les femmes ont quelquefois montré plus de courage que les hommes. Dans la fameuse conspiration de Pison contre l'Empereur Néron, un grand nombre de Chevaliers & de Sénateurs Romains avouerent le détail de cette conspiration, sans être forcés par les tourments. Ils découvrirent même leurs plus intimes amis qui étoient du nombre des complices. Lucanus nomma sa propre mere: mais Epicharis, qui n'étoit qu'une simple affranchie, souffrit les plus affreux supplices, & eut la constance de ne rien déclarer contre des gens qui lui étoient presque inconnus. Comme on la ramenoit à la question, dans une chaise, elle fit un nœud coulant au mouchoir qui lui couvroit la gorge, l'attacha à sa chaise, & s'étrangla.

Un Corsaire Ecossois, nommé *Lebreton*, ayant été attaqué par des vaisseaux Anglois, en 1512, se défendit avec un courage extraordinaire; mais ayant été blessé mortellement d'un coup qui le mit hors de combat, se fit apporter son hautbois, ou son sifflet, dont il joua pour encourager les siens, jusqu'à ce que l'haleine lui manquât avec la vie. *Larrey*.

COURAGE.

Lorsque les Turcs attaquoient l'Isle de Rhodes, en 1522, on vit les femmes rendre dans la place des services qu'on n'attendoit pas d'elles. L'histoire a distingué sur-tout une Grecque, très-belle, & maîtresse d'un Officier qui fut tué à la défense d'un bastion. Cette courageuse fille ne voulant pas survivre à un homme qui lui étoit cher, baise deux enfants qu'elle a eus de lui, leur fait le signe de la croix sur le front, leur dit, les larmes aux yeux, qu'il vaut mieux qu'ils meurent de sa main que d'être réservés à d'infâmes plaisirs, les égorge en frémissant, jette leurs corps dans le feu, se revêt des habits teints du sang de son amant, prend ses armes, coure sur la brêche, tue le premier Turc qui s'oppose à elle, en blesse d'autres, & meurt en combattant héroïquement

En 1527, le Duc de Bourbon, Général de l'armée de Charles V, est blessé à mort dans l'assaut qu'il donne à Rome. Quelques-uns de ses soldats, qui passoient près de l'endroit où il étoit étendu par terre près d'expirer, se demandoient les uns aux autres s'il étoit vrai qu'il eût été tué. Lui-même, pour ne pas les décourager, répondit : *Bourbon marche devant.*

Lors de la prise du château de Bude, par Soliman, en 1529, la garnison, sans se défendre, demanda à capituler. Elle obtint les honneurs de la guerre. Comme elle défiloit, les Turcs l'insultèrent, & lui reprocherent son peu de courage. Ces outrages portent la rage dans le cœur d'un soldat Allemand, qui, regardant un Janissaire d'un air menaçant, lui dit : *Qu'as-tu à me reprocher ? Je ne commande pas, j'obéis.* Il tire en même-temps son épée, & la lui passe au travers du corps. *Cantimir. Histoire Ottomane.*

Les Portugais, maitres de Diu, Isle située sur les côtes de Camboye, & assiégés dans la citadelle de cette Isle en 1546, par une armée d'Indiens, se défendirent avec un courage qui paroissoit au-dessus de l'humanité. L'acharnement étoit même porté au point, qu'un soldat, dans la chaleur de l'action, s'arracha plusieurs de ses dents, & les mit dans son arquebuse au défaut de balles qui lui manquoient. Ce siege montre un exemple singulier d'émulation. Deux jeunes Gentilshommes, Jean Manoel & Jean Faucon, qui alloient pour se battre en duel, apprennent que l'ordre est donné pour forcer les assiégeants dans leurs retranchements : ils changent aussi-tôt l'objet de leur cartel, & courent à l'envi l'un de l'autre, pour se ravir la gloire de paroître les premiers sur les retranchements ennemis. Manoel les atteint le premier : un coup de sabre lui coupe la main droite qu'il met sur le mur : un autre coup lui abat la main gauche; & comme il s'efforce encore de monter, appuyé sur ses deux poignets, un troisieme coup lui enleva la tête. Faucon, son rival, qui monte en même-temps, a un sort à-peu-près égal. *Conquêtes des Portugais dans le Nouveau-Monde.*

Lors du siege d'une autre place, attaquée par les mêmes ennemis, un Portugais, nommé *Rodriguez*, prit un baril de poudre entre ses bras, en criant à ses compagnons : *Gare, je porte ma mort & celle d'autrui.* Il se jetta au milieu des ennemis, avec une mêche allumée si à temps, que le baril crevant aussi-tôt, fit sauter en l'air & mit en pieces plus de cent Indiens. Il en resta vingt brûlés dans le lieu même. Ce qu'il y eut de plus surprenant, c'est que Rodriguez se sauva du péril, & il continua de se distinguer par des

actions

actions de la même valeur. *Histoire générale des voyages.*

Une des actions des plus hardies que fourniſſe l'histoire moderne, est celle d'Edouard Stanley, Officier Anglois. Il se trouvoit en 1586 à l'attaque d'un des forts de Zutphen, dans les Pays-Bas. Trois cents Espagnols défendoient ce fort. Stanley s'en étant approché, on pousse de la place une pique contre lui pour le tuer. Il la prend auſſi-tôt des deux mains & s'en saisit avec tant de force, que les Espagnols la voulant retirer à eux, le tirerent lui-même dans le fort. Il met sur le champ l'épée à la main, écarte tout ce qui se présente, étonne la garnison, & donne aux siens le temps de monter à l'aſſaut, & de s'établir dans leur conquête. *Cambden.*

Durant les troubles de la Ligue, en 1590, Barri de Saint-Aunez, Gouverneur pour Henri IV à Leucate, en partit pour aller communiquer un projet au Duc de Montmorency, qui commandoit dans le Languedoc. Il fut pris en chemin par les Ligueurs, qui marcherent auſſi-tôt avec les Espagnols vers Leucate. Ils preſſerent ce Gouverneur de leur livrer cette place. Ils menacerent même de le faire mourir s'il n'engageoit Constance de Cezelli sa femme, qui s'étoit mise à la tête de la garnison, de faire ouvrir les portes. Il fut inébranlable. Constance, avertie du danger de son époux, répond que si les Ligueurs veulent commettre une injustice, elle ne croit pas devoir les arrêter par une lâcheté, & qu'elle ne rachetera jamais la vie de son mari, en livrant une forteresse pour la conservation de laquelle il feroit gloire de mourir. Les aſſiégeants font plusieurs tentatives où ils sont repouſſés: irrités de cette courageuse résistance, qu'un ennemi généreux auroit admiré, ils exécutent leur cruelle menace, & levent le fiege. La garnifon voulut ufer de repréfailles fur le Seigneur de Loupian qui étoit du parti de la Ligue, & qui avoit été fait prifonnier. Notre héroïne s'y oppofa. Henri-le-Grand, qui favoit récompenfer les belles actions, lui envoya le brévet de Gouvernante de Leucate, avec la furvivance pour fon fils. *Hiftoire du Languedoc.*

La Rochelle, le boulevard du Calvinifme, eft affigée en 1627, par les armées Royales. Les Rochellois élifent pour leur Maire, leur Capitaine & leur Gouverneur, Jean Guiton. Ce brave homme fe refufa d'abord par modeftie, à ce choix; mais fe voyant preffé par les inftances de fes compatriotes, il prend un poignard, & leur dit: ,, Je ferai Maire, puifque vous le voulez:
,, mais à condition qu'il me fera permis d'enfon-
,, cer ce poignard dans le fein du premier qui
,, parlera de fe rendre. Je confens qu'on en ufe
,, de même envers moi, dès que je parlerai de
,, capituler; & je demande que ce poignard de-
,, meure tout exprès fur la table où nous nous
,, affemblons dans la maifon-de-ville ". Le Cardinal de Richelieu, qui conduifoit les opérations du fiege, avoit fait élever, devant la porte de la ville, une digue qui en bouchoit l'entrée, & empêchoit les provifions d'arriver. Quelqu'un difant à Guiton, que la faim faifoit périr tant de monde, que bientôt la mort achevera d'emporter tous les habitants: *Eh bien*, répondit-il froidement, *il fuffit qu'il en refte un pour fermer les portes.* Journal du fiege.

Lorfque les Turcs, maitres de Sharras, affiégeoient Trembawla, en 1675, la Nobleffe des environs, qui s'étoit réfugiée dans cette forte-

resse, voyant le danger pressant, & désespérant d'avoir du secours, proposoit à la garnison de livrer la place. La femme du Gouverneur, qui, sans être apperçue, avoit entendu les résolutions que l'on venoit de prendre, va aussi-tôt sur la brêche avertir son mari de ce qui se passe. Chrasonowski vole à l'instant à ce conseil de lâches. " Il est douteux, dit-il, si l'ennemi nous
» prendra ; mais il est certain que si vous per-
» sistez dans votre misérable résolution, je vous
» brûlerai vifs dans cette salle même : des sol-
» dats sont aux portes, la mêche allumée, pour
» exécuter mes ordres ". Cette fermeté en impose aux cœurs les plus abattus, & l'on continue à se défendre. Les Turcs, de leur côté, redoublent leurs efforts. Repoussés quatre fois de suite, ils se préparent à réparer leur honte par l'attaque la plus vive. Chrasonowski en paroît allarmé. Sa femme, qui regarde cette inquiétude comme une foiblesse, se saisit aussi-tôt de deux poignards, qu'elle présente à son mari. *Si tu te rends*, lui dit-elle fièrement, *l'un sera contre toi, & l'autre contre moi.* Un moment après, arrive l'armée Polonoise, qui fait lever le siege. *Hist. de Jean Sobieski.*

Les Impériaux gagnent, en 1687, la célebre bataille de Hesan contre les Turcs. Dans une escarmouche qui précede cette grande action, le cornette de la compagnie Colonelle du régiment de Commercy, se laisse prendre son étendard. Le Prince de Commercy demanda à l'instant au Duc de Lorraine, la permission d'aller en enlever un autre aux Infideles. Ses instances réitérées font qu'il obtient ce qu'il desire : il part aussi-tôt avec une ardeur extrême, apperçoit un Turc qui porte un étendard au bout d'une zagaye, court à lui le piſtolet à la main, tire de fort près, manque ſon coup, & jette ſon piſtolet à terre pour mettre l'épée à la main. Le Muſulman profite de ce moment pour lui enfoncer dans le flanc ſa zagaye. Le Prince la ſaiſit froidement de la main gauche, & de la droite aſſene un ſi terrible coup d'épée ſur la tête de ſon adverſaire, qu'il la fend en deux. Après ce trait heureux & hardi, le jeune Prince arrache lui-même de ſon corps la zagaye, porte le fruit de ſa victoire, toute teinte de ſon ſang, à ſon Général, fait appeller ſon cornette, & lui dit, ſans s'émouvoir : » Voilà, Monſieur, un étendard » que je vous confie : il me coûte un peu cher, » & vous me ferez plaiſir de le mieux conſerver » que celui que vous vous êtes laiſſé enlever ". Cette réprimande ſinguliere eſt preſqu'autant admirée que l'action même. L'Empereur, dans la vue de récompenſer ce jeune Prince d'une maniere digne de lui, fait placer l'étendard avec des cérémonies extraordinaires dans le temple principal de ſa Capitale. L'Impératrice, de ſon côté, en fait de ſa propre main un autre, qu'elle envoye au Prince de Commercy, pour remplacer celui que ſa compagnie Colonelle a perdu. *Vie du Prince Eugene.*

Les François attaquent, en 1696, dans le Canada, les Iroquois, qui ſont ſurpris & diſſipés. Un illuſtre guerrier de cette nation, âgé de près de cent ans, dédaignant de fuir, ou ne le pouvant pas, eſt pris & abandonné aux ſauvages, qui, ſuivant leurs barbares coutumes, lui font ſouffrir les plus horribles tourments. Ce vieillard ne pouſſe pas un ſoupir, mais reproche fiérement à ſes compatriotes de s'être rendus les eſclaves des Européens, dont il parle avec le plus grand mépris. Ces invectives aigrissent un des spectateurs, qui lui donne trois ou quatre coups de couteau pour l'achever. *Tu as tort*, lui dit froidement le prisonnier, *d'abréger ma vie ; tu aurois eu plus de temps pour apprendre à mourir en homme.* Hist. de la nouvelle-France.

Le barbare Alderete, à la tête des conquérants du Mexique, chargea de fers & fit mettre sur des charbons ardents l'infortuné Empereur Guatimozin & son favori, pour les obliger, par ce supplice, à déclarer où étoient les trésors de l'Empire. Le Ministre, cédant enfin à sa douleur, jette quelques cris. Guatimozin le regarde : *Et moi*, lui dit-il, *suis-je sur des roses ?* Hist. d'Espagne.

CRITIQUE.

EN matiere de littérature, le censeur le plus sévere d'un ouvrage, a dit un Auteur moderne, est celui qui l'a composé. Combien il se donne de peines pour lui seul ? C'est lui qui connoît le vice secret, & ce n'est presque jamais là que le Critique pose le doigt. On peut se rappeller ici ce mot d'un Philosophe : *Ils disent du mal de moi. Ah ! s'ils me connoissoient comme je me connois*....

Un Peintre célebre conçut un jour l'insensé projet de faire un morceau qui fût universellement goûté. Son tableau, où il avoit épuisé tout son art, étant achevé, il l'exposa dans la place publique, après avoir marqué au bas qu'il prioit les spectateurs d'indiquer tous les traits qui leur déplairoient. Les curieux accoururent, & admirerent d'abord généralement son travail ; mais chacun voulant montrer qu'il étoit habile connoisseur, marqua au hasard tous les défauts qu'il y supposoit. Le Peintre, revenant le soir, eut le chagrin de voir son tableau entiérement barbouillé ; les Critiques n'avoient fait grace à aucun trait. Cette décision ne lui paroissant pas suffisante, il imagina encore une fois d'éprouver le public, en le priant de marquer le lendemain tout ce qui méritoit son suffrage ou son admiration. On revint donc au tableau, & l'artiste trouva par-tout les témoignages les plus flatteurs, tous les défauts de la veille étoient caractérisés comme des beautés. » Je ne m'étonne » pas, dit-il, s'il est si difficile de réunir les » suffrages de tout le monde : ce qui passe pour » une imperfection dans l'esprit de ceux-ci, est » une beauté pour les autres ".

On a rapporté d'Apelles, célebre Peintre de l'antiquité, que cet artiste avoit coutume d'exposer ses ouvrages sous les yeux du public, pour savoir son jugement. Un jour, un Cordonnier trouva qu'il manquoit quelque chose à une sandale, il le dit hautement, & Apelles en profita ; quelques coups de pinceau firent disparoître le défaut. Le Cordonnier, flatté de ce qu'on avoit eu égard à sa critique, s'ingéra de censurer malà-propos une jambe. Origine du proverbe : *Ne sutor ultrà crepidam.*

Un censeur, fort content de son mérite, vint présenter à un Monarque habile, un ouvrage critique contre Virgile. Ce Prince fit aussi-tôt apporter un boisseau de froment, & après qu'il fut vanné, il en fit donner les criblures pour récompense au censeur.

Que critiquez-vous à cette maison de campagne, disoit-on à un satyrique de profession ? —

Je blâme cette montagne qui l'offusque. — C'est dommage, reprit un assez mauvais plaisant, que votre critique n'emporte pas la piece.

Un Journaliste subalterne disoit dans une compagnie, qu'il distribuoit la gloire. » Oui, Mon- » sieur, lui répondit quelqu'un, vous la distri- » buez si généreusement, que vous n'en gardez » point pour vous ".

Ceci rappelle ce trait malin d'une Dame. On exagéroit devant elle l'esprit d'une homme fort borné. » Oh! oui, dit-elle, il doit en avoir » beaucoup, car il n'en dépense guere ".

CRUAUTÉ.

La cruauté est le vice du lâche; c'étoit du moins le sentiment de l'Empereur Maurice. Quelqu'un lui ayant rapporté qu'un soldat nommé *Phocius*, vouloit le tuer, il s'informa du caractere de cet homme; & comme on lui dit que c'étoit un homme sans cœur, il en conclut aussi-tôt qu'il étoit capable de cette action meurtriere. L'Histoire nous montre en effet que les meurtres, après la victoire, ne se commettent que par la canaille, & que l'homme de cœur les défend. La vaillance est satisfaite, si son ennemi est à ses pieds; mais la poltronnerie qui se rappelle ses frayeurs, cherche à se rassurer en répandant le sang. Voyez les *Essais de Montaigne*, liv. II, chap. XXVII.

L'un des divertissements ordinaires de Mouley Ismaël, Roi de Maroc, étoit, dans un même temps, de monter à cheval, de tirer son sabre, & de couper la tête à l'esclave qui lui tenoit l'étrier.

Des Derviches, qui s'étoient déclarés contre la créance du célebre Tamerlan, vinrent le trouver pour se justifier. Ils lui représenterent que son opinion & la leur étoient de nature à pouvoir se concilier par le peu de différence qu'il y avoit entr'elles. » Vous avez raison, leur répon-
» dit le Tartare irrité des discours qu'ils avoient
» tenus contre lui ; il n'y a d'autre différence
» entre votre façon de penser & la mienne, que
» celle qui se trouve entre la pointe & la poi-
» gnée d'une épée ". Il les fit aussi-tôt passer tous par le sabre dans le lieu même où il leur donnoit audience. Des tapis furent étendus sur leurs corps paltitants, des tables dressées, & l'on donna un grand festin auquel il assista, ensorte que, par le plus affreux des contrastes, on entendoit les plaintes & les cris des mourants se mêler aux chansons des convives. *Histoire de Tamerlan.*

Le Chevalier Kingston, Maréchal-de-camp de l'armée du Roi d'Angleterre Edouard VI, poursuivant les rebelles, & étant à Bodmyn, ville du Comté de Cornouaille, envoya dire au Maire qui les-avoit favorisés, qu'il vouloit dîner avec lui, & lui marqua le jour. Il ne manqua point d'y aller, & fut magnifiquement traité. Avant de se mettre à table, il dit au Maire à l'oreille, qu'il le prioit de faire dresser deux potences pour l'exécution de deux criminels qu'il avoit condamnés à mort. On se mit cependant à table, & le Maire régala son hôte, des meilleurs mêts, & des vins étrangers les plus délicieux. Après avoir fait bonne chere, Kingston s'informa du Maire si on avoit fait ce qu'il lui avoit recommandé ; & l'autre l'en ayant assuré, ils se leverent de table pour s'acheminer vers le

CRUAUTÉ.

lieu où l'exécution devoit se faire. Ils trouverent les deux potences dressées. Alors Kingston regardant le Maire : Voyez, lui dit-il, celle qui vous accommode ; vous êtes un rebelle, & il y en a une des deux destinée pour vous. La surprise du Maire fut extrême, mais la cruauté de Kingston ne le fut pas moins ; & il le fit pendre sur le champ. La seconde potence étoit pour un meûnier, qui le méritoit bien ; mais un autre paya pour lui. Ce meûnier s'étoit absenté, & avoit dit à son garçon de passer pour le maître de la maison, si quelqu'un venoit le demander. Kingston étant venu demander le maitre de la maison, ce garçon ne manqua point de répondre que c'étoit lui. Sur sa déclaration, il fut aussi-tôt arrêté & pendu. Il eut beau assurer qu'il n'étoit pas celui qu'on pensoit. Qui que tu sois, lui répond Kingston, tu seras toujours bien pendu, soit comme rebelle, si tu es le meûnier, soit comme sa caution, si tu ne l'es pas, puisque tu t'es obligé de tenir sa place. *Hist. d'Ang. par Larrei.*

Il y a une cruauté froide, tranquille & superstitieuse ; c'est le dernier période du crime. Le nommé Saint-Point, Gouverneur de Mâcon, ville prise sur les Huguenots en 1562, étoit un monstre de cette espece. Ce barbare se faisoit un jeu de faire sauter dans la Saône les Calvinistes qui avoient le malheur d'être ses prisonniers. C'étoit principalement lorsqu'il donnoit à manger aux femmes distinguées de la ville & des environs qu'il multiplioit ses inhumanités. Lorsqu'on étoit sur le point de sortir de table, il demandoit *si la farce étoit prête ;* mot du guet par lequel il s'informoit si ses gens avoient eu soin de tirer de prison quelques-unes des victimes qu'il vouloit faire fervir au cruel paffe-temps de fa compagnie. Lorfque tout étoit prêt, il menoit promener les Dames fur le bord de la riviere, & ordonnoit qu'on jettât du pont en-bas un ou deux de ces malheureux. Il prioit en même-temps tous les convives de décider lequel étoit le plus alerte, & avoit fauté le plus légérement. *Mémoires de Tavannes*.

René de Champagne, Catholique non moins barbare, & encore plus fuperftitieux, faifoit venir par force ou par furprife dans fa maifon de campagne, appellé *Pechefeul*, tous ceux qu'il croyoit pencher vers les nouvelles opinions, & les faifoit jetter dans un vivier très-profond qu'il appelloit, *fa grande taffe*. Charles IX ayant eu la curiofité de voir une terre que tant de barbaries avoient rendu célebre, demanda à René combien il avoit fait boire de Proteftants dans fa grande taffe ? *Je n'ai jamais voulu charger ma mémoire de chofes de fi peu d'importance, répondit froidement ce monftre*. De Thou.

Le Baron des Adrets, Calvinifte zélé & cruel, fe jouoit avec la même inhumanité de la vie des Catholiques qui tomboient entre fes mains. Ayant dans le cours de fes expéditions fanguinaires, pris en 1562, le fort de Monbrifon, dans le Forez, il fit d'abord couper la tête aux plus diftingués de ceux qui l'avoient défendu. Après-dîné il fit monter les autres fur une tour très-élevée, & fe faifoit un amufement de les obliger à fe précipiter. Un d'eux eut le bonheur de fe tirer de ce mauvais pas par une faillie ; c'étoit fans doute un gafcon. Il prenoit fa fecouffe ; mais fur le point de fe précipiter, il s'arrêtoit auffi-tôt, & recommençoit le même manege. Le Baron irrité, lui dit : Veux-tu finir ; voilà déja trois fois que tu recommences? *Ma foi*, M. *le Baron*, répondit auſſi-tôt le gaſcon, *je vous le donne en quatre*. Cette plaiſanterie, dans un danger ſi preſſant, dérida le front du Baron ; il accorda la vie à ce malheureux. *De Thou*.

DÉCLAMATION.

La Déclamation eſt ici priſe pour l'art de rendre ſur la ſcene le ton & l'extérieur de différents perſonnages. Le point de perfection pour celui qui déclame, eſt de faire oublier & le Poëte & le Comédien. *Voyez Acteur*.

Les amateurs éclairés de ce bel art nous ont tranſmis quelques anecdotes qui prouvent qu'un acteur intelligent ſait ſuppléer par ſon jeu à ce qui manque dans le dialogue. Lorſque dans la converſation de Mithridate avec ſes deux fils, ce Prince récite ces quatre vers :

Princes, quelques raiſons que vous me puiſſiez dire,
Votre devoir ici n'a point dû vous conduire,
Ni vous faire quitter en de ſi grands beſoins,
Vous, le Pont; vous, Colchos, confiés à vos ſoins.

Baron marquoit avec beaucoup d'intelligence & une fineſſe de ſentiments ſupérieur, l'amour de ce Prince pour Xipharès, & ſa haine contre Pharnace. Il diſoit au dernier : *Vous, le Pont*, avec la hauteur d'un maitre, & la froide ſévérité d'un Juge ; & à Xipharès : *Vous, Colchos*, avec l'expreſſion d'un pere tendre, qui fait des reproches à un fils dont la vertu n'a pas rempli ſon attente.

Dans ce vers de Pirrhus à Andromaque,

Madame, en l'embraſſant, ſongez à le ſauver.

le même Acteur employoit, au-lieu de la menace, l'expression pathétique de l'intéret & de la pitié. Il sembloit même par le geste touchant avec lequel il accompagnoit ces mots *en l'embrassant*, tenir Astianax entre ses mains, & le présenter à sa mere.

Nous citerons encore ce vers de Sévere à Félix, dans *Polieucte*.

Servez bien votre Dieu, servez votre Monarque.

Il permettoit l'un, & ordonnoit l'autre, avec les gradations de ton, convenables au caractere d'un favori de Décie, qui regarde le service du Souverain comme un point plus capital que l'observation du Christianisme. *Voyez Baron, Dictionn. des Portraits & Anecdotes des Hommes illustres.*

L'Auteur de la *Lettre sur les Sourds & Muets*, remarque qu'il y a des gestes sublimes que toute l'éloquence oratoire ne rendra jamais. Tel est celui de Mackbett, dans la Tragédie de Shakespear. La Somnambule Mackbett s'avança en silence & les yeux fermés sur la scene, imitant l'action d'une personne qui se lave les mains, comme si les siennes eussent encore été teintes du sang de son Roi, qu'elle avoit égorgé il y avoit plus de vingt ans. Je ne sais rien, ajoute l'Auteur, de si pathétique en discours que le silence & le mouvement des mains de cette femme. Quelle image du remords !

Mademoiselle Duclos, célebre Actrice de la scene Françoise, remplissoit le rôle de *Camille* dans la Tragédie des *Horaces* de Pierre Corneille. Il lui arriva un jour qu'après ses imprécations contre Rome victorieuse, & voulant quitter la scene avec une sorte de précipitation, elle s'embarrassa dans la queue traînante de sa robe, &

tomba. L'Acteur, plus civil qu'il ne convenoit à la situation d'Horace, outré des discours injurieux de sa sœur, ôta son chapeau d'une main, & lui présenta l'autre pour la relever. Il la reconduisit avec une grace affectée dans la coulisse, où, ayant remis son chapeau & tiré son épée, il parut la tuer avec brutalité. Baron, dit l'Abbé Nadal, qui rapporte cette anecdote, n'eût pas fait certainement la même faute que Beaubourg; il eût profité de l'occasion en grand Comédien, qui jouoit avec noblesse, & il n'eût pas manqué de la tuer dans la chûte même. La singularité de l'accident eût corrigé l'atrocité de l'action, & la faute même du Poéte.

Une Actrice célebre se tira plus habilement d'un accident qu'elle n'avoit pu prévoir. Dans la Tragédie de *Phedre*, où cette Princesse déclare sa passion à Hyppolite, l'Actrice sentit sa voix s'éteindre; elle en profita pour exprimer les accents d'une ame épuisée de sentiments. On prit cet accident pour un effort de la passion, comme en effet il pouvoit l'être; & jamais cette scene admirable n'a fait sur les spectateurs une si violente impression.

Montfleuri, qui parut sur la scene Françoise avant Baron, mourut en 1667 des violents efforts qu'il fit en représentant *Oreste*, dans l'*Andromaque* de Racine. Gueret, dans son *Parnasse réformé*, fait dire à cet Acteur : » Qui voudra
» savoir de quoi je suis mort, qu'il ne demande
» point si c'est de la fievre, de l'hydropisie, ou
» de la goutte; mais qu'il sache que c'est d'An-
» dromaque ".

L'Auteur du *Journal politique & littéraire*, rapporte une anecdote à-peu-près semblable d'un Anglois, M. *Bond*, homme d'esprit & amateur zélé de la déclamation. Cet amateur avoit pris une inclination particuliere pour la Tragédie de *Zaïre*; & non content de la favoir par cœur en François, il avoit engagé un des meilleurs Poëtes de Londres à la traduire en Anglois. Son deſſein étoit de la faire repréſenter ſur le théâtre de Drury-Lane. Il employa, pendant plus de deux ans, tous ſes ſoins & ceux de ſes amis, pour la faire accepter aux directeurs de ce théâtre; mais on ignore par quelle raiſon ils s'obſtinerent à la rejetter, ni pourquoi elle fut annoncée vingt fois pendant deux ans ſans qu'on en vînt jamais à l'exécution. Enfin, M. Bond n'eſpérant plus de la faire paroître ſur un théâtre régulier, prit le parti de la repréſenter lui-même, avec quelques autres amateurs du cothurne, dans la grande ſalle des Yorek-Buddings, qui eſt un lieu deſtiné dans ſon origine pour les concerts de muſique, mais dont on obtient l'uſage en le louant auſſi cher pour une ſoirée, qu'un autre bâtiment ſeroit loué pour une année entiere. Les rôles furent diſtribués, & toute la ville avertie de l'entrepriſe qu'on avoit formée pour lui plaire. M. Bond, qui n'avoit pas moins de ſoixante ans, choiſit le rôle de Luſignan, comme le plus convenable à ſes talents & à ſon âge : il n'épargna ni ſoins, ni dépenſes pour ſe mettre en état de le jouer avec diſtinction, & il abandonna tout le profit du ſpectacle au Poëte traducteur de la piece. Le jour arrive; jamais l'aſſemblée n'avoit été ſi brillante & ſi nombreuſe. Les premiers actes ſont rendus avec des applaudiſſements univerſels. On attendoit Luſignan : il paroît ; & tous les ſpectateurs commencent à treſſaillir à la ſeule vue de ce Prince vénérable. Mais le cœur de M. Bond étoit plus ému que tous les autres.

ensemble ; ce vieillard se livre tellement à la force de son imagination, & à l'impétuosité de ses sentiments, que se trouvant trop foible pour soutenir tant d'agitation, il tombe sans connoissance au moment qu'il reconnoît sa fille. On se figura d'abord que c'étoit un évanouissement imité, & tout le monde admira l'art avec lequel il rendoit la nature. Cependant la longueur de cette situation commençant à fatiguer les spectateurs, Châtillon, Zaire & Nérestan l'avertirent qu'il étoit temps de finir. Il ouvre un moment les yeux ; mais les fermant aussi-tôt, il tombe de son fauteuil sans prononcer une parole : il étend les bras ; & ce mouvement fut le dernier de sa vie.

La Lecouvreur, célebre Actrice du théâtre François, morte en 1730, déclamoit avec beaucoup de noblesse. Un homme d'esprit, qui l'avoit vu jouer dans le *Comte d'Essex*, fut si frappé de la dignité de son jeu, qu'il disoit : *J'ai vu une Reine parmi des Comédiens.*

Une Actrice du même théâtre, qui remplissoit ses rôles avec tant d'ame & de vérité, (Mlle. Clairon) reçut un jour un éloge bien flatteur & bien digne d'elle. Ce fut la sensibilité elle-même qui l'applaudit. Cette Actrice jouoit sur le théâtre d'une de nos Provinces méridionales, le rôle d'*Ariane*. Dans la scene où cette Princesse cherche, avec sa confidente, quelle peut être sa rivale, à ce vers :

Est-ce Mégiste, Églé, qui le rend infidele ?

l'Actrice vit un jeune homme qui, les yeux en pleurs, se penchoit vers elle, & lui crioit d'une voix étouffée : *C'est Phedre, c'est Phedre*. Voyez l'Encyclopédie, au mot *Déclamation*.

DÉFAUT.

Si vous avez un défaut, faites paroître des qualités si brillantes, que les yeux de l'envie éblouis, ne puissent l'appercevoir. Il n'appartient cependant pas à tout le monde d'imiter César, qui, pour couvrir sa tête chauve, la couvrit de laurier.

On rapporte de Madame la Duchesse de * * * qu'elle avoit toujours la tête ornée des plus beaux brillants pour cacher l'équivoque de ses cheveux.

DÉFIANCE.

La défiance dans un Gouverneur de place est l'effet d'une prudence active & éclairée. La politesse, & même l'amitié, ne l'autorisent point à hasarder un poste qui lui est confié. C'est ce dont étoit persuadé César Cavaniglia, Castellan de Livourne, en 1641. Le Grand-Duc de Toscane, François, lui avoit fait dire de rendre les plus grands honneurs à un Vice-Roi de Naples, qui eut la curiosité de voir la citadelle. Don César le prie d'y venir avec peu de suite ; & avant de le recevoir, y fait entrer une compagnie d'infanterie. Comme il s'apperçoit que ces précautions blessent le Vice-Roi : » Monseigneur, lui » dit-il, j'ai oui assurer à nos peres, qu'ancien- » nement on couvroit d'une peau d'âne ceux à » qui l'on confioit des places importantes, pour » les avertir que le devoir de leur charge les » exemptoit de toute cérémonie, & de toute » civilité, afin d'éviter toute surprise ". *Amelot, notes sur Tacite.*

DÉLATEUR.

ACCUSATEUR secret qui craint la lumiere & les preuves. On voit par cette définition, qu'il n'y a qu'un lâche qui peut se charger du métier de délateur. Aussi l'on remarque que les bons Princes les ont toujours écarté du Trône. Antonin le Pieux en fit mourir plusieurs ; d'autres furent battus de verges, envoyés en exil, ou mis au rang des esclaves : ceux qui échapperent à ces châtiments, échapperent rarement à l'infamie.

Un homme à Paris qui paroissoit assez à son aise, devint amoureux, & épousa une fille, que la mort de ses parents & la misere avoient jettée dans le libertinage. Au bout de quelques mois, elle sut que son mari étoit un espion : » Apparemment, lui dit-elle, que vous n'avez pris » ce métier qu'après avoir réfléchi qu'on risque » sa vie à faire celui de voleur & d'assassin"? Elle sort, & va se précipiter du Pont-Royal dans la Seine, où elle se noya. *Essais historiques sur Paris.*

DESPOTISME.

QUAND les Sauvages de la Louisiane veulent avoir du fruit, ils coupent l'arbre au pied, & cueillent le fruit. C'est l'image que l'Auteur de l'*Esprit des Loix* donne du gouvernement despotique.

Pour connoître jusqu'à quel point le despotisme avilit ceux qui lui sont soumis, jettons les yeux sur la conduite des favoris des Princes d'Afie. Ifachan, oncle de Schah-Sefy, Roi de Perfe, avoit trois fils qu'il chériffoit. La femme qui les lui avoit donnés, étoit fille de Schah-Abas. Le Prince régnant, Schah-Sefy, fe plaifoit fort dans fa compagnie, à caufe de fon efprit vif & enjoué. Elle prit un jour la liberté de le railler & de lui dire qu'elle s'étonnoit de ce qu'ayant tant de belles femmes, il n'avoit point encore d'enfants, au-lieu qu'elle en avoit fait trois à fon mari. Le Roi lui répondit qu'il étoit encore jeune, & qu'il auroit le temps de fe donner des héritiers. Elle répartit qu'une terre mal labourée ne pouvoit produire, & ajouta : Je crains qu'après votre mort on ne foit obligé d'avoir recours à un de mes enfants. Le Roi, quoique piqué de ce difcours, diffimula fon reffentiment, & prit congé d'elle. Mais le lendemain, il fit conduire fes trois coufins-germains dans un jardin, où il leur fit couper la tête. A l'heure du dîner, il fit mettre les têtes dans un baffin d'or qui étoit couvert, & ayant fait venir la mere, il tira les têtes l'une après l'autre par le nez, & lui dit : " Voilà les enfants d'une fi fertile femme ". La Princeffe, furprife de cet horrible fpectacle, demeura toute interdite ; mais remarquant fur le vifage du Roi les commencements d'une fureur qui lui pronoftiquoit un femblable traitement, elle fe jetta à terre, baifa les pieds du Roi, & lui dit : Tout eft bien fait, Dieu conferve les jours du Roi. Après cette foumiffion, il la renvoya, & fit venir le pere, à qui il demanda fi ce fpectacle lui plaifoit. Ifachan répondit qu'il ne lui déplaifoit point ; que fi le Roi lui eût témoigné defirer les têtes de fes enfants, il les lui eût apportées lui-même, & qu'il ne vouloit point d'enfants qui ne fuffent agréables à Sa Ma-

DESPOTISME.

jefté. Cette lâche complaifance lui fauva la vie pour un temps, mais le Roi lui fit auffi couper la tête quelques mois après. *Olearius*.

On peut encore fe rappeller ici ce trait de l'hiftoire de Cambyfe, Roi de Perfe. Ce Prince étoit fort adonné au vin. Un jour un de fes favoris, nommé Prexafpes, lui repréfentant que l'on trouvoit à redire qu'il bût tant : Je veux te faire voir, lui répondit Cambyfe, que le vin ne m'ôte ni le jugement, ni l'adreffe. Pour cet effet, après avoir bu plus qu'à l'ordinaire, il fit venir le fils de ce favori, commanda qu'on le liât à un arbre; & s'adreffant au pere : » Si je ne perce, lui dit-» il, le cœur de ton fils avec cette fleche, tu » auras raifon de dire que j'ai tort de tant boire ". Il tira enfuite fur l'enfant, qui, ayant été ouvert, fut trouvé avoir le cœur percé de la fleche. Le lâche favori, oubliant auffi-tôt fa douleur, fe mit à louer l'adreffe du tyran.

Le Sénat de Rome qui, du temps de la République, n'étoit occupé que du fort de la terre, eut la baffeffe de fouffrir, fous le regne de Domitien, qu'on ravalât fon autorité à prononcer fur une queftion de cuifine. Domitien, qui régloit tout par lui-même dans les affaires les plus intéreffantes, méprifa affez le Sénat pour le convoquer à l'effet de décider en quel vafe on cuiroit un turbot monftreux dont on lui avoit fait préfent. Les Sénateurs examinerent gravement cette importante affaire. Comme il ne fe trouva point de vaiffeau de terre affez grand, on propofa de couper le poiffon par morceaux ; cet avis fut rejetté : après bien des délibérations, on décida qu'il falloit conftruire un vafe tout exprès, & fut réglé, que quand l'Empereur iroit à la guerre, il auroit toujours à fa fuite un grand nombre de potiers de terre. Ce qu'il y eut de plus plaifant dans cette fcene de baffe flatterie, c'eft qu'un Sénateur aveugle parut extafié à la vue du turbot : il ne ceffoit d'en faire l'éloge en fixant les yeux du côté où le poiffon n'étoit pas.

Le ridicule defpotifme de Gefler, chez les Helvétiens, fit perdre à la maifon d'Autriche, vers le comencement du treizieme fiecle, la fouveraineté qu'elle avoit confervée jufqu'alors fur ces peuples. Ce Gefler, homme bizarre & cruel, s'avifa un jour de mettre un chapeau au bout d'une perche qu'il fit planter fur la place d'Altorf, avec ordre aux paffants de faluer ce chapeau, comme fi c'étoit lui-même. Un laboureur nommé *Guillaume Tell*, ayant manqué à cette formalité, Gefler le fit venir pour lui demander raifon de fa défobéiffance; le payfan s'excufa en difant qu'il n'avoit aucune connoiffance de cette loi, fans quoi il n'auroit pas manqué de s'y conformer. Peu content de cette réponfe, le Miniftre Autrichien ordonna au laboureur, ou de lui dire la vérité, ou d'abattre d'un coup de fleche une pomme fur la tête de celui de fes enfants qu'il aimoit le plus, ajoutant que s'il manquoit fon coup, il lui feroit ôter la vie à lui-même. Ce pere malheureux, n'ayant pu adoucir fon juge, ni par fes pleurs, ni par fes prieres, prit la fleche, & la décocha avec tant de bonheur, qu'il abattit la pomme à cent vingt pas de diftance, fans faire aucun mal à fon fils. La joie du pere fut égale au dépit du Gouverneur, qui, toujours dans le deffein de perdre Guillaume, lui fufcita une autre querelle fur ce qu'il avoit une deuxieme fleche dans fon carquois. Il voulut favoir de lui à quel ufage elle étoit deftinée : *A te tuer toi-même*, lui répondit le laboureur;

ce qu'il exécuta dans le temps même que le Gouverneur donnoit ses ordres pour le faire conduire en prison. Plusieurs citoyens se réunirent à Guillaume après la mort du Tyran, & cette alliance fut le fondement de la République Helvétique qui dure depuis plus de quatre cents ans.

Des Courtisans s'entretenoient devant Louis XIV, qui n'avoit que quinze ans, du pouvoir absolu des Sultans Turcs, & disoient qu'ils disposoient au gré de leurs caprices, du bien & de la vie de leurs sujets. Voilà, dit le Roi, ce qui s'appelle régner. Le Maréchal d'Estrées, qui étoit présent, craignant, avec raison, les conséquences d'un semblable aveu dans un jeune Prince, lui répartit : Mais, Sire, deux ou trois de ces Empereurs ont été étranglés de mon temps.

Il est aisé de se persuader qu'une autorité réunie en un seul homme, est facilement détruite. La moindre rumeur suffit même pour amener cette révolution. Lorsque l'Empereur Osman fut déposé par les Turcs, on ne lui demandoit que de faire justice sur quelques griefs ; une voix qui s'éleva du milieu de la foule, prononça par hasard le nom de *Mustapha*, & soudain Mustapha fut proclamé Empereur.

DEVISE.

SORTE de similitude ou de métaphore qui représente un objet par un autre, avec lequel il a de la ressemblance. La devise est proprement une métaphore peinte. Elle est composée de figure & de paroles. On a donné à la figure le nom de *Corps*, & aux paroles, celui d'*Ame*. Le mot ou l'ame de la devife, doit être proportionnée à la figure, & lui être tellement propre, qu'elle ne puiffe convenir à une autre. Voici quelques devifes choifies.

L'arbre de baume diftillant fa liqueur par les incifions qu'on lui a faites.
Vulneror ut fanem :
De ma bleffure le remede ;
Pour JESUS-CHRIST crucifié.

Un parélie qui repréfente l'image du foleil, avec ces paroles tirées du *Magnificat* :
Quia refpexit :
Parce qu'il m'a regardé ;
En l'honneur de la Sainte Vierge.

Une grenade qui n'eft point encore mûre.
Et nondum geftat matura coronam :
Dès qu'elle fera mûre, elle aura la couronne ;
Pour l'Infante Reine.

Deux aiguilles de pendule, dont l'une marque les minutes, l'autre les heures, avec ces paroles :
Lex eft quod notamus.
Ce que nous vous traçons, eft la loi qui vous regle ;
Santeuil fit cette devife pour les Notaires de Paris.

Une fufée en l'air.
Poco duri, purche m'inalzi :
Je veux bien durer peu, pourvu que je m'éleve ;
Pour un jeune Seigneur également brave & ambitieux.

Un oranger.
Fructus non adimit florem :
Le fruit ne fait pas tomber la fleur ;
Pour la Sainte Vierge, dont le fruit ne lui a point ôté la fleur de la virginité.

DEVISE.

Un feu sous la cendre.
Sepelitur ut vivat:
Il s'ensevelit pour vivre ;
Pour une personne qui se cacha au monde, pour vivre en Dieu.

Un alambic qui distille.
Humor ab igne:
Le feu produit cette eau ;
Pour une personne qui verse des larmes de pénitence.

Une tourterelle qui a perdu son pair.
Piango la sua morte & mia vita:
Je plains sa mort & ma vie ;
Pour une femme dont le mari vient de mourir.

Un paon.
Ut placeat, taceat:
Qu'il se taise, s'il veut plaire ;
Pour un bel homme qui n'a point d'esprit.

Une horloge.
Cheto fuor, commoto dentro ;
Emue au-dedans, & tranquille au-dehors ;
Pour un amant qui cache une passion violente.

Un âne qui mange des chardons.
Pungant dum saturent:
Qu'importe qu'on me pique, pourvu qu'on me rassasie ;
Pour un parasite qui ne perdoit pas un coup de dent à table, pendant qu'on le railloit.

Un Italien disoit que l'amitié d'Apollon étoit dangereuse, & qu'il traitoit ordinairement les Poëtes comme Hyacinthe, qu'il aimoit éperduement, & à qui il cassa la tête. Il avoit donné pour devise au Tasse, la fleur de Hyacinthe, avec ce mot : *Sic me Phœbus amat* ; Apollon m'aime de même.

DISPUTE.

SI on avoit toujours soin de s'assurer de la vérité d'un fait avant de disputer sur sa cause, on éviteroit, dit M. de Fontenelle, le ridicule d'avoir trouvé la cause de ce qui n'est point. Il rapporte à ce sujet l'anecdote suivante. En 1593, le bruit courut que les dents étant tombées à un enfant de Silésie, âgé de sept ans, il lui en étoit venu une d'or à la place d'une de ses grosses dents. Horstius, Professeur en médecine dans l'Université de Helmstad, écrivit en 1595 l'histoire de cette dent, & prétendit qu'elle étoit en partie naturelle, en partie miraculeuse, & qu'elle avoit été envoyée de Dieu à cet enfant, pour consoler les Chrétiens affligés par les Turcs. Figurez-vous quelle consolation, & quel rapport de cette dent aux Chrétiens ou aux Turcs. En la même année, afin que cette dent d'or ne manquât pas d'Historiens, Rullandus en écrit encore l'histoire. Deux ans après, Ingosteterus, autre savant, écrit contre le sentiment que Rullandus avoit de la dent d'or; & Rullandus fait aussi-tôt une belle & docte réplique. Un autre grand homme, nommé Libavius, ramasse tout ce qui avoit été dit de la dent, & y ajoute son sentiment particulier. Il ne manquoit autre chose à tant de beaux ouvrages, sinon qu'il fût vrai que la dent étoit d'or. Quand un orfevre l'eut examiné, il se trouva que c'étoit une feuille d'or appliquée à la dent avec beaucoup d'adresse; mais on commença par faire des livres, & puis on consulta l'orfevre.

DISTRACTION.

DISTRACTION.

Un soir, dit le Spectateur Anglois, je me promenois le long de la Tamise avec un de ces hommes dont l'esprit est toujours absent. Il rencontre à ses pieds un caillou d'une forme assez singuliere; il le ramasse, & se propose d'en faire présent à un Naturaliste de ses amis. Il se ressouvient un moment après qu'il a un rendez-vous, & tire sa montre. Il voit qu'il peut encore se promener un quart-d'heure. Comme ce qu'il a dans ses deux mains le gêne, il s'approche de la Tamise, jette sa montre au milieu de l'eau, & serre fort tranquillement le petit caillou dans son gousset. N'aimant pas, continue le Spectateur, à annoncer rien qui puisse faire de la peine, sur-tout lorsque cela seroit inutile, je laissai le temps à mon homme de s'appercevoir de sa méprise, & je me retirai en réfléchissant sur ces sortes d'absences d'esprit.

La distraction nous fait tenir tant de discours déplacés, & commettre tant d'actions ridicules, qu'on ne peut être trop en garde contre ce libertinage d'esprit. Menalque, dit la Bruyere, se trouve par hasard avec une jeune veuve; il lui parle de son défunt mari, lui demande comment il est mort. Cette femme, à qui ce discours renouvelle ses douleurs, pleure, sanglotte, & ne laisse pas de reprendre tout le détail de la maladie de son époux, qu'elle conduit depuis la veille de la fievre qu'il se portoit bien, jusqu'à l'agonie. *Madame*, lui demande Menalque, qui l'avoit apparemment écoutée avec attention, *n'aviez-vous que celui-là?*

Tome I.   L

Un négociant à qui on faisoit signer l'extrait baptistaire d'un de ses enfants, signa *Pierre… & compagnie*. Il ne s'apperçut de sa sottise que par la risée générale qu'elle excita.

Un Secretaire du Roi, fort distrait, dînoit avec un Maître des requêtes & sa sœur, qui étoit une jeune veuve. Cette Dame vint à se trouver mal. Le Secretaire du Roi fit entendre qu'il regardoit cet accident comme un signe de grossesse. Non, Monsieur, répondit le Maître des requêtes, ce n'est point le mal que vous dites : il y a trois ans que ma sœur est veuve. *Je vous demande pardon, Madame*, répondit l'homme distrait, *je croyois que vous étiez fille*.

Une Princesse vouloit, par honnêteté, dire quelque chose à une jeune Dame venue pour lui faire la cour. Elle lui demande combien elle avoit d'enfants, j'en ai trois, lui répondit cette Dame. A un quart-d'heure de-là, cette Princesse, dont l'attention n'étoit pas beaucoup occupée par un pareil entretien, demanda une seconde fois à cette Dame combien elle avoit d'enfants ? Comme je n'ai pas accouché, lui répondit-elle, depuis que vous m'avez fait l'honneur de me le demander, je n'en ai encore que trois. Cette réponse libre & plaisante réveilla l'attention de la Princesse, qui ne manquoit pas d'esprit, & la jeune Dame en reçut mille amitiés.

Une Dame étant en compagnie avec son mari, racontoit les adresses dont un galant s'étoit servi pour s'introduire la nuit dans la chambre d'une femme qu'il aimoit, en l'absence de son époux; mais, ajouta-t-elle, comme ils étoient ensemble fort contents l'un de l'autre, voici le mari qui revient frapper à la porte : *Or imaginez l'embarras où je fus alors…* La vérité, qui venoit de lui échapper, jetta le mari dans un bien autre embarras.

DOMESTIQUES.

Au-lieu de regarder ses domestiques comme des amis malheureux, les gens du monde les traitent le plus souvent comme de vils esclaves faits pour satisfaire les caprices du maître. La guenon de la Marquise de... mordit une de ses femmes au bras, & la morsure fut si cruelle, qu'on pensa dans les premiers jours qu'elle seroit mortelle. Le premier jour, la Marquise gronda sa guenon d'une façon tout-à-fait sérieuse, & lui défendit bien de ne plus mordre si fort à l'avenir. La fille en fut quitte pour un bras. La Marquise n'en pouvant plus tirer les services accoutumés, la renvoya, en lui promettant d'avoir soin d'elle. Le Marquis lui représenta qu'il y avoit de l'inhumanité dans ce procédé ; mais la Marquise lui répondit : Que voulez-vous que je fasse de cette fille ? Elle n'a plus de bras. Cette anecdote est rapportée dans le livre des *Caracteres*, par M. de P.

DOUTE.

L'homme qui se refuse au doute, dit un Auteur moderne, est sujet à mille erreurs : il a lui-même posé la borne de son esprit. On demandoit un jour à l'un des plus savants hommes de la Perse, comment il avoit acquis tant de connoissances : » En demandant sans peine, répon-
» dit-il, ce que je ne savois pas ".

Interrogeant un jour un Philofophe, dit le Poëte Sadi, je le preffois de me dire de qui il avoit tant appris : " Des aveugles, me répondit-il, qui ne levent point le pied fans avoir auparavant fondé avec leur bâton le terrein fur lequel ils vont l'appuyer ".

DUEL.

LE duel n'eft pas une inftitution d'honneur, comme le militaire le veut faire accroire, mais une mode affreufe & barbare, qui a pris naiffance dans la Scandinavie, partie de l'Europe qui comprenoit le Danemarck, la Suede & la Norwege. Les peuples de ces contrées étoient autrefois d'une férocité extrême : ils vivoient fans loix, fans difcipline, fans aucun efprit de fociété ; ils mettoient toutes leurs vertus à la pointe de leur épée, & ne connoiffoient point d'autre juftice que la force. C'étoit par le fer qu'ils foutenoient leurs prétentions, & vuidoient leurs querelles. Ils faifoient battre les conteftants, & donnoient gain de caufe à celui qui remportoit la victoire. Ces peuples s'étant précipités comme un torrent, en Italie, en Efpagne & dans les Gaules, leur fureur naturelle les fuivit, ils y apporterent l'ufage du duel : la France l'adopta fous le regne des fucceffeurs de Clovis ; on le regardoit, du temps de Charlemagne, comme un moyen fûr pour diftinguer l'innocent du coupable : c'eft ce qu'on appelle l'*épreuve du duel*. Le combat de Gui Chabot de Jarnac, & de François Vivonne de la Chataigneraie, a été le dernier duel autorifé. Ce combat fe fit dans la cour du château de Saint-Germain-en-Laye, le 10 Juillilet 1547, sous le regne de Henri II. Jarnac avoit donné un démenti à la Chataigneraie. Celui-ci le défia au combat. Le Roi le permit, & voulut en être spectateur ; il se flattoit que la Chataigneraie, qu'il aimoit, emporteroit l'avantage : mais Jarnac, quoiqu'affoibli d'une fievre lente qui le consumoit, le renversa par terre d'un revers qu'il lui donna sur le jarret, & qu'on a appellé depuis, *le coup de Jarnac*. On sépara les combattants ; mais le vaincu, inconsolable d'avoir reçu cette honte à la vue du Roi, ne voulut jamais que les Chirurgiens bandassent sa plaie ; il mourut quelques jours après. Henri fut si touché, qu'il jura solemnellement de ne plus permettre de semblables combats. Dans les additions aux *Mémoires de Castelnau*, on a rapporté les cartels de la Chataigneraie & de Jarnac.

Cartel de Franç. de Vivónne de la Chataigneraie.
» Sire, ayant appris que Gui Chabot de Jac-
» nac, a été derniérement à Compiegne, où il
» a dit, que quiconque avoit dit qu'il s'étoit
» vanté d'avoir couché avec sa belle-mere, étoit
» méchant & malheureux ; sur quoi, Sire, avec
» votre bon plaisir & vouloir, je réponds qu'il
» a méchamment menti, & mentira toutes fois
» & quant qu'il dira qu'en cela j'ai dit choses
» qu'il n'a pas dit : car il m'a dit plusieurs fois,
» & s'est vanté d'avoir couché avec sa belle-
» mere ". Franç. de Vivonne.

Cartel de Gui Chabot de Jarnac. » Sire, avec
» votre bon plaisir & congé, je dis que Fran-
» çois de Vivonne a menti sur l'imputation qu'il
» m'a donnée, de laquelle je vous parlai à Com-
» piegne, & pour ce, Sire, je vous supplie très-
» humblement qu'il vous plaise nous octroyer
» le champ à toute outrance ". Gui Chabot.

Serment de François de Vivonne. » Moi, François de Vivonne, jure fur les Saints Evangiles, fur la vraie Croix & fur la foi du baptême, que je tiens de lui, qu'à bonne & jufte caufe je fuis venu en ce champ pour combattre Gui Chabot, lequel a mauvaife & injufte caufe de fe défendre contre moi ; & que d'ailleurs je n'ai fur moi, ni en mes armes, paroles, charmes ou incantations, defquelles j'aie efpérance de gréver mon ennemi, & defquelles je me veuille aider contre lui ".

Chabot fit le même ferment le jour de ce combat. La Chataigneraie, vrai bravache, avoit prié à fouper plus de cent cinquante perfonnes de la Cour. Tous les apprêts de ce fouper, qu'il avoit faits dans fa tente, au bout des lices où ils fe battirent, furent gafpillés & mangés par la valetaille. *Mémoires de Vielville.*

Les Napolitains, qui trouvent aujourd'hui plus commode d'attendre fon ennemi au coin d'une rue & de le tuer par-derriere, avoient, pendant la fureur des duels, inventé une forte de défi qui étoit moins un duel qu'un combat. Celui qui fe trouvoit offenfé, choififfoit un fecond, & appelloit fon ennemi qui faifoit de même, & fe rendoit dans un lieu écarté. On n'employoit dans ce défi d'autre arme que l'épée ou une maffue ; on l'appelloit pour cette raifon combat *Alla mazza*. Cette fureur paffa en France, & s'y maintint jufqu'à l'édit de Louis XIV, concernant l'abolition du duel. Le nombre des feconds n'étoit pas toujours fixe. On voyoit des combats de dix, de douze & de vingt contre vingt. Celui qui étoit appellé pour fecond, recevoit cette invitation comme la plus grande marque d'amitié. Plufieurs Gentilshommes, même fans être connus, alloient se propofer, pour remplir ce barbare office. On peut fe rappeller ici ce que le Comte de Buffy rapporte dans fes Mémoires. Un jour que ce Buffy fortoit de la Comédie, un Gentilhomme appellé *Bruc*, le tira à part pour lui demander s'il étoit vrai que le Comte de Thianges eût dit qu'il étoit un ivrogne. Buffy lui répondit qu'il voyoit fort peu le Comte, & qu'il ignoroit ce qu'il pouvoit avoir dit. C'eft votre oncle, repliqua Bruc; & comme je ne puis avoir d'éclaircissement de lui, parce qu'il ne fort pas de fa Province, je m'adresse à vous. Ah! puifque vous voulez, lui dit Buffy, que je réponde pour lui, je vous dirai que quiconque l'a fait parler de la forte en a menti. C'eft mon frere, reprit le Gentilhomme, & c'eft un enfant. Il faut lui donner le fouet, répartit Buffy. En difant cela, ils mirent tous les deux l'épée à la main. On les fépara. Quelques jours après, un autre Gentilhomme, que Buffy ne connoissoit point, vint le trouver pour lui dire qu'ayant appris qu'il cherchoit Bruc, avec qui il avoit eu querelle, il lui diroit où il étoit, s'il vouloit le prendre pour fon fecond. Il ajoutoit qu'il ne les connoissoit ni l'un ni l'autre que de réputation; mais que fon inclination le portoit à fervir le Comte. Celui-ci le remercia des marques de fon amitié, & le pria de confidérer qu'il avoit déja quatre de fes amis auprès de lui, & que ce feroit une bataille s'il recevoit l'honneur qu'il vouloit lui faire.

Il a été vérifié par les regiftres de la Chancellerie, que depuis l'avénement de Henri IV à la Couronne, jufqu'à la vingtieme année de fon regne, fept mille graces avoient été expédiées. Qu'on joigne à cela les duels pour lefquels on n'a point eu recours aux lettres de graces, & on se convaincra facilement qu'il a dû périr beaucoup de noblesse dans ce nouveau genre de combat.

Henri III & les Rois successeurs ont publié les édits les plus séveres contre le duel. La France crut sur-tout cette sanglante coutume abolie sans retour, à la vue des ordonnances foudroyantes de Louis XIV contre les duellistes. L'abolition du duel fut célébrée en prose & en vers dans les harangues publiques & dans les discours particuliers. C'est dans ces circonstances que le Duc de Navailles refusa de se battre contre le Comte de Soissons. La Comtesse, épouse de ce dernier, & Sur-Intendante de la Maison de la Reine-Mere, étoit en dispute avec la Duchesse de Navailles, Dame d'honneur de cette Reine, par rapport à leurs fonctions. Le Roi porta un jugement qui parut favorable à la Duchesse. La douleur de la Comtesse fut si vive, que le Comte son mari proposa le duel au Duc de Navailles, qui refusa de l'accepter. Les Prédicateurs profiterent de cette disposition des esprits, pour s'élever avec force contre ces sortes de combats. Un jour que le Maréchal de la Force avoit assisté à un de ces sermons, il en fût si touché, qu'il protesta en sortant que si on lui faisoit un appel, il ne l'accepteroit pas. Voyez un ouvrage intitulé : *L'Honneur considéré en lui-même, & relativement au duel.*

Les plus grands hommes de l'antiquité ne songerent jamais à venger leurs injures personnelles par des combats particuliers. Plutarque rapporte qu'Antoine succombant sous le poids de son infortune, défia Auguste, & lui présenta le combat d'homme à homme; mais qu'Auguste le refufa, en difant qu'il avoit bien d'autres moyens de mourir fans celui-là. Scipion l'Africain & Métellus, tous deux grands Capitaines, rejetterent également le combat fingulier, parce que, dit Théophrafte, un Général doit mourir en Capitaine, & non en foldat.

Des Bacchas répondirent un jour à un Turc qui vouloir fe battre: Vous avez propofé un duel à un Mufulman; n'y a-t-il donc pas des ennemis à combattre & à détruire? Vous êtes affez téméraire pour expofer une vie qui n'eft pas à vous.

Charles, Roi de Suede, envoya, en 1611, un hérault à Chriftiern, Roi de Danemarck, avec un cartel de défi, qui courut dans toute l'Europe. Après quelques reproches affez forts que le Roi de Suede fait à fon ennemi, il lui propofe le duel, & il ajoute: *Si vous le refufez, je ne vous regarderai ni* comme homme d'honneur, ni *comme brave foldat.* Le Roi de Danemarck fit une réponfe beaucoup plus outrageante que la lettre qu'il avoit reçue. Il foutint d'abord que tous les reproches de Charles étoient des menfonges impudents: *Quant au défi que vous me faites,* ajoute-t-il, *c'eft une preuve que vous avez befoin d'ellebore pour vous nettoyer le cerveau.* Hiftoire de Suede.

Guftave-Adolphe, le conquérant du Nord, regardoit, ainfi que Louis XIV, les combats particuliers comme la ruine de la difcipline. Dans le deffein d'abolir dans fon armée cette coutume barbare, il avoit prononcé la peine de mort contre tous ceux qui fe battoient en duel. Quelque-temps après que cette loi eût été portée, deux Officiers fupérieurs qui avoient eu quelques démêlés enfemble, demanderent au

Roi la permission de vuider leur querelle l'épée à la main. Gustave fut d'abord indigné de la proposition : il consentit néanmoins ; mais il ajouta, qu'il vouloit être témoin du combat, dont il assigna l'heure & le lieu. Il s'y rend avec un corps d'infanterie qui environne les deux champions. Ensuite il appelle le bourreau de l'armée, & lui dit : » *Un tel*, dans l'instant qu'il y en aura un » de tué, coupe devant moi la tête à l'autre ". A ces mots, les deux Officiers resterent quelque temps immobiles ; mais reconnoissant bientôt la faute qu'ils avoient faite, ils se jetterent aux pieds du Roi, lui demanderent pardon, & se jurerent l'un à l'autre une éternelle amitié. *Hist. de Gustave-Adolphe.* Voyez *Préjugé*.

ÉDUCATION D'UN PRINCE.

Cosroès, Roi de Perse, dit le Philosophe Sadi, avoit un Ministre dont il étoit content, & dont il se croyoit aimé. Un jour ce Ministre vint lui demander à se retirer. Cosroès lui dit : Pourquoi veux-tu me quitter ? j'ai fait tomber sur toi la rosée de ma bienfaisance ; mes esclaves ne distinguent point tes ordres des miens ; je t'ai approché de mon cœur, ne t'en éloigne jamais. — Mitrane (c'étoit le nom du Ministre) répondit : O Roi ! je t'ai servi avec zele, & tu m'en as trop récompensé ; mais la nature m'impose aujourd'hui des devoirs sacrés ; laisse-moi les remplir : j'ai un fils, il n'a que moi pour lui apprendre à te servir un jour comme je t'ai servi. — Je te permets de te retirer, dit Cosroès, mais à une condition : parmi les hommes de bien que tu m'as fait connoître, il n'en est aucun qui soit aussi digne que toi d'éclairer & d'élever l'ame de mon fils ; finis ta carriere par le plus grand service qu'un homme puisse rendre aux autres hommes. Qu'ils te doivent un bon maître. Je connois la corruption de la Cour, il ne faut pas qu'un jeune Prince la respire : prends mon fils, & va l'instruire avec le tien dans la retraite, au sein de l'innocence & de la vertu. Mitrane partit avec les deux enfants ; & après cinq ou six années, il revint avec eux auprès de Cosroès, qui fut charmé de revoir son fils, mais qui ne le trouva pas égal en mérite au fils de son ancien Ministre. Cosroès sentit cette différence avec une douleur amere, & il s'en plaignit à Mitrane. O Roi ! lui dit Mitrane, mon fils a fait un meilleur usage que le tien des leçons que j'ai données à l'un & à l'autre; mes soins ont été partagés également entr'eux : mais mon fils savoit qu'il auroit besoin des hommes, & je n'ai pu cacher au tien que les hommes auroient besoin de lui.

Le défaut ordinaire des gouverneurs, instituteurs, & autres personnes qui travaillent à l'éducation des Princes, est de les flatter dans leurs caprices. C'est ce que fit sentir très-bien le domestique d'un Prince, par une expression vive & plaisante. On lui demandoit ce que ce jeune Seigneur, qui venoit d'achever ses études & ses exercices, avoir le mieux appris : C'est, répondit-il, à monter à cheval, parce que ses chevaux ne l'ont pas flatté.

ENFANTS.

Les enfants ont des ingénuités auxquelles on ne peut s'empêcher de sourire. Un enfant entendant dire que sa mere venoit de perdre son procès : « Ah, maman ! que je suis aise, en se » jettant à son cou, que vous ayez perdu ce » procès qui vous tourmentoit tant ! "

Un petit Sauvage avoit été amené de l'Amérique en France. Son maitre, qui le croyoit bien content, lui demanda : Hé bien, aimes-tu mieux à présent ton pays que le nôtre ? — Oui. — Et pourquoi ? — C'est que je ne puis manger que quand tu manges, & je ne puis dormir que quand tu dors.

Une petite fille de sept ans jouoit souvent avec un petit garçon de son âge, qu'elle appelloit son *petit mari*. Un jour sa maman, qui étoit une jeune veuve, lui dit : Henriette, ne veux-tu pas bien me le céder, ton petit mari ? — Non, dit-elle, assez séchement. — Non ? Mais si je ne veux pas te le céder non plus, qui nous accordera ? — Maman, ce sera la petite maman. (C'est ainsi qu'elle appelloit la mere du petit bon-homme.) — J'aurai donc la préférence ? car tu sais qu'elle veut tout ce que je veux. — — Oh ! la petite maman ne veut jamais que la raison. — Comment, Mademoiselle, n'est-ce pas la même chose ? (la petite se mit à sourire.) Mais encore, continua la maman, par quelle raison ne me donneroit-elle pas le petit mari ? — Parce qu'il ne vous convient pas. — Et pourquoi ne me conviendroit-il pas ? (Autre sourire aussi malin que le premier.) Parle franchement, eft-ce que tu me trouve trop vieille pour lui? — Non, maman, mais il eft trop jeune pour vous? Sa maman s'amufa à la prôvoquer encore. Ma chere Henriette, lui dit-elle, en prenant fon férieux, je t'affure qu'il ne te convient pas non plus. — Pourquoi donc, s'écria-t-elle, d'un air allarmé? — C'eft qu'il eft trop étourdi pour toi. — O! maman, n'eft-ce que cela? je le rendrai fage. — Et fi par malheur il te tendoit folle? — Ah! ma bonne maman, que j'aimerois à vous reffembler! — Me reffembler, impertinente? — Oui, maman. Vous dites toute la journée que vous êtes folle de moi. Hé bien! moi je ferai folle de lui! voilà tout. *La nouvelle Héloïfe.*

Un Miniftre proteftant, fort colérique, expliquoit à des enfants le Pentateuque; il en étoit à l'article de Balaam. Un jeune garçon fe mit à rire. Le Miniftre indigné, gronda, menaça, & s'efforça de prouver qu'un âne pouvoit parler, fur-tout quand il voyoit devant lui un ange armé d'une épée. Le petit garçon n'en rioit que plus fort. Le Miniftre s'emporta, & donna un grand coup de pied à l'enfant, qui lui dit en pleurant: Ah! je conviens que l'âne de Balaam parloit, mais il ne ruoit pas.

L'Auteur d'*Emile* a cité ces deux tours d'adreffe; l'un d'un petit garçon, & l'autre d'une petite fille, auxquels on avoit défendu de demander rien à table. Le petit garçon, que l'on avoit cruellement oublié, & qui craignoit de défobéir, s'avifa de prendre un peu de fel: c'étoit affez faire entendre qu'il defiroit de la viande. La petite fille étoit dans une circonftance différente; elle avoit mangé de tous les plats, hormis un feul dont on avoit oublié de lui donner, & qu'elle convoitoit beaucoup. Or, pour obtenir qu'on réparât cet oubli sans que l'on pût l'accuser de désobéissance, elle fit, en avançant son doigt, la revue de tous les plats, disant tout haut, à mesure qu'elle les montroit : *J'ai mangé de ça, j'ai mangé de ça :* mais elle affecta si visiblement de passer, sans rien dire, celui dont elle n'avoit point mangé, que quelqu'un s'en appercevant, lui dit : Et de cela, en avez-vous mangé ? *Oh! non*, reprit doucement la petite gourmande, en baissant les yeux. Si ce tour-ci paroît plus fin, c'est qu'il est une ruse de fille ? l'autre n'est qu'une ruse de garçon.

Madame Desnoyers rapporte, dans ses *Lettres*, cette espiéglerie du Duc de Berry, petit-fils de Louis XIV. Lorsqu'il étoit encore enfant, il faisoit souvent des petites fredaines, & le Roi lui ordonnoit les arrêts dans sa chambre. Un jour son sous-Gouverneur fit fermer les fenêtres, disant que les prisonniers ne doivent pas voir le jour. ” Vous me faites bien plaisir, lui dit le jeune ” Prince, puisque vous me garantissez par-là ” d'une vision aussi désagréable que la vôtre ”. Après cela, il se mit à badiner, & à battre du tambour avec ses doigts sur une table. Le sous-Gouverneur trouva encore cela mauvais, pria le Prince de ne point toucher à cette table, puisqu'elle ne lui appartenoit pas, & que tous les meubles étoient au Roi. ” Oh! pour le coup, ” vous ne me disputerez pas que ceci ne soit à ” moi ”. En même-temps, il se mit à battre sur ses fesses. Le sous-Gouverneur eu toutes les peines du monde à garder son sérieux, & le Roi rit beaucoup du rapport qu'on lui fit de cette scene.

Le Duc du Maine, encore enfant, faisoit beaucoup de bruit en jouant. Le grand Prince de

ENFANTS.

Condé, qui étoit dans le même appartement, se plaignoit de ce bruit : « Plut à Dieu, Mon-
» sieur, lui dit l'enfant, que j'en fisse autant
» que vous ! »

Un Docteur, fort occupé dans son cabinet, vit entrer un petite fille qui lui demanda du feu. Mais, lui répondit ce Docteur, vous n'avez rien pour l'emporter. Et comme il alloit chercher un vase pour le lui donner, la petite fille s'approcha de la cheminée, prit un peu de cendres froides, & posa dessus quelques charbons. Le Docteur surpris, jetta un de ses livres par terre, en disant : « Avec toute ma science, je n'aurois pu
» trouver cet expédient.

Un Professeur de Rhétorique lisoit à ses écoliers l'oraison funebre du Maréchal de Turenne, par Fléchier. Un écolier, qui avoit senti les beautés de ce discours, dit malignement à son camarade : Quand pourras-tu en faire autant ? — Lorsque tu seras Turenne, répondit l'autre.

Louis XI étant au château du Plessis, près de Tours, il descendit vers le soir dans les cuisines, où il trouva un jeune garçon qui tournoit la broche. Cet enfant avoit une physionomie qui prévenoit en sa faveur. Le Roi lui demanda d'où il étoit, qui il étoit, & ce qu'il gagnoit ? Le jeune marmiton, qui ne le connoissoit pas, lui dit sans le moindre embarras : « Je suis de Berry, je
» m'appelle Etienne, marmiton de mon mé-
» tier, & je gagne autant que le Roi : » *Que gagne le Roi ?* lui dit Louis. — *Ses dépens*, reprit Etienne, *& moi les miens*. Cette réponse libre & ingénieuse lui valut les bonnes graces du Roi, dont il devint par la suite le valet-de-chambre.

Il y a des enfants qui annoncent de bonne

heure un esprit réfléchissant. Un Ecclésiastique interrogeoit un jeune garçon sur son catéchisme, & lui demandoit : *Où est Dieu ?* Je vous répondrai, lui répartit l'enfant, quand vous m'aurez dit où il n'est pas.

Un enfant s'étoit levé fort tard. Son pere, pour le rendre plus diligent, lui dit : Mon fils, vous ne connoissez pas le prix & les avantages de la diligence. Un homme diligent s'étant levé fort matin, trouva une bourse pleine de louis dans son chemin. » Mais, mon pere, répondit » l'enfant, celui qui l'avoit perdu s'étoit levé » encore plus matin ". Ne donnez donc point aux enfants de raisons qu'ils puissent rétorquer contre vous.

Les questions trop multipliées, nous dit M. Rousseau dans son *Emile*, ennuyent & rebutent tout le monde ; à plus forte raison les enfants. Au bout de quelques minutes, leur attention se lasse ; ils n'écoutent plus ce qu'un obstiné questionneur leur demande, & ne répondent plus qu'au hasard. Cette maniere de les examiner est vaine & pédantesque, souvent un mot pris à la volée peint mieux leur sens & leur esprit, que ne feroient de longs discours : mais il faut prendre garde que ce mot ne soit dicté ni fortuit. Il faut avoir beaucoup de jugement soi-même, pour apprécier celui d'un enfant. J'ai ouï raconter à feu Mylord Hyde, continue-t-il, qu'un de ses amis, revenu d'Italie après trois mois d'absence, voulut examiner les progrès de son fils, âgé de neuf à dix ans. Il va un soir se promener avec le Gouverneur & l'enfant, dans une plaine où des écoliers s'amusoient à guider des cerfs-volants. Le pere, en passant, dit à son fils : *Où est le cerf-volant dont voilà l'ombre ?* Sans héfiter, fans lever la tête, l'enfant dit : *Sur le grand chemin.* Et en effet, ajoutoit Mylord Hyde, le grand chemin étoit entre le foleil & nous. Le pere, à ce mot, embraffe fon fils ; & finiffant là fon examen, s'en va fans rien dire. Le lendemain, il envoya au Gouverneur l'acte d'une penfion viagere, outre fes appointements.

ENTÊTEMENT.

Comment venir à bout d'une homme fauffement perfuadé que la vérité eft pour lui, & qui ne veut écouter aucune forte de raifonnement? C'eft de le traiter comme cet homme tombé en délire, dont parle Boerhaave. Il s'étoit mis dans la tête de ne plus piffer, de peur d'inonder la ville. On le recommande à un Médecin, qui, dans la vue de lui fauver la vie, imagine de faire crier au feu, & de lui repréfenter que la ville alloit être confumée, s'il n'avoit pas la bonté de piffer pour éteindre l'incendie. Le malade trouva cette raifon fi bonne, qu'il fit ce qu'on exigeoit de lui, & fut guéri.

ÉQUIVOQUE.

Expression qui offre un double fens dont n'abufent que trop fouvent ceux qui cherchent à jouer fur les mots. L'équivoque n'eft fupportable que lorfque le mot offre à l'efprit des idées différentes, dont l'une eft dans le fens propre, & l'autre dans le fens figuré. Si l'équivoque s'arrête fimplement au fon des mots, c'eft un quolibet. Voyez *Quolibet*.

Un Officier, fils d'un meſſager, croyant n'être pas connu, ſe faiſoit paſſer pour un homme de qualité. Quelqu'un, dans le deſſein de rabaiſſer ſon ſot orgueil, lui dit : » J'ai bien entendu » parler de Monſieur votre pere : c'étoit un » homme de lettres qui alloit toujours ſon grand » chemin ". Un plaiſant diſoit auſſi malignement à un jeune homme dont le pere avoit été aubergiſte : » Que ſon pere étoit un fort galant hom- » me, qu'il recevoit bien les gens, & que ſa » maiſon étoit ouverte à tout le monde ".

Dans le temps que parut le livre intitulé : *Les Préadamites*, par Iſaac de la Peyrere de Bordeaux, le Pere Adam, Jéſuite, prêchoit à Paris une *Paſſion* où il comparoit, mal-adroitement, les Pariſiens avec les Juifs qui avoient crucifié Notre-Seigneur. La Reine étoit comparée à la Vierge, & le Cardinal Mazarin à St. Jean l'Evangéliſte. La Reine parla de ce ſermon à M. le Prince de Guémené, & lui demanda ce qu'il en penſoit. Madame, je ſuis Préadamite, lui répondit ce Prince, je ne crois pas que le Pere Adam ſoit le premier des hommes.

Le Pere Hercule, de la Doctrine Chrétienne, avoir compoſé un Sermon pour M. l'Evêque de … ; une perſonne qui le ſavoit, dit en ſortant du Sermon de ce Prélat : Je viens d'entendre prêcher les travaux d'Hercule.

M. de Monteſpan jouoit un jour au lanſquenet ; ſa carte, qui étoit un Roi de cœur, fut la premiere priſe ; & comme il peſtoit un peu, une Préſidente, voulant faire le bel-eſprit, lui dit : Ah ! Monſieur, ce n'eſt pas le Roi de cœur qui vous a fait le plus de mal. M. de Monteſpan, aigri par ſa perte, & par la réflexion de cette Préſidente, lui répondit auſſi-tôt : Si ma femme est à un *louis*, vous êtes à *trente sols*. Lettres de M. Noyer.

Des Moines étoient venus demander à un jeune Seigneur de la Cour une somme d'argent pour les aider à finir un de leurs bâtiments. Combien, leur dit-il, y avez-vous mis de grues ? Monseigneur, répondirent les Moines, il y en a deux. Eh bien, répartit le jeune Seigneur, je ne veux pas être la troisieme.

E R R E U R.

ON peut détruire un raisonnement par un autre raisonnement plus conséquent ; mais qui entreprendra d'ôter au peuple son erreur lorsqu'elle a pour base une crédulité aveugle ! Hérodote se fait une gloire de rapporter plusieurs prodiges arrivés en Grece. Les Historiens des nations rivales ne se sont point arrêtés à réfuter ces fables, mais ils ont enchéri sur elles. Ils ont fait, dit un Auteur moderne, comme ce praticien, à qui on produisoit une fausse obligation ; il ne s'amusa point à plaider, il produisit sur le champ une fausse quittance. *Voyez* l'épigramme rapportée au mot *Chartres*.

On veut de l'extraordinaire en tout genre, & on va jusqu'à l'impossible. L'histoire ancienne, ajoute le même Auteur, ressemble à celle de ce chou plus grand qu'une maison, & à ce pot plus grand qu'une Eglise, fait pour cuire ce chou. *Voyez* la seconde anecdote rapportée à l'article *Hableur*.

Le Pere Montfaucon contoit qu'étant à Naples, lorsqu'on approcha le sang de St. Janvier de son chef, tout le monde cria miracle, & qu'il fit à-peu-près comme les autres, de peur d'être lapidé, quoiqu'il ne vît rien du tout.

Il y a au Mogol une pierre miraculeuse que l'on va voir de toutes parts. Ceux qui la montrent prétendent qu'elle est légere contre la nature des pierres, & qu'on peut la soutenir d'un seul doigt. Le voyageur Bernier eut bien de la peine à la voir, n'étant pas Musulman. Il y parvint, & reconnut que c'étoit pure fripponnerie; ceux qui la montrent glissant dessous quelque chose qui la soutient. Il pensa découvrir le pot aux roses, mais la peur lui fit crier merveille; sans cela, il ne seroit jamais revenu nous en dire des nouvelles.

On montroit à l'Abbé des Marolles la tête de St. Jean-Baptiste qui est à Amiens; il dit en la baisant : Dieu soit loué, c'est la cinquieme ou sixieme que j'ai l'honneur de baiser.

Un jour ce même Abbé allant à son Abbaye, eut la dévotion de visiter en passant l'Eglise du St. Sépulcre de Neufry en Touraine. Les Chanoines de la Collégiale lui dirent qu'on y gardoit dans un reliquaire de verre, quelques gouttes du sang de Jesus-Christ, qu'on seroit bien-aise de lui montrer, & qu'il seroit étonné de voir ce sang liquide & vermeil, se partager toujours également en trois gouttes dans le reliquaire, & se réunir ensuite, comme seroient trois gouttes d'eau ou de quelque autre liqueur. L'Abbé de Marolles dit qu'en effet c'étoit une chose merveilleuse, mais qu'il étoit bon de la voir pour en être persuadé. On approcha ce reliquaire de ses yeux en plein jour : il le considéra avec attention; & l'on fut fort surpris de ne lui voir témoigner aucun étonnement. On lui en demanda la raison, & il répondit que ce qu'on lui avoit

ERREUR.

dit pouvoit bien être, mais qu'il n'en avoit rien vu ; que ce qu'il avoit remarqué dans le reliquaire n'étoit ni vermeil, ni liquide : & qu'au-lieu de trois gouttes égales, il croyoit avoir compté quatre grains mal polis, & de grosseur différente. Les Chanoines gémirent sur son aveuglement, ainsi que le peuple qui étoit présent à ce spectacle.

Les siecles d'ignorance ont toujours été féconds en miracles. Parmi ceux rapportés dans les *Mémoires de l'Académie des Inscriptions & Belles-Lettres*, tom. XVIII, en voici un que la crédulité disoit avoir été opéré en faveur d'un Moine. » Ce Moine revenoit d'une maison dans
» laquelle il s'introduisoit toutes les nuits. Il
» avoit à son retour une riviere à traverser ; Satan renversa le bateau, & le Moine fut noyé,
» lorsqu'il commençoit l'invitatoire des matines de la Vierge. Deux diables se saisissent de
» son ame, & sont arrêtés par deux Anges, qui
» la réclament en qualité de Chrétienne. Seigneurs Anges, disent les diables, il est vrai
» que Dieu est mort pour ses amis, & ce n'est
» pas une fable ; mais celui-ci étoit du nombre
» des ennemis de Dieu : & puisque nous l'avons
» trouvé dans l'ordure du péché, nous allons le
» jetter dans le bourbier de l'enfer ; nous serons
» bien récompensés de nos prévôts. Après bien
» des contestations, les Anges proposent de
» porter le différend au tribunal de la Vierge.
» Les diables répondent qu'ils prendront volontiers Dieu pour juge, parce qu'il jugeoit selon
» les loix : mais pour la Vierge, dirent-ils,
» nous n'en pouvons espérer de justice ; elle
» briseroit toutes les portes de l'enfer, plutôt
» que d'y laisser un seul jour celui qui, de son

» vivant, a fait quelques révérences à son image. Dieu ne la contredit en rien ; elle peut dire que la pie est noire, & que l'eau trouble est claire ; il lui accorde tout : nous ne savons plus où nous en sommes ; d'un ambe, elle fait un terne ; d'un double deux, un quine : elle a le dez & la chance : le jour que Dieu en fit sa mere fut bien fatal pour nous. Les diables eurent beau récuser la Vierge, elle jugea le procès, décida que l'ame du Moine rentreroit dans son corps. Il avoit été retiré de la riviere, & rapporté au couvent, où l'on se disposoit à l'enterrer. On fut bien surpris de le voir se relever ; les Moines s'enfuirent d'abord ; mais quand ils furent instruits du miracle, ils chanterent le *Te Deum*.

L'Auteur des *nouveaux Mémoires sur l'Italie*, imprimés en 1764, rapporte qu'étant à Venise, il entra dans une Eglise où se célébroit une grande fête en l'honneur du Rosaire. Un Jacobin, d'un âge & d'une physionomie respectable, monta en chaire, où, avec le ton, l'emphase & la prolixité des *raconteurs* de la place Saint-Marc, il débita sur la fête du jour, une foule d'histoires dont on pourra juger par celle-ci. » Un voleur de grand chemin, tuant & assassinant quand l'occasion s'en présentoit, étoit exact à dire tous les jours le Rosaire. Un voyageur, qu'il avoit attaqué, se défendit, & le tua. Il mourut sans confession ; & son corps, dont l'ame ne voulut pas se détacher, fut enterré au pied d'un chêne par ses camarades. Quelques mois après, Saint Dominique apparut en cet endroit, & appella ce voleur par son nom. A cette voix, le défunt écarte la terre qui le couvroit, sort du tombeau, tombe aux pieds

» de Saint Dominique, qui le confeſſe, l'ab-
» ſout, & emporte ſon ame en Paradis. » Je ne
pus voir ſans douleur, ajoute l'Auteur, un Prêtre, un Religieux d'un ordre de gens éclairés, aller ainſi ſur les briſées des ſaltinbanques de place.

Autrefois, ſuivant Pierre Dumoulin, lorſque
quelque fontaine avoit une vertu diurétique, dé-
ſoppilative, ou confortative de nerfs & d'eſto-
mac, les Moines mettoient auſſi-tôt un petit
Saint auprès.

Croiriez-vous, diſoit un Chanoine dans une
compagnie, que St. Piat, après avoir eu la tête
coupée, la prit & la porta l'eſpace de deux lieues,
oui deux lieues toutes entieres ; car cela eſt ſûr.
Il ajouta cependant qu'il avoit eu de la peine à
ſe mettre en marche : *Je le crois bien*, répondit
une Dame, *il n'y a en pareille occaſion que le premier pas qui coûte.*

ESPAGNOL.

L'AIR grave & flegmatique de l'Eſpagnol eſt
pris par les étrangers pour de l'orgueil, & il
n'en eſt pas toujours. On ne peut cependant diſ-
convenir que cette nation n'ait une certaine fierté
qu'elle doit à l'étendue de ſes conquêtes, aux
idées qu'elle a de ſon origine, & peut-être à la
majeſté de ſa langue. Ce n'eſt pas ſeulement
chez les gens de condition que la hauteur Eſpa-
gnole ſe fait remarquer ; un artiſan, & même le
dernier des hommes, un vil mendiant, conſerve
au ſein de la miſere une démarche & un ton de
confiance qui ſemble l'élever au-deſſus de ſon
état. On peut ſe rappeller ici la réponſe de ce
gueux de Madrid à un paſſant qui lui reprochoit

de préférer une lâche oisiveté à un travail utile. C'est de l'argent & non des conseils que je vous demande, lui dit ce fier gueux en tournant le dos avec toute la gravité Castillane. Voyez *Orgueil national*, *Amour-propre*, *Etiquette*.

On a cherché à tourner en ridicule la gravité Espagnole par ce petit conte. Un certain Cavalier, noble comme le Roi Catholique, comme le Pape, & gueux comme Job, étoit arrivé de nuit dans un village de France où il n'y avoit qu'une seule hôtellerie. Comme il étoit plus de minuit, il frappa long-temps à la porte de cette hôtellerie, avant de pouvoir réveiller l'hôte. A la fin, il le fit lever à force de tintamare. Qui est là ? cria l'hôte par la fenêtre. — C'est, dit l'Espagnol, *Don Juan Pedro*, *Hermandez*, *Rodriguez de Villa-nova*, *Conde de Malafra*, *Cavallero de Sant-Iago y d'Alcantara*. L'hôte lui répondit aussi-tôt, en fermant la fenêtre : » Monsieur, je suis bien fâché ; mais nous n'avons » pas assez de chambres pour loger tous ces Messieurs-là ".

Il est ordinaire de voir à Rome une multitude innombrable de pauvres de tous les pays, auxquels on distribue la soupe à une certaine heure à la porte des Monasteres. Un Castillan nouvellement arrivé, & qui ignoroit à quelle heure se faisoit cette distribution, s'adressa à un pauvre Ecclésiastique François pour le savoir. La vanité Espagnole ne pouvoit souffrir qu'il demandât simplement la maison où l'on donnoit la soupe. Cette façon de parler lui paroissoit trop ignoble. Après avoir cherché une maniere de s'exprimer moins basse, il n'en trouva point de plus convenable que de demander au François s'il avoit pris son chocolat? — Mon chocolat, répondit

pondit l'Eccléfiaftique; & comment voulez-vous que je le paye? je vis d'aumônes, & j'attends qu'on diftribue la foupe au Couvent des Francifcains. — Vous n'y avez donc pas encore été, dit le Caftillan? — Non, reprit le François; mais voici l'heure ou je vais m'y rendre. — Je vous prie de m'y conduire, dit le glorieux Efpagnol; vous y verrez *Dom Antonio Perez de Valcabro, de Redia, de Montalva, de Véga, &c.* y donner à la poftérité une marque de fon humilité. — Et qui font ces gens-là, demanda le François? — C'eft moi, reprit le Caftillan. — Si cela eft, répliqua le François, dites plutôt un exemple de bon appetit.

Le Cardinal de Retz allant à Rome fur une galere de Naples, fut accueilli, près de l'Ifle de Corfe, par une tempête. Comme on fe croyoit prêt à périr, le Capitaine de la galere, nommé Villanova, fe fit apporter, au plus fort du danger, fes manches en broderies & fon écharpe rouge, en difant, qu'un véritable Efpagnol devoit mourir avec la marque de fon Roi. *Mém. de Retz.* Voyez *Orgueil national.*

Un Efpagnol ne ceffoit de foupirer pour une très-jolie perfonne. Défefpéré de n'avoir encore pu en obtenir la moindre faveur, il va lui-même pendant la nuit mettre le feu à la maifon où elle demeure, & court auffi-tôt lui annoncer le danger, afin du moins de pouvoir la tenir dans fes bras tout le temps qu'il faut pour la fauver des flammes. Que cette anecdote foit vraie ou fauffe, elle peut fervir à peindre l'amour romanefque d'un amant Efpagnol. Voyez *Amour.*

Les François ayant affiégé Cambray en 1677, la Ville fe rendit après quelque réfiftance. Quatre mille hommes dont la garnifon étoit compofée, tous réfolus de fe bien défendre & de tenir au moins trois mois, entrerent dans la citadelle après avoir abandonné douze cents dé leurs femmes à la clémence du vainqueur. Une védette Françoife, qui, pendant tous ces mouvements, fe trouvoit fort près de la védette Efpagnole, lui dit, qu'il étoit bien étonné que des gens fages allaffent s'enfermer dans un lieu où on ne vouloit pas recevoir leurs femmes, & les livraffent aux François, gens très-difpofés à avancer leurs affaires. Ce propos fit tant d'impreffion fur le jaloux Efpagnol, qu'il jetta auffi-tôt fon moufquet à terre, & fe rendit aux François. *Mercure de mai*, 1677. Voyez *Jaloufie*.

En 1667, le Général Schomberg, qui commandoit les Portugais, attaque une place Efpagnole : elle eft prife d'affaut. Pendant que tout etoit au pillage, un bourgeois Caftillan, qui fe promenoit avec beaucoup de fang froid dans les rues, entend une védette qui joue de la guitarre. Choqué de fes fons diffonnants, il la lui demande pour la mettre d'accord, & la lui rend, en difant : *Jouez-en préfentement, qu'elle eft accordée.* Il continua à fe promener tranquillement, plus fenfible à la mauvaifes harmonie d'une guitarre, qu'à la défolation de fa patrie & de fa famille. *Bafnage, annales des Provinces-Unies.*

L'Efpagnol eft courageux ; mais il faut qu'il foit confondu dans un efcadron ou dans un bataillon. Auffi Spinola difoit fouvent, qu'un Efpagnol feul, quoique brave foldat, n'étoit bon qu'à faire fentinelle. *Vie du Duc d'Offonne.*

On a obfervé, dans la comparaifon que l'on a faite du foldat François au foldat Efpagnol, que le premier fe fait toujours craindre d'abord, jurant & peftant quand il entre quelque part ;

mais dès le lendemain, il s'est accommodé avec tous les domestiques, & se trouve grand ami de la maison. L'Espagnol joue un rôle tout différent; car il use de courtoisie en arrivant: mais rien n'est plus rude que sa sortie; c'est alors qu'il pille & désole tout; d'où vient le proverbe, qui dit: » Qu'on se garde de la furie Françoise, & » de la retraite Espagnole ».

La rivalité qui régnoit autrefois entre les Espagnols & les Portugais, étoit dégénérée en une sorte de haine que l'on a pris plaisir à peindre par les traits suivants. Un Prêtre Portugais étoit à l'autel dans une Eglise de Rome, & commençoit à dire la Messe. Un Castillan la répondoit. Le Portugais, qui s'en apperçut, recommença plusieurs fois, & voyant que le Castillan continuoit de répondre, il se tourna vers lui, & lui dit avec colere: *Je ne parle pas à toi;* & il s'en alla avec ses ornements chercher un autre autel où il n'y eût point de Castillan qni lui répondit.

Un Grand de Portugal adressant la parole à un Grand d'Espagne, le traitoit d'*exellence.* Mais le Castillan lui répondoit, *votre courtoisie?* titre que l'on donne en Espagne aux gens qui n'en ont point. Le Portugais piqué, appella l'Espagnol, à son tour, *votre courtoisie;* l'autre lui donna alors de *l'exellence.* A la fin le Portugais, lassé, lui dit, pourquoi dites-vous : *Votre courtoisie*, lorsque je vous accorde le titre d'*exellence;* & pourquoi vous servez-vous de ce dernier titre, quand je vous appelle *votre courtoisie?* — C'est que tous les titres me sont égaux, répondit l'implacable Castillan, pourvu qu'il n'y ait rien de commun entre vous & moi.

L'histoire nous a conservé un trait bien singulier de cette haine nationale. Les Portugais, qui soutenoient les prétentions de l'Archiduc Charles au Trône d'Espagne, avoient, en 1706, pénétré jusqu'à Madrid. Les courtisanes de cette ville formerent aussi-tôt le dessein de ruiner leur armée. Elles vont en conséquence, la nuit par troupes, jusques dans ses tentes, & y commettent des désordres qui font périr plus de six milles soldats. La fidélité & l'amour pour Philippe V, disent les *Mémoires de St. Philippe*, porterent les femmes les plus perdues à mettre en œuvre cette criminelle & détestable ruse. Les plus gâtées se paroient avec soin, & se chargeoient de parfums & de fard, pour empoisonner des gens qu'elles abhorroient; cachant ainsi, sous le masque de l'amour, la haine implacable qu'elles leur portoient.

ESPRIT.

Un homme opulent demandoit, en dérision, au Philosophe Sadi, pourquoi on voyoit souvent l'homme d'esprit à la porte du riche, & jamais le riche à la porte de l'homme d'esprit? *C'est*, répondit ce Philosophe, *parce que l'homme d'esprit sait le prix des richesses, & que le riche ignore le prix des lumieres.*

Le Philosophe Aristippe étoit interrogé sur la différence qu'il y avoir entre un homme éclairé & un ignorant : *Qu'on les envoie*, dit-il, *hors de leur pays, & on le verra.*

Si vous voulez vous conserver au service d'un Grand, ayez l'art de cacher la supériorité d'esprit que vous pouvez avoir. *Noli videri sapiens coram principe*, a dit le Prophete Salomon. Amelot de la Houssaie, dans ses notes sur la maxime

VII de l'*Homme de Cour de Gracian*, rapporta cette anecdote. Un Roi de Portugal voulant écrire au Pape, dit à un de ses courtisans d'écrire de son côté pendant qu'il écriroit aussi du sien, & que la dépêche qui se trouveroit la meilleure seroit envoyée. Les deux lettres achevées, le Roi ne put se dissimuler que c'étoit celle de son courtisan : il le lui dit, le courtisan ne lui répond que par une profonde révérence, & court prendre congé du meilleur de ses amis. Il n'y a plus rien à faire pour moi à la Cour, lui dit-il, le Roi sait que j'ai plus d'esprit que lui.

Il étoit dangereux à la Cour même d'Alexandre, de paroître trop grand homme. Mon fils, fais-toi petit devant Alexandre, disoit Parménion à Philotas ; ménage-lui quelquefois le plaisir de te reprendre ; & souviens-toi que c'est à ton infériorité apparente que tu devras son amitié.

L'homme médiocre est l'homme aimé, Monsieur, disoit un pere à son fils, vous réussissez dans le monde, & vous vous croyez un grand mérite. Pour humilier votre orgueil, sachez à quelles qualités vous devez ce succès. Vous êtes né sans vices, sans vertus, sans caractere ; vos lumieres sont courtes ; votre esprit est borné : que de droit, ô mon fils ! vous avez à la bienveillance des hommes !

ÉTIQUETTE.

CÉRÉMONIAL écrit, ou traditionel, qui regle les devoirs extérieurs à l'égard des rangs, des places, & des dignités.

M. de Novion, premier-Président du Parlement de Paris sous Louis XIV, étoit allé rendre visite au Cardinal Mazarin, premier Ministre. Les deux battants des portes furent aussitôt ouverts à ce Magistrat, comme cela se pratique. M. de Novion pénétra jusqu'à la derniere antichambre, où il resta, parce qu'il ne trouva point le Cardinal Mazarin venant au-devant de lui. Un valet-de-chambre avoit déja annoncé le premier-Président à son Eminence, qui travailloit en ce moment, & qui se contenta de dire : *Faites entrer.* Le domestique l'annonça une seconde fois ; & comme le Ministre répétoit, *faites entrer*, le valet-de-chambre lui dit que M. de Novion s'étoit arrêté dans l'antichambre. Le Cardinal sentit alors ce que cela signifioit ; il se leva au plus vite, & frappant de grands coups sur la table, il dit : *Allons, ce petit homme est opiniâtre*, & il marcha pour l'aller chercher dans l'antichambre, où il étoit resté.

M. de Mêmes tint la même conduite à l'égard du Cardinal Dubois. Ce premier-Président ne voyant point son Eminence sortir de son cabinet, se mit dans un fauteuil à la porte de la premiere antichambre, & répondit au valet-de-chambre qui le pressoit d'entrer : *Je suis fort bien ici, & j'y attendrai fort commodément que son Eminence ait le loisir.* Et il attendit effectivement qu'elle vint au-devant de lui pour se mettre en mouvement, & entrer avec elle dans son cabinet.

Les Mémoires de *Mademoiselle* nous apprennent que cette Princesse passa une partie de sa vie dans les angoisses mortelles de disputes pour les chaises à dos.

Lorsque le Cardinal de Richelieu traita du mariage de Henriette de France & de Charles I. avec les Ambassadeurs d'Angleterre, l'affaire fut sur le point d'être rompue, par deux ou trois pas de plus que les Ambassadeurs exigeoient auprès d'une porte; & le Cardinal, ainsi que l'histoire le rapporte, se mit au lit pour trancher toute difficulté. Il faut avouer cependant que le François est moins qu'un autre attaché à l'étiquette; & lorsque des circonstances l'obligent de la pratiquer, il ne se la rappelle que pour l'oublier ensuite. Il n'en est pas de même chez les Italiens, l'importante affaire *punctilio* les occupe entiérement; c'est un des principaux mysteres de leur grandeur actuelle.

On peut dire la même chose des petites Cours d'Allemagne. On rapporte à ce sujet qu'un Colonel François, à la sortie d'une campagne, ne sachant que faire, voulut aller, dans une petite Ville d'Allemagne à une assemblée qui se tenoit chez une Princesse. Vous desirez, lui dit-on, vous trouver à cette assemblée; mais il n'y a que les Princes qui aillent là. Etes-vous Prince? — Va, va, dit le Colonel, ce sont de bons Princes; j'en avois l'année passée une douzaine dans mon antichambre, quand nous eûmes pris la Ville, & ils étoient tous fort polis.

Combien d'extravagances l'étiquette n'a-t-elle pas fait éclore en Espagne? On a lieu sur-tout de les déplorer, lorsque l'on sait que Philippe III en fut la victime. Ce Prince, à peine relevé d'une maladie dangereuse, étoit assis à côté d'une cheminée dans laquelle le boutte-feu de la Cour avoit allumé une si grande quantité de bois, que le Monarque pensa étouffer de chaleur. Sa grandeur ne lui permettoit pas de se lever pour appeller du secours; les Officiers en charge s'étoient éloignés, & les domestiques n'osoient entrer dans l'appartement. A la fin, le Marquis de Pobar parut, auquel le Roi ordonna d'éteindre le feu; mais celui-ci s'en excufa, fous prétexte que l'étiquette lui défendoit de faire une pareille fonction, pour laquelle il falloit appeller le Duc d'Uſſede. Le Duc étoit forti, & la flamme augmentoit: néanmoins le Roi foutint la chaleur plutôt que de déroger à fa dignité; mais il s'échauffa tellement le fang, que le lendemain il eut une éréfipele à la tête, avec des redoublements de fievre qui l'emporterent. *Hiſt. d'Eſpagne, & Inſtitutions politiques, par le Baron de Bielfed.*

Une autre anecdote fervira encore à prouver que l'étiquette eſt obfervée à la Cour de Madrid avec une rigueur incroyable. La Reine, époufe de Charles II, aimoit beaucoup à monter à cheval. Elle voulut un jour en effayer un qu'on lui avoit amené de la Province d'Andaloufie. A peine fut-elle deſſus, qu'il fe cabra, & la fit tomber. Le pied de la Princeſſe s'accrocha malheureufement à l'étrier, & le cheval entraîna la Reine fans que perfonne ofât la fecourir. L'étiquette s'y oppofoit formellement; car il eſt défendu à quelque homme que ce foit, fous peine de la vie, de toucher le pied d'une Reine d'Eſpagne. Charles II, qui étoit amoureux de fa femme, jettoit, du haut d'un balcon, des cris redoublés; mais l'étiquette retenoit les graves Eſpagnols. Cependant deux Cavaliers réfolurent de délivrer la Princeſſe; & malgré la rigueur de la loi, l'un fe faifit de la bride du cheval, l'autre dégagea le pied de Sa Majeſté. Ils fongerent enfuite à la peine qu'ils avoient méritée pour avoir violé une loi auſſi auguſte; ils profiterent du trouble où l'on étoit encore pour fe fauver. Mais la Reine demanda la grace des deux coupables, & l'obtint.

L'étiquette, ainsi que la gravité, a souvent été dédaignée par le vrai mérite. Lorsqu'en 1683, Sobieski, Roi de Pologne, eut obligé les Turcs de lever le siege de Vienne, l'Empereur, qui s'étoit éloigné de cette Capitale, y rentra, & fit dire qu'il desiroit passionnément de voir le Roi Polonois, & de l'embrasser. L'étiquette causa de l'embarras, & on demanda comment cet Empereur devoit recevoir un Roi électif. *A bras ouverts, s'il a sauvé l'Empire*, dit le Duc de Lorraine, dont la grande ame dédaignoit ces petites & misérables formalités. *Hist. de Sobieski.*

ÉTUDE.

L'AMOUR de l'étude, porté à l'excès, absorbe, ainsi que les autres passions, une partie de nos affections les plus naturelles.

Anaxagore, pressé par ses amis de mettre ordre à ses affaires, d'y sacrifier quelques heures de son temps : ” Oh ! mes amis, leur répondit-il, vous ” me demandez l'impossible. Comment partager ” mon temps entre mes affaires & mes études, ” moi qui préfere une goutte de sagesse à des ” tonnes de richesses ”.

Fréderic Morel travailloit à traduire Libanius, lorsqu'on lui vint dire que sa femme, qui languissoit depuis quelque temps, étoit bien malade, & qu'elle vouloit lui parler. Je n'ai plus, dit-il, que deux périodes à traduire, après cela j'irai la voir : un second commissionnaire vint lui annoncer qu'elle étoit à l'extrêmité. Je n'ai plus que deux mots, dit Morel ; allez, retournez vers elle, j'y serai aussi-tôt que vous. Un moment après, on vint lui rapporter qu'elle étoit morte. J'en suis très-fâché, dit-il, c'étoit une bonne femme ; il continua son travail.

Un jeune homme auquel Corneille avoit accordé sa fille en mariage, étant, par l'état de ses affaires, obligé d'y renoncer, vint le matin chez le pere pour retirer sa parole, perce jusques dans son cabinet, & lui expose les motifs de sa conduite. » Eh Monsieur, réplique Corneille, ne pouvez-vous, sans m'interrompre, parler de tout cela à ma femme ? Montez chez elle : je n'entends rien à toutes ces affaires.

Un domestique court tout effrayé dans le cabinet du savant Budé, lui dire que le feu est à la maison ! Eh bien, lui répondit-il, avertissez ma femme. Vous savez bien que je ne mêle pas du ménage.

EXPÉRIENCE.

A QUOI sert l'expérience si on manque d'esprit ? Deux enfants, l'un sot & l'autre rusé, trouverent quelques noix. Il s'agissoit de les partager. Le plus allerte les casse, prend le dedans, & donne les coquilles à son camarade qui cherche en vain à quoi pouvoit être bon ce qu'il tenoit ; il vit qu'il étoit dupe. Mais il ne m'attrapera pas davantage, dit-il en lui-même, & je saurai me venger comme il faut de ce tour, si l'occasion se présente. Quelques jours après, ils trouverent encore de compagnie des olives. Celui qui avoit été trompé, croyant rendre la pareille, dit à l'autre : Donne-moi ce qui est dedans, & garde le dessus pour toi. Son camarade très-content de ce partage, obéit avec joie, prend les molles enveloppes, manger délicat, & remet fidélement les durs noyaux à l'imbécille. *Apologue du Pere Desbillons.*

EXTÉRIEUR.

UN extérieur simple est l'habit des hommes vulgaires ; il est taillé pour eux & sur leur mesure : mais c'est une parure pour ceux qui ont rempli leur vie de grandes actions : je les compare à une beauté négligée, mais plus piquante. S'il est permis d'ajouter à cette pensée de la Bruyere, on dira qu'il y a une espece de coquetterie à un homme d'un rare mérite d'affecter quelque chose de singulier. Le Maréchal de... avoit la manie, à quatre-vings ans, de se promener avec un habit de moire bleue, des talons rouges & un plumet blanc. On demandoit, il est vrai, en le voyant, quel est ce vieux fou ? Mais sans cette demande on n'auroit point répondu : » C'est » le Maréchal de... cet habile Général qui a rem- » porté telles victoires ".

Buffy d'Amboise ayant appris que tous les Seigneurs de la Cour qui étoient d'un même tournoi que lui, faisoient des dépenses extraordinaires pour leurs équipages & pour leurs habits, fit vêtir ses gens comme des Seigneurs, & lui, marcha vêtu le plus simplement du monde au milieu de ce train magnifique. La nature alors fit valoir tellement ses avantages en la personne de Buffy, que Buffy fut pris seul pour un grand Seigneur, & tous les Seigneurs qui s'étoient fiés à la magnificence, ne passerent que pour des valets. *St. Evremont.*

FACÉTIES.

FAITS burlesques ou plaisants, ordinairement inventés à plaisir. Une naïveté, une gaudriole, un trait gaillard en fait l'assaisonnement. La facétie est au conte ce que la force est à la comédie.

Deux Duchesses se disoient un jour : Pâque approche, cela fait faire des réflexions; nous sommes de grandes pécheresses, il faut faire pénitence. Que ferons-nous pour cela ? Faisons jeûner nos valets.

Un bon mari disoit à sa femme : Je crois qu'il n'y a qu'un homme dans toute cette Ville qui ne soit pas cocu. Qui donc, demanda la femme ? Mais, dit le mari, tu le connois. J'ai beau chercher, répondit-elle, je ne le connois pas.

Un jeune Marquis mal-aisé, ayant épousé une vieille Comtesse fort riche, se divertissoit à ses dépens. Il la ménageoit d'autant moins, qu'elle lui avoit fait une donation de tous ses biens par contrat de mariage. La vieille ne reconnoissoit que trop la faute qu'elle avoit faite. Mais les mépris de son époux n'étoient pas ce qui l'allarmoit le plus. Elle craignoit qu'il ne lui prît envie de se défaire d'elle; & venant un jour à se trouver mal, elle dit tout haut qu'elle étoit empoisonnée. Empoisonnée, lui dit le Marquis en présence de plusieurs personnes; cela pourroit-il bien être ? Qui accusez-vous de ce crime? Vous, lui répondit la vieille. Ah ! Messieurs, s'écrie le mari, rien n'est plus faux. On n'a qu'à l'ouvrir tout-à-l'heure, on verra la calomnie. Ce trait peut être cité comme une saillie de méchanceté, *Voyez Saillie.*

Un homme avoir un soi-disant ami & une belle femme ; l'ami le fit cocu. Il devint veuf ; il en prit une laide ; l'ami le fit encore cocu. Parbleu, dit-il à son ami, je vois bien à présent que c'est à moi que vous en voulez.

Deux amis qui, depuis long-temps ne s'étoient vus, se rencontrerent par hasard. Comment te portes-tu, dit l'un ? Pas trop bien, dit l'autre ; & je me suis marié depuis que je t'ai vu. — Bonne nouvelle ! — Pas tout-à-fait, car j'ai épousé une méchante femme. — Tant pis ! — Pas trop tant pis, car sa dot étoit de deux mille louis. — Eh bien, cela console. — Pas absolument, car j'ai employé cette somme en moutons, qui sont tous mort de la clavelée. — Cela est en vérité bien fâcheux ! — Pas si fâcheux, car la vente de leurs peaux m'a rapporté au-delà du prix des moutons. — En ce cas vous voilà donc indemnisé ? — Pas tout-à-fait, car ma maison où j'avois déposé mon argent, vient d'être consumée par les flammes. — Oh ! voilà un grand malheur. — Pas si grand non plus, car ma femme & la maison ont brûlé ensemble.

Un maquignon vendant un cheval, dit à l'acheteur : Monsieur, faites le voir, je le garantis sans défaut. Ce cheval se trouvant aveugle, l'acheteur voulut obliger le maquignon de le reprendre ; mais celui-ci soutint qu'on ne pouvoit pas l'y contraindre puisqu'il l'avoit averti de son aveuglement, en disant : Faites le voir, je le garantis sans défaut.

Un homme qui passoit pour riche, quoiqu'il dût plus qu'il n'avoit vaillant, se promenoit sans rien dire, le nez dans son manteau, la veille de ses fiancailles, dans la salle de sa future belle-mere. Elle lui dit plusieurs fois : Qu'avez-vous, Monfieur? Il lui répondit à chaque fois: Madame, je n'ai rien. Huit jours après fon mariage, fa belle-mere voyant une foule de créanciers, lui dit: Monfieur, vous m'avez trompée. Madame, lui répliqua-t-il, je vous avois avertie que je n'avois rien ; je vous l'ai dit plus de dix-fois dans votre falle, la veille de mes fiancailles, lorfqu'il étoit encore temps.

Un Avocat borgne, plaidant un jour avec fes lunettes, dit : Meffieurs, je n'avancerai aucune piece qui ne foit néceffaire. L'adverfe partie lui répliqua : Retranchez donc un des verres de vos lunettes.

On faifoit dans un tribunal lever la main à un teinturier qui les avoit toutes noires. Le juge lui dit : Otez votre gant. Et vous, Monfieur, repartit le teinturier, mettez vos lunettes.

Un homme de la Cour étant fort malade & chargé de dettes, difoit à fon Confeffeur que la feule grace qu'il avoit à demander à Dieu, étoit qu'il lui plût de prolonger fa vie jufqu'à ce qu'il eût payé tout ce qu'il devoit. Ce motif eft fi bon, répond le Confeffeur, qu'il y a lieu d'efpéter que Dieu exaucera votre priere. *Si Dieu me faifoit cette grace*, dit alors le malade, en fe tournant vers un de fes anciens amis, *je ferois affuré de ne mourir jamais.*

Un jeune homme & une jeune fille de Londres fe préfentant pour être mariés, le Miniftre demanda, felon la coutume, au futur époux, s'il ne prenoit pas pour fa légitime époufe, cette jeune fille ci-préfente, &c.? Il répondit que non. Le Miniftre les renvoya. Le Dimanche fuivant, ils revinrent, & le Miniftre faifant encore au jeune homme la même demande que la premiere fois, il répondit que oui. Alors s'adreffant à l'accordée, il lui demanda auſſi ſi elle ne prenoit pas pour ſon légitime époux ce jeune homme ci-préſent. Elle à ſon tour répond que non : & le Miniſtre les renvoie encore. Ils furent pour la troiſieme fois trouver le même Miniſtre dans ſon Egliſe, & les mêmes demandes leur ayant été faites, ils répondirent tous deux : Oui. Mais alors le Miniſtre leur dit : » Quand » j'étois prêt, vous ne l'étiez point ; à préſent » que vous l'êtes, je ne le ſuis pas ; vous pou- » vez aller vous marier ailleurs ; en même-temps » il s'en alla. ".

Un pauvre journalier ſe procuroit tous les jours par ſon travail, cinq pains ; il en prenoit un, jettoit le ſecond, rendoit le troiſieme, & prêtoit les deux autres. Voici l'énigme : Il prenoit un de ces pains pour ſa nourriture, jettoit le ſecond à ſa belle-mere, rendoit le troiſieme à ſon pere, qui l'avoit nourri, & prêtoit les deux autres à ſes enfants, qui s'acquitteroient un jour envers lui du même devoir qu'il tendoit à ſon pere.

Un Eſpagnol en voyage, paſſoit un jour d'hyver dans un village du Brabant ; pluſieurs chiens aboyoient & couroient après lui. Il ſe baiſſa pour prendre une pierre & la leur jetter ; mais il avoit gelé, & la pierre tenoit ſi fortement, qu'il ne put l'arracher. Oh ! le maudit pays, s'écria-t-il en jurant, où l'on lâche les chiens & attache les pierres.

Un Gaſcon avoit perdu ſon argent au jeu. Comme il couchoit avec celui qui le lui avoit gagné, il prit le moment que ſon camarade dormoit pour lui dérober ſa bourſe. Mais celui-ci, qui n'avoit qu'un ſommeil inquiet, parce qu'il ſongeoit à ſon argent, ayant ſenti quelque chose, chercha d'abord sa bourse. Il trouva en chemin la main du Gascon. Que faites-vous là, lui dit-il ? Mon ami, lui répondit le Gascon, je prends ma revanche.

Un homme de Province, qui étoit venu à Paris dans le temps de carnaval, fit la partie d'aller au bal avec un de ses amis, & se déguisa en *diable*. Ils se retirerent avant le jour. Comme le carrosse qui les conduisoit passa dans le quartier où le Provincial logeoit, il fut le premier qui descendit. On le laissa le plus près qu'on put de sa porte, où il courut promptement frapper, parce qu'il faisoit grand froid. Il fut obligé de redoubler les coups avant de pouvoir réveiller une grosse servante de son auberge, qui vint enfin à moitié endormie lui ouvrir ; mais dès qu'elle le vit, referma au plus vite la porte, & s'enfuit en criant : *Jesus*, *Maria*, de toute sa force. Le Provincial ne pensoit point à son habillement diabolique, & ne sachant point ce que pouvoit avoir la servante, il continua à frapper, & toujours inutilement. Enfin, mourant de froid, il prit le parti de chercher gîte ailleurs. En marchant le long de la rue, il apperçut de la lumiere dans une maison ; & pour comble de bonheur, la porte n'étoit pas tout-à-fait fermée. Il vit en entrant un cercueil avec des cierges autour, & un bon Prêtre qui s'étoit endormi en lisant son bréviaire auprès d'un fort bon brasier. Tout étoit tendu de noir, l'on ne sentoit pas de froid dans ce lieu-là. Le Provincial s'approcha tout le plus près qu'il put du brasier; & s'endormir fort tranquillement sur un siege. Cependant le Prêtre s'éveilla, & voyant la figure de cet homme endormi, il ne douta pas que ce ne fût le diable qui venoit prendre le mort ; & là-dessus, il fit des cris épouvantables, que le Provincial s'éveillant en sursaut, fut tout effrayé, croyant voir le mort à ses trousses. Quand il fut revenu de sa frayeur, il fit réflexion sur son habillement, & comprit que c'étoit ce qui avoit causé son embarras. Comme il n'étoit pas loin de la fripperie, & que le jour commençoit à paroître, il alla changer d'habit, & retourna à son auberge, où il n'eut pas de peine à se faire ouvrir. Il apprit en entrant que la servante étoit malade, & que c'étoit une visite que le diable lui avoir rendue qui causoit son mal. Le Provincial n'eut garde de dire qu'il étoit le diable. Il fut ensuite qu'on publioit dans le quartier que le diable étoit venu pour enlever Monsieur un tel. Le Confesseur attestoit la chose ; ce qui y donnoit plus de croyance, ajoute Madame *Dunoyer*, qui rapporte cette anecdote ; c'est que le pauvre défunt avoit été maltôtier.

Pendant une horrible tempête, on ordonna à chacun de jetter à la mer ce qu'il avoit de plus pesant : un mari y jetta sa femme.

Un particulier qui avoit les mains toutes défigurées & toutes perdues de la goutte, jouoit aux cartes avec un autre, & lui gagnoit mille écus. Je me consolerois, lui dit le perdant en colere, si mon argent n'avoir pas été ramassé par la plus vilaine main qu'on puisse voir. — Cela est faux, lui dit le gagnant ; j'en connois une dans la compagnie encore plus laide. — Parblau, répartit le premier, je gage trente pistoles que non. L'autre, après avoir accepté la gageure, ôta le gant qui couvroit sa main gauche, & son adversaire fut obligé d'avouer qu'il avoit perdu.

Un homme qui venoit de perdre sa femme,

redoutoit les incommodités & les fatigues des compliments de condoléance. Pour les éviter, il dit à son cocher de s'envelopper d'habits de deuil, & de le représenter. Le cocher curieux de bien jouer son rôle, s'étoit afflublé de façon qu'on ne lui voyoit que les yeux. Il soupiroit & sanglottoit aussi-tôt que quelqu'un entroit. Un ami intime de l'homme veuf, s'approche plus près que les autres, & s'épuise vis-à-vis ce personnage feint, à lui donner les meilleures raisons pour le consoler. Le nouveau Sosie ne répond toujours que par des soupirs. A la fin, se voyant pressé de parler: Je ne suis que le cocher de Monsieur, dit-il à cet ami. Celui-ci alors changeant de ton, lui demande: combien vaut l'avoine?

Un Juif & un Chrétien, tous deux Italiens, s'étoient associés pour vendre du tabac. Le Samedi, jour du Sabbat, le Juif ne vendoit point. De même, le Dimanche, le Chrétien ne paroissoit point à la boutique, & le Juif vendoit. On en voulut faire un scrupule au Juif, qui répondit: *Trovata la legge, trovato l'inganno.*

Un homme de la Cour jouoit au piquet, & étoit impatienté par un homme à vue courte & à long nez. Pour s'en débarrasser, il prit son mouchoir, & moucha le nez de son importun voisin. Ah! Monsieur, dit-il aussi-tôt, je l'ai pris pour le mien.

Un pauvre diable qui passoit par un village, alla pressé par la faim, heurter à la porte du Seigneur. On lui dit: Qui êtes-vous? Je suis un pauvre Musicien qui demande la passade. Entrez, Monsieur. Entré qu'il fut, le Seigneur le fit dîner avec lui. Or, ce Seigneur étoit amateur de musique, & l'avoir fait apprendre à ses enfants, garçons & filles. Après dîner il fit apporter des livres de musique, en distribue un à l'étranger, & les autres à ses enfants. Ceux-ci se mirent à chanter ; & le Seigneur qui n'entendoit rien dire à ce passant, croyoit qu'il vouloit écouter un moment. A la fin, comme ce silence continuoit, il lui dit : Vous ne chantez point ? — Non, Monsieur. — Hé ! Pourquoi ? — Monsieur, je n'y entends rien. N'ai-je pas dit que j'étois un pauvre Musicien ? Certes, je suis si pauvre Musicien, que je n'y entends rien du tout.

Un Professeur de college étudioit ordinairement par jour quatre ou cinq heures. Comme il étoit resté dans son cabinet plus long-temps que de coutume, sa femme vint le trouver : Ah ! ma mie, vous voilà donc ? Que dites-vous ? — Je dis, Monsieur, que je voudrois bien être livre. — Et pourquoi, ma mie ? — C'est que vous êtes toujours après. — Certes, je le voudrois bien aussi, pourvu que vous fussiez un almanach. — Et pourquoi, Monsieur ? — C'est répondit le Professeur, qu'on en change tous les ans.

Un septuagénaire ayant dessein de se marier, parce que, disoit-il, il s'ennuyoit les soirs, on lui amena une femme, en lui disant : Tenez, Monsieur, vous trouverez à qui parler.

Un Prieur des Chartreux se trouvant à un repas maigre fort splendide, entendoit faire l'éloge d'un certain plat, & desiroit d'en goûter, lorsque le frere qui l'accompagnoit, lui dit : Mon pere, n'en mangez pas, j'ai vu dans la cuisine qu'on y avoit mis du gras. Eh ! qu'alliez-vous faire dans la cuisine, lui dit le Prieur avec chagrin, étoit-ce là votre place ?

Une maîtresse qui étoit à diner, gronda sa servante de ce qu'elle n'avoit pas employé assez de beurre. Cette fille, pour s'excuser, apporta un petit chat dans sa main, & dit qu'elle venoit de le prendre sur le fait achevant de manger les deux livres de beurre qui restoient. La maîtresse prit aussi-tôt le chat, le mit sur des balances; il ne pesoit qu'une livre & demie.

Trois compagnons de voyage de bon appétit venoient d'arriver dans une hôtellerie. On leur servit pour eux trois sur le même plat, deux pigeons & une perdrix. Il avoir été dit que chacun prendroit la piece qui se trouveroit devant lui. Un d'eux qui avoit convoité la perdrix, chercha à la mettre de son côté. Il fit tomber à cet effet la conversation sur le système de Copernic. Imaginez-vous, dit-il, que ce plat est la terre; Copernic veut qu'elle tourne, & il fait avancer en même-temps la perdrix de son côté. Un des deux autres compagnons qui n'avoit pas quitté de vue ce bon morceau, répartit assez naïvement: Pour moi, j'aime autant le système ancien, & remit le plat comme il étoit.

Il y a long-temps que les aubergistes, cabaretiers & autres, usent de l'artifice de faire servir le mauvais vin le dernier. En effet, lorsque l'on commence à être ivre, le goût s'émousse, & il est bien difficile de discerner la différence des vins. On rapporte d'une cabaretiere à Vienne en Dauphiné, qu'elle ne manquoit pas de dire à ses garçons, en parlant de ceux qui buvoient chez elle: » Dès que vous entendrez chanter en chœur » ces Messieurs, donnez-leur le moindre vin ".

Une actrice de l'opéra, orginaire d'Espagne, à qui l'on reprochoit d'être un peu camuse, d'avoir de grandes oreilles, & qui affectoit en s'habillant, de retrousser fort haut la queue de son manteau, (habillement dont la mode est aujourd'hui passée) surplus assez jolie, avoit fait une infidélité éclatante à son amant déclaré. Celui-ci, pour s'en venger, fit courir cette affiche :

Dix pistoles à gagner.

On a perdu une épagneule fort petite, poil blanc, ayant les yeux pers, pleins de feu, un peu camuse, bien coëffée, à grandes oreilles, le museau moucheté en plusieurs endroits ; sa queue est fort retroussée. Celui qui l'aura trouvée, la rendra à M. de... qui payera la somme promise.

Une Princesse passoit tous les matins trois ou quatre heures à apprendre l'hébreu. Un jour que son maître de langue étoit entré chez elle avec une culotte fort déchirée, le Prince son mari lui demanda ce que cet homme venoit faire dans sa chambre ? La Princesse lui dit : *Il me montre l'hébreu.* Madame, répondit le Prince, *il vous montrera bientôt le derriere.*

Un soldat venoit de satisfaire à un de ses plus pressants besoins. Un Officier qui passoit, se mit à s'écrier, en se bouchant le nez : Oh, quelle puanteur ! Quoi donc, mon Officier, dit le grivois, prétend-on que pour cinq sols que je reçois par jour, je fasse du musc.

Un Procureur qui venoit d'acheter une charge de Sénéchal à son fils, lui conseilloit de travailler toujours utilement, & de faire contribuer ceux qui auroient besoin de lui. Quoi, mon pere, dit le fils surpris d'un tel conseil, vous voudriez que je vendisse la justice ? *Sans doute*, répondit le pere : *une chose si rare ne doit pas se donner pour rien.*

Un homme ayant épousé une fille qui lui donna un enfant après six semaines de mariage, ses amis lui dirent: Voilà une couche bien précoce. Point du tout, répondit le mari, l'enfant n'eſt pas venu trop tôt, mais c'eſt le mariage qui a été fait trop tard.

Un Prince deſiroit d'avoir le portrait d'une femme qui étoit très-belle. Le mari ne voulut jamais y conſentir. Si je lui donne la copie, diſoit ce mari prudent, il voudra enſuite avoir l'original.

Je conſens à tous vos deſirs, diſoit une jeune perſonne à ſon amant, pourvu que vous me donniez ce que vous n'avez pas, ce que jamais vous ne poutez avoir, & ce que vous pourez cependant me donner. Que lui demandoit-elle?... un époux.

On diſoit à un Moine d'aller à l'Egliſe. Qui eſt-ce qui y éſt? Ils y ſont tous: ils ſont donc aſſez. Une autre fois on lui dit: Il n'y a perſonne. Il répondit: Je n'y ferois rien tout ſeul.

Un théologal de Province qui n'étoit jamais venu à Paris, s'étoit placé dans un carroſſe de voiture pour faire ce voyage. Pendant le chemin, comme il n'avoit rien de mieux à faire, il s'étoit mis à dormir. Lorſque le ſoir on fut arrivé aux barrieres, les commis pour les entrées vinrent demander ſi on n'avoit rien à déclarer; quelqu'un répondit auſſi-tôt: Nous avons un théologal qui ne fait que ronfler, voyez ce qu'il vous faut. Oh! dit le commis qui n'avoit jamais entendu parler de théologal, cet animal-là n'eſt pas ſur mon tarif. Vous n'avez qu'à percevoir comme pour un cochon, lui répondit-on. Il donne en conſéquence ſa quittance, & on réveille M. le théologal, qui eſt fort ſurpris de ce qu'il faut payer pour entrer à Paris. Mais lorſqu'à la lumiere il eut vu cette quittance, il s'apperçut bien du tour qu'on lui avoit joué, & ne s'en vanta point.

« Un jour Denoſt dînoit avec ſon Prélat; on
» commença à propoſer. Il y avoit une belle
» langue de carpe, que Monſieur donna à De-
» noſt & à ſon prochain aſſis, & dit: Je vous
» la donne à tous deux. Denoſt dit à l'autre:
» Cornu, jouons à croix ou à pile qui l'aura.
» C'eſt bien dit, dit-il, il ne faut pas la diviſer.
» Denoſt tire un douzain, & dit: Que prends-
» tu, Cornu? Cornu dit: Je prends la croix;
» & l'autre dit: Et moi la langue, & la mangea.

F A T.

ON a dit que le fat étoit l'homme d'eſprit des ſots. Il ne fait rien par goût; il n'agit que par oſtentation. Il ſe croit un perſonnage, & il n'eſt qu'un mauvais comédien qui choque tous les ſpectateurs par ſon ennuyeux perſiſſlage, par ſes airs étudiés, par ſes manieres ridiculement importantes. Qu'une femme le regarde, il s'en dit aimé; qu'elle ne le regarde pas, c'eſt la ruſe d'un cœur qui diſſimule en vain ſa défaite. S'il compte des ancêtres illuſtres, il parlera continuellement de ſa naiſſance, des alliances de ſa famille, de ſes emplois. S'il eſt homme de fortune, il fera l'énumération de ſes biens, il paroîtra étonné devant des perſonnes peu riches: Comment peut-on vivre avec ſoixante mille livres de rente. Il entretiendra des gens de lettres, de ſes équipages & de ſes chevaux. Un fat de cette eſpece ſe plaignoit dans une compagnie de la grande dépenſe qu'il étoit obligé de faire pour nourrir dix chevaux. Au-lieu d'avoir tant de chevaux dans votre écurie, lui difoit-on, que ne réfervèz-vous une partie de votre revenu pour vous procurer la compagnie des gens d'efprit. Le fat, qui ne fentoit pas le bon confeil qu'on lui donnoit, répondit : Mes chevaux me trainent ; mais les gens d'efprit... Les gens d'efprit, lui répartit auffi-tôt quelqu'un, vous porteront fur leurs épaules.

Un fat, fort content de fa figure, conduifoit dans une maifon un jeune homme de fa connoiffance, dont la phyfionomie peu fpirituelle ne prévenoit point en fa faveur. Celui qui le conduifoit, croyant faire une bonne plaifanterie, dit à la compagnie qui fe levoit pour les recevoir : Vous voulez bien que je vous préfente Monfieur... qui n'eft pas fi fot qu'il le paroît. C'eft, Mefdames, reprit auffi-tôt le jeune homme, la différence qu'il y a entre nous deux.

Un petit-maitre qui plaçoit fort mal fes inclinations, fut volé en paffant fur le pont-neuf. Comme il racontoit les circonftances de cette aventure : Je ne me foucie pas, difoit-il à fes amis, de l'argent que j'ai perdu ; mais je regrette les lettres de ma maîtreffe que ces coquins m'ont prifes avec mon argent. Vous verrez, lui répondit un de ceux qui l'écoutoient, qu'ils en reconnoîtront l'écriture.

Il y a ce trait du grand Condé, qui, ennuyé d'entendre un fat parler fans ceffe de *Monfieur* fon pere & de *Madame* fa mere, appella un de fes gens, & lui dit : " *Monfieur* mon laquais, di-
" tes à *Monfieur* mon cocher de mettre *Meffieurs*
" mes chevaux à *Monfieur* mon carroffe ".

FEMMES.

LES peuples qui ont eu des mœurs, ont toujours respecté les femmes. Ce respect, en leur inspirant une plus grande estime d'elles-mêmes, les a souvent élevées à l'exercice des plus sublimes vertus. *Voyez Amour de la patrie, Amour de la gloire, Amour conjugal, Chasteté, Courage.*

Cornélie, fille du grand Scipion, & femme du Consul Simpronius, étoit dans une compagnie de Dames Romaines qui étaloient leurs pierreries, leurs bijoux, leurs ajustements. On demanda à Cornélie de voir les siens. Cette sage Romaine fit aussi-tôt approcher ses enfants qu'elle avoit élevés avec soin pour la gloire de la patrie, & dit, en les montrant : *Voici ma parure, voici mes ornements.*

Les Lacédémoniens, grands estimateurs du mérite, faisoient consister principalement celui d'une femme, à vivre ignorée & retirée dans le sein de sa famille. Un Spartiate entendant faire de magnifiques éloges d'une Dame de sa connoissance, l'interrompit en colere : " Ne cesseras-tu point, lui dit-il, de médire d'une femme de bien "?

Les femmes passent pour être plus peureuses que les hommes. Voici néanmoins un trait assez hardi d'une servante de Lille. Elle avoit gagé d'aller pendant la nuit, sans lumiere, prendre une tête de mort dans le cimetiere de sa paroisse. Celui qui avoit fait la gageure contre elle, s'étoit caché sous le charnier. Comme elle tenoit une tête dans ses mains, il lui cria d'une voix sépulchrale : *Laissent-là ma tête.* La servante la lui jetta, en lui difant : *Tiens, la voilà*, & en prit une autre. Elle entendit une feconde fois le même commandement ; mais s'appercevant que c'étoit la même voix qu'elle avoit déja entendue, elle emporta tranquillement la tête qu'elle tenoit, & dit, dans fon patois : *Va-t-en, va-t-en, t'en n'a mie deux*. Apologie du beau-fexe.

Le premier coup-d'œil jetté fur la fociété civile ne laiffe aucun doute que la femme ne foit inférieure à l'homme pour la force ; mais cette foibleffe de la femme, ne vient-elle pas de la tranquillité de fes occupatious, & dans l'état de nature ayant les mêmes befoins que l'homme, n'auroit-elle pas auffi la même force & la même activité pour y fatisfaire ? L'hiftoire d'une jeune fille fauvage, publiée en 1755, autorife cette queftion. Cette jeune fille, âgée pour lors de neuf à dix ans, étoit entrée fur la brune dans le village de Songi en Champagne, au mois de Septembre 1731. Elle avoit les pieds nuds, le corps couvert de hâillons & de peau, les cheveux fous une calotte de callebaffe, le vifage & les mains noirs comme une négreffe ; elle étoit armée d'un bâton court & gros par le bout en forme de maffue. Un payfan, effrayé de cette figure, lâcha fur elle un dogue armé d'un collier à pointe de fer. La fauvage, le voyant approcher en fureur, l'attendit de pied ferme, tenant fa petite maffe d'armes à deux mains, dans la pofture de ceux qui, pour donner plus d'étendue aux coups de leur coignée, la levent de côté ; voyant le chien à fa portée, elle lui déchargea un fi terrible coup fur la tête, qu'elle l'étendit mort à fes pieds.... On remarqua qu'elle avoit les doigts des mains, fur-tout les pouces, extrêmement gros par proportion au refte de la main : elle a dit elle-même depuis, que ces pouces plus gros & plus forts lui étoient bien nécessaires pendant sa vie errante dans les bois, parce que lorsqu'elle étoit sur un arbre, & qu'elle en vouloit changer sans descendre, elle appuyoit ses deux pouces sur une branche, & s'élançoit sur l'arbre voisin comme un écureuil.... Cette sauvage, quelques jours avant qu'elle fut prise, fut apperçue nageant & plongeant dans la riviere. D'où elle sortit quelque temps après tenant un poisson dans chacune de ses mains, & une anguille entre ses dents. Rendue à la société civile, elle a néanmoins toujours conservé une forte inclination pour se jetter dans l'eau, où elle pêchoit à la main & nageoit comme un poisson, malgré le froid & la gelée. *Hist. d'une jeune fille sauvage, publiée par Mad. H... Paris*, 1755.

Il y a trois choses, disoit un bel-esprit, que j'ai toujours beaucoup aimées, sans jamais y rien comprendre ; la peinture, la musique & les femmes.

On trouve moins d'union entre les femmes qu'entre les hommes, parce qu'elles ont un même objet : celui de plaire. Le mépris que l'on témoigne pour leurs charmes, est une offense qu'elles ne pardonne jamais. On vint rapporter un jour au Duc de Roquelaure, que deux Dames de la Cour avoient pris querelle, & s'étoient accablées d'injures. Se sont-elles appellées laides, dit le Duc ? — Non, Monsieur. — Eh bien, répondit-il, je me charge de les réconcilier.

On peut conclure de cette rivalité qui regne entre les femmes, qu'elles sont naturellement portées à la médisance. En vain une jolie personne espete d'y échapper. Mademoiselle de *** entendoit souvent médire de sa figure; & toutes les fois elle disoit : *Pour me venger, je ferai demain un infidele.* La vengeance lui a réussi tant de fois, qu'à la fin les femmes sont convenues qu'elle étoit aimable, mais non qu'elle fût sage. Leur médisance n'a fait que changer d'objet.

Un Auteur qui doit bien connoître les femmes, (Madame de P.) dit encore quelque part, qu'on n'amuse pas long-temps les femmes avec de l'esprit. Une Dame de qualité, qui s'étoit choisi un jeune homme d'une jolie figure & de beaucoup d'esprit, lui dit un jour nettement, qu'il pouvoit se retirer, qu'elle n'aimoit pas les gens qui parloient trop.

On a beau avoir des talents, de l'esprit, un caractere admirable, il y a toujours des côtés, continue le même Auteur, par où il est bon de n'être pas regardé. Les femmes entendent, ce me semble, cette politique mieux que les hommes; elles enveloppent soigneusement ce qu'elles ne peuvent montrer avec avantage. Voyez Madame de... qui n'a pas les dents belles; elle ne rit jamais que des yeux.

Mademoiselle N... fit assembler tous ses parents pour les consulter, & avoir d'eux la permission de faire couper une loupe qui lui étoit venue au front. Peu de temps après, elle épousa un aventurier, sans le communiquer à personne. Combien de femmes ressemblent à Mademoiselle N***!

Qu'est-ce donc que ce petit monstre-là, disoit inconsidérément une femme à une autre, en parlant d'un enfant ? — Madame, c'est ma fille. — Ah! ah! elle est bien jolie.

Le Chevalier Gascoin, dont parle Wiekerli dans une de ses lettres, avoit été, pendant sa jeuneſſe, fort bien venu des femmes. Pour ſe procurer cette même ſatisfaction, étant vieux, il s'aviſa de mener toujours avec lui un jeune homme. Si je me préſentois ſeul chez les Dames, diſoit-il à ſes amis, elles ne manqueroient pas de me refuſer la porte, uniquement parce que mes viſites ſeroient ſans conſéquence.

,, Les Sicambres, une des tribus des Francs,
» commençoient à plier & à fuir dans une ba-
» taille ; leurs femmes les arrêtent, & leur di-
» ſent, en découvrant leur ſein : Frappez, lâ-
» ches, frappez, & tuez-nous plutôt que de
» nous expoſer aux opprobres de l'eſclavage.
» Ce ſpectacle & ces reproches animent le cou-
» rage & la fierté des Sicambres ; ils ſe rallient ;
» le combat recommence ; ils repouſſent & dé-
» font entiérement l'ennemi qui ſe croyoit déja
» vainqueur. Un Hiſtorien prétend que c'eſt de-
» puis cette victoire, & en mémoire de la part
» que les femmes y avoient eue, qu'elles com-
» mencerent & qu'elles ont continué à laiſſer
» leur gorge découverte ". *Eſſais hiſt. ſur Paris.*

Le babil ſemble avoir été accordé ſpécialement aux femmes, comme un ſoulagement dans leurs occupations ſédentaires. Il étoit d'ailleurs dans le vœu de la nature, que les femmes chargées par devoir de l'éducation des enfants, exerçaſſent leurs oreilles par un caquet continuel, & imprimaſſent dans ces cerveaux débiles beaucoup de traces idéales qui y reſteroient difficilement ſans ce ſecours. Cependant on a eu l'injuſtice, juſques dans la chaire, de lancer des traits contre ce babil utile des femmes. Un Prédicateur prêchant devant des Religieuſes le jour de Pâques, dit que Jeſus-Chriſt reſſuſcité apparut d'abord aux femmes, afin que la nouvelle de fa résurrection fût plutôt répandue.

On sait que c'est l'usage dans plusieurs paroisses de campagne, que les hommes soient placés d'un côté, & les femmes de l'autre. Un Religieux, au milieu de son sermon, entendoit quelqu'un des auditeurs qui babilloit; ce bruit lui causoit des distractions; il en fait ses plaintes. Une femme se leve aussi-tôt; & croyant devoir venger son sexe, dit : Au moins, mon révérend Pere, ce n'est pas de notre côté. *Tant mieux, ma bonne, tant mieux*, lui répond le Religieux, *cela finira plutôt.*

Un Prédicateur prêchant sur l'Evangile de la Samaritaine, dit : Ne soyez pas surpris si cet Evangile est si long, une femme y parle.

Un Fabuliste Allemand, M. Lichtwerh, dans le dessein de prouver qu'il n'y a point de femme qui ne soit bonne à quelque chose, rapporte l'historiette suivante. Un pauvre paysan, de sept enfants qu'il avoit eus de son mariage, ne put parvenir à élever qu'une fille; encore étoit-elle de la figure la plus hideuse. Vous vous imaginez sans doute qu'il eut bien de la peine à la pourvoir. En effet, qui auroit voulu se charger d'un objet si difforme ? Patience, vous allez savoir à quoi vous en tenir. Songez que tous les gens à marier ne se laissent pas prendre par la figure. Un meneur d'ours passa dans le village où elle demeuroit; il la vit, & la demanda en mariage. Le pere étoit un honnête homme, un homme de la vieille roche, & qui ne vouloit surprendre personne. Monsieur, dit-il au prétendu, je dois vous parler naturellement; vous n'avez peut-être pas remarqué que ma fille est assez mal tournée, & vous ignorez que je n'ai rien à lui donner en mariage ? — *Beau-pere*, répondit l'au-

tre, *ce n'est pas ce qui m'inquiete.* — Mais elle est bossue par-devant & par-derriere. — *Voilà justement ce que je demande.* — Sa peau ressemble à du chagrin. — *J'en suis bien-aise.* — On ne lui voit point de nez. — *Fort bien.* — Elle n'a guere que trois pieds de haut. — *Encore mieux.* — Elle a les jambes en faucilles & les talons en-dehors. — *Cela est bien heureux.* — Tenez, je vois qu'il ne vous faut rien cacher: elle est presque muette & tout-à-fait sourde. — „ Est-il possible, s'é-
„ cria le futur? Mais vous me ravissez; il y a
„ long-temps que je cherche une femme à-peu-
„ près formée sur ce modele; mais je n'osois
„ trop me flatter de la trouver, & je suis plus
„ heureux que je ne m'y étois attendu. Savez-
„ vous que votre fille remplit l'idée de perfec-
„ tion que je me suis mise en tête, & qu'une
„ figure aussi accomplie est très-rare au temps
„ présent"? — Mais je ne vous comprends pas, interrompit le beau-pere; que voulez-vous faire d'une femme si laide, si mal faite, infirme d'ailleurs, & qui n'a pas le sol? — „ Ce que j'en
„ veux faire! Je roule continuellement le pays,
„ & je gagne ma vie à montrer des monstres. Je
„ mettrai celui-ci dans une boîte, je le ferai
„ porter avec moi, & je compte bien qu'il fera
„ ma fortune ".

Mes furies vieillissent, dit Pluton au messager des dieux; le service les a usées. N'en pourrois-je pas avoir de toutes fraîches? Va donc, Mercure; vole jusqu'au monde supérieur, & tu m'y chercheras trois femmes propres à ce ministere. Mercure part. Peu de temps après, Junon dit à sa suivante: Il me faudroit, Iris, trois filles parfaitement séveres & chastes; crois-tu pouvoir les trouver chez les mortels? mais parfaitement chastes, m'entends-tu ? Je veux faire honte à Vénus qui se vante d'avoir soumis, sans exception, tout le beau-sexe. Va donc, & cherche où tu pourras les rencontrer. Iris part. Quel est le coin de la terre qui ne fût pas visité par la bonne Iris ? Peine perdue ; elle revint seule. Quoi ! toute seule, s'écria Junon. Est-il possible ? O chasteté ! ô vertu ! Déesse, dit Iris, j'aurois bien pu vous amener trois filles qui toutes les trois ont été parfaitement séveres & chastes ; qui n'ont jamais souri à aucun homme ; qui ont étouffé dans leur cœur jusqu'à la plus petite étincelle de l'amour ; mais, hélas ! je suis arrivée trop tard. — Trop tard, dit Junon ; comment cela ? — Mercure venoit dans l'instant de les enlever pour Pluton ; trois filles qui sont la vertu même ! — Et qu'est-ce que Pluton veut en faire ? — Des furies. *Ce dernier conte est de M. Lessing, très-connu en Allemagne par ses poésies.*

Nous terminerons cet article par une petite satyre très-ingénieuse, traduite de l'ancien langage ; elle est de Chrestien de Troyes, Auteur qui vivoit dans le douzieme siecle. Gauvain, preux Chevalier de la Cour du Roi Artus, épousa dans ses voyages une fort belle Dame. La noce faite, il veut présenter sa femme à la Cour, & la conduit en crouppe derriere lui, selon la coutume de son temps. Un inconnu armé de toutes pieces les rencontre, & veut enlever la belle. Gauvain lui représente qu'elle est à lui ; l'inconnu lui répond : » Si elle aimoit mieux me » suivre, me la céderiez-vous " ? Oui, répond Gauvain. Il donne le choix à sa femme, qui, sans hésiter, se déclare pour l'inconnu. Gauvain, délaissé de sa belle ingrate, poursuivoit constamment son chemin, suivi de deux beaux lévriers blancs que son pere lui avoit donnés. La Dame qui aimoit ces lévriers, exige de l'inconnu qu'il les aille demander à son mari. L'inconnu le rejoint, & lui fait sa demande. Gauvain lui tient ce propos : " Vous m'avez pris ma femme, " parce qu'elle a voulu vous suivre ; il est juste " que la même épreuve décide des lévriers, ils " seront à celui qu'ils suivront ". L'inconnu trouva la proposition raisonnable ; chacun va de son côté, appellant les chiens ; mais ils suivent leur ancien maître. *Extrait de quelques Poésies des douze, treize & quatorzieme siecles.*

FEMMES GALANTES.

UNE femme traite les hommes comme un habile joueur d'échecs en use avec ses pions ; elle ne s'attache pas assez à un seul pour n'avoir pas l'œil sur un autre qui pourroit lui procurer de plus grands avantages. *Pope.*

Une femme qui avoit plusieurs amants, faisoit accroire à chacun d'eux qu'il étoit le seul favorisé. La déesse, par ce stratagême, entretenoit ses autels, & tous ceux qui la voyoient, lui étoient également dévoués. Mais un matin l'Amour ôta le bandeau à l'un de ses amants, & lui découvrit des infidélités qu'il n'osoit pas même soupçonner. Il porta ses plaintes. Ah ! Monsieur, lui dit assez naïvement cette femme galante, puisque vous avez recouvré la vue, vous pouvez vous retirer ; je ne reçois chez moi que des aveugles.

Une Courtisane de Rome étoit venue dans une Eglise se placer auprès d'une Dame respectable. Celle-ci, qui s'en apperçut, sortit aussi-tôt de sa place pour s'éloigner. Pourquoi vous éloignez-vous de moi, Madame, lui répondit assez naïvement la Courtisane? Mon infirmité n'attaque jamais que celles qui la souhaitent.

Une fille galante reprochoit à son frere sa passion pour le jeu. " Quand cesserez-vous de jouer, " lui disoit-elle "? — *Ma sœur, quand vous cesserez d'aimer.* — Ah, malheureux, vous jouerez toute votre vie.

On vouloit envoyer une Demoiselle galante aux Filles-repenties. Ce n'est point mon avis, dit une Dame. Et pourquoi, lui demanda-t-on? C'est qu'elle n'est ni l'une ni l'autre.

Une jeune femme qui avoit un petit bon-homme, dont la parenté étoit fort équivoque, disoit en compagnie, qu'elle vouloit l'élever au même lieu de sa famille. Là-dessus, un plaisant lui conseilla malignement de l'envoyer au college des *Quatre-Nations.*

Une Dame de la Cour venoit de mourir : on disoit que c'étoit de la petite-vérole. Pas tant petite, reprit malignement quelqu'un qui la connoissoit bien.

Ceci rappelle cet autre mot de M. de Fontenelle : On lui disoit qu'une femme de Théâtre venoit de mourir de la petite-vérole. Cela est bien modeste, répondit-il.

Un Avocat venoit de gagner une affaire d'importance pour une Demoiselle qui avoit eu plusieurs amants, mais qui ne l'avoient point enrichie. Comme cette Demoiselle se piquoit de reconnoissance, elle dit à son défenseur, qu'elle n'avoit que son cœur à lui offrir. Mais l'Avocat prudent répondit, qu'il ne prenoit point d'épices, & qu'il falloit qu'elle réservât cela pour son Rapporteur.

Une fille de basse naissance avoit pour amant un jeune Prince ; ce qui flattoit sa vanité. Elle s'oublia même une fois jusqu'à manquer aux égards qu'elle devoit à des Dames de condition : on lui en fit un reproche très-vif. Elle en porta aussi-tôt ses plaintes à son amant, comme d'une insulte qui lui avoit été faite. Mais le Prince, assez prudent pour ne pas écouter l'animosité déplacée de cette jeune personne, lui répondit : Mademoiselle, je veux bien partager vos plaisirs, mais non pas vos querelles.

M. le Comte de *** se trouvant avec sa maîtresse devant une femme digne de considération & de respect, lui rendoit les hommages qu'il croyoit lui devoir. Sa maîtresse voulut contrefaire la jalouse, & se permettre quelques railleries. Le Comte lui dit avec douceur : *Aimable vice, respectez la vertu.*

Un jeune Seigneur ayant trouvé dans une compagnie sa maîtresse qui venoit de lui faire une infidélité d'éclat, voulut la déshonorer en montrant des lettres passionnées que la Dame lui avoit écrites. Comme il se préparoit à en lire une des plus emportées, la Dame, sans se déconcerter, lui dit : Lisez seulement, je n'en rougirai point, il n'y a que le dessus de la lettre qui me fasse honte. Cette injure délicate, & néanmoins très-vive, étourdit tellement l'amant disgracié, qu'il sortit sur le champ sans pouvoir rien répliquer.

Une Dame, très-connue par ses galanteries, passant sur le Pont-neuf à Paris, dans son équipage, fut saluée avec distinction par un Ministre d'État : une personne qui étoit à côté de ce Ministre, surprise de ce salut, lui dit : » Sans dou-
» te, vous ne connoissez point cette Dame " ?

C'est au contraire parce que je la connois, répondit le Ministre, que je la salue de cette sorte. Ne voyez-vous pas que je suis sur ses terres? A tous Seigneurs, tous honneurs.

Une Duchesse devoit épouser un jeune Marquis. Comme on lui représentoit que ce mariage lui feroit perdre les honneurs du tabouret : J'aime mieux, répondit-elle, être couchée qu'assise.

Une femme galante, devenue vieille & dangereusement malade, avoit envoyé quérir son Confesseur, qui lui disoit : Il faut oublier votre vie passée ; il faut songer à n'aimer que Dieu. Hélas ! reprit-elle, à l'âge où je suis, comment songer à de nouvelles amours ?

Une femme, qui ne passoit point pour être cruelle, disoit toujours qu'elle n'aimoit point les procès : On le sait bien, Madame, lui répondit-on ; vous ne chicanez point, vous accordez tout.

Deux Espagnols se disputerent la conquête d'une Courtisanne, à la pointe de l'épée. Le vainqueur vint revoir cette femme, qui, ne trouvant point son compte à toutes ces disputes, le renvoya en lui disant : " Apprenez,
" Monsieur, une autre fois, que ce n'est point
" avec le fer, mais avec l'or & l'argent, que
" mes faveurs se gagnent ".

Une femme qui n'étoit pas des plus sages, mais qui avoit le sentiment vif, entendoit un homme qui, dans la colere, lâcha ce mot *que le dévot Neptune n'acheva pas.* Ah ! s'écria-t-elle, peut-on dire ce mot-là en colere ?

Une femme se vantant de sa facilité à accoucher, dit qu'elle aimoit mieux faire un enfant qu'avaler un jaune d'œuf. C'est, répartit malicieusement quelqu'un, *que Madame a le gosier étroit.*

Une femme galante difoit à un ivrogne : Croiriez-vous, Monfieur, que depuis dix ans que je fuis veuve, il ne m'a pas pris la moindre petite démangeaifon de mariage ? Croirez-vous, Madame, que depuis que je me connois, je n'ai jamais eu foif ?

Une Dame fe plaignoit amérement dans une compagnie, de ce qu'on l'accufoit d'avoir eu fix enfants d'un homme de condition qu'elle nomma. » Que craignez-vous, Madame, lui dit » quelqu'un qui la connoiffoit bien, les gens » bien nés ne favent-ils pas qu'il ne faut jamais » croire que la moitié de ce que l'on dit.

FÊTE REMARQUABLE.

DANS la plupart des grandes villes, on accorde des récompenfes au bel-efprit ; dans le village de Salency, près de Noyon en Picardie, on couronne la vertu ; on n'y applaudit point à de beaux difcours, mais on y honore la bonne conduite. Depuis un temps immémorial, on célebre dans ce village, tous les ans le 8 Juin, la *Fête de la Rofe*, ainfi nommée parce qu'en effet on y couronne de rofes la fille du lieu la plus vertueufe. L'inftitution de cette fête eft attribuée à St. Médard, Evêque de Noyon & Seineur de Salency, qui vivoit au commencement du fixieme fiecle. Un tableau de la plus haute antiquité, placé au-deffus de l'autel de la chapelle de St. Médard, qui eft à une des extrémités du village de Salency, repréfente ce Saint Prélat en habits pontificaux, & mettant une couronne de rofes fur la tête de fa fœur qui la reçoit à genoux. Les Seigneurs de Salency, qui, dans cet établissement, ont succédé à St. Médard, & qui même dans la suite en ont fait un droit de vassalité, célebrent la même cérémonie. Les habitants, après s'être assemblés en corps de communauté, choisissent dans le village trois filles qu'ils préfentent à leur Seigneur un mois avant la cérémonie, & le Seigneur désigne pour *Rosiere*, celle des trois qu'il juge à propos. Ces filles doivent être nées dans le lieu, de parents d'une conduite irréprochable. La tache la plus légere, le moindre soupçon feroit un motif d'exclusion. Le choix du Seigneur est annoncé d'avance, afin que les autres filles aspirantes puissent le contester s'il y a lieu. Le jour désigné pour la cérémonie, la fille *Rosiere*, vêtue de blanc, se rend vers les deux heures après-midi au château de Salency, au son des tambours, des violons, des musettes. Elle est accompagnée de sa famille & de douze filles vêtues en blanc, avec un large ruban bleu en baudrier, auxquelles douze garçons du lieu donnent la main. Le Seigneur ou son préposé va la recevoir lui-même. Elle lui fait un petit compliment pour le remercier de la préférence qu'il lui a donnée ; ensuite le Seigneur ou celui qui le représente & son Bailli, lui donnent chacun la main ; & précédés des instruments, ils la menent à la Paroisse où elle entend les Vêpres sur un prie-Dieu placé au milieu du chœur. Les Vêpres finies, le clergé sort processionnellement avec le peuple pour aller à la Chapelle de St. Médard. C'est-là que le Curé ou le Célébrant bénit la couronne ou le chapeau de roses qui est sur l'autel. Ce chapeau est entouré d'un ruban bleu & garni sur le devant d'un anneau d'argent. Après la bénédiction & un discours relatif à la fête, le cé-

lébrant pose la couronne sur la tête de la *Rosiere*, qui est à genoux, & il lui remet en même-temps, en présence du Seigneur & des Officiers de sa justice, la somme de vingt-cinq livres annexée par titre de la fondation à cette cérémonie. La *Rosiere* ainsi couronnée est reconduite de nouveau par le Seigneur ou son représentant & toute sa suite jusqu'à la Paroisse, où l'on chante le *Te Deum* & une antienne à Saint Médard, au bruit de la mousqueterie des jeunes gens du village. Au sortir de l'Eglise, le Seigneur ou son représentant mene la *Rosiere* jusqu'au milieu de la grande rue de Salency, où des Censitaires de la Seigneurie ont fait dresser une table garnie, " d'une
" nappe, de six serviettes, de six assiettes, de
" deux couteaux, d'une saliere pleine de sel,
" d'un lot de vin clairet en deux pots, (environ
" deux pintes & de demie de Paris) de deux
" verres, d'un demi-lot d'eau fraîche, de deux
" pains blancs d'un sol, d'un demi cent de noix
" & d'un fromage de trois sols". Ils lui donnent encore par forme d'hommage, un bouquet de fleurs, une fleche, deux balles de paume & un siflet avec lequel l'un des Censitaires sifle trois fois avant que de l'offrir. Ils sont obligés de satisfaire exactement à toutes ces servitudes, sous peine de soixante sols d'amende. Delà, toute l'assemblée se rend dans la cour du château sous un gros arbre, où le Seigneur danse le premier branle avec la *Rosiere* : ce bal champêtre finit au coucher du soleil. Le lendemain dans l'après-midi, la *Rosiere* invite chez elle toutes les filles du village, & leur donne une grande collation. Louis XIII se trouvant au château de Varennes, près de Salency, dans le temps de la fête de la rose, le Seigneur de Salency supplia Sa Majesté

de vouloir bien faire célébrer en son nom la cérémonie de la rose. Ce Monarque y consentit, & envoya le Marquis de Gordes, son premier Capitaine des Gardes, qui, par ses ordres, ajouta aux fleurs une bague d'argent & un cordon bleu. C'est depuis cette époque que la *Rosiere* reçoit cette bague, & qu'elle & ses compagnes sont décorées de ce ruban. Cette fête si capable d'encourager les mœurs, & dont on n'a peut-être point d'exemple nulle part, étoit bien digne d'intéresser une ame honnête & sensible. M. le Pelletier de Morfontaine, nouvel Intendant de Soissons, qui se trouvoit proche Salency au mois de Juin 1766, s'est offert, à la priere juridique du Bailli, d'être le parrein de la *Rosiere* en l'absence du Seigneur. Il ne s'est point borné à cette marque extérieure & passagere de sa sensibilité; il a doté la *Rosiere* de quarante écus de rente, & y a ajouté une somme qui doit être employée au fraix des noces & à l'acquisition d'une maison pour les nouveaux mariés. Après la mort de cette fille, la rente est réversible aux filles *Rosieres*, qui en jouiront successivement pendant une année. *Voyez la relation de cette fête, imprimée à Noyon en 1766.*

FINANCIER.

ON aura peut-être de la peine aujourd'hui à reconnoître la vérité des traits lancés autrefois contre les financiers, & ce ne sera point la moindre preuve de cette urbanité que les belles-lettres ont répandue de proche en proche dans tous les états.

Un financier, qui ne connoissoit que quelques

regles d'arithmétique, avoit fait dresser un corps de bibliotheque dans son cabinet, où la sculpture & la dorure n'étoient point épargnées. Il ne s'agissoit plus que d'y mettre des livres. Il achete toute une édition *in-quarto*, d'une histoire que le Libraire n'avoit pu débiter. Il la paye à tant la toise ; c'étoit le marché qu'il avoit fait. Mais il y avoit un inconvénient, les volumes ne pouvoient entrer dans la bibliotheque. Comme on lui représente qu'il faut espacer davantage les tablettes : Je ne veux pas, dit-il, qu'on y touche ; vous gâteriez ma sculpture. Comment faire ? Parbleu, répartit-il, vous voilà bien embarrassés ; il n'y a qu'à faire rogner les volumes.

M. de.... Intendant des finances, sortant de son cabinet avec des sous fermiers, & faisant des excuses à Madame de *** de ce qu'elle étoit dans l'antichambre avec les laquais ; elle lui répondit : Ce n'est pas-là où je les crains, c'est dans le cabinet de mes juges. Elle plaidoit alors contre les intéressés.

Bourvalais & Thénevin, qui avoient amassé des biens immenses dans les affaires sous Louis XIV, eurent dispute l'un contre l'autre dans une assemblée de financiers. Dans la chaleur de la querelle, Thénevin dit à Bourvalais : *Souviens-toi que tu a été mon laquais. J'en conviens*, répondit l'autre ; *mais si tu avois été le mien, tu le serois encore.*

Ce même Bourvalais ayant trouvé, dans un de ses étangs, un brochet d'une grosseur extraordinaire, en fit présent à M. le premier-Président de Harlay. Ce Magistrat l'invita à en venir manger sa part. Comme tous les conviés admiroient la grosseur de ce poisson : Messieurs, leur dit le premier-Président, ne soyez pas surpris; c'eſt le Bourvalais de l'étang de Monſieur.

Un financier, qui avoit auſſi gagné beaucoup de bien dans les affaires, diſoit qu'il vouloit fonder un Hôpital. On trouva par-tout qu'il étoit bien juſte qu'un homme, qui avoit ruiné tant de familles, fondât ſur la fin de ſes jours, une maiſon pour les loger & les nourrir quand ils ſeroient malades.

Un fameux traitant fut aſſez vain pour faire élever dans ſes jardins une ſtatue équeſtre qui le repreſentoit. Deux payſans la conſidéroient; l'un demande à l'autre, d'où vient que le traitant n'avoit point de gants: Hélas! dit l'autre, il n'en porte point, parce qu'il a toujours les mains dans nos poches.

La femme d'un riche financier étoit venue dans une Egliſe pour entendre un célebre Prédicateur. Mais comme elle étoit arrivée tard, elle ne trouva point de place. On auroit bien dû, dit-elle tout haut, mettre le prix des chaiſes à un écu. Une Dame de qualité qui entendit le propos, lui répartit en ſe tournant vers elle: Il paroît bien, ma mie, que vous avez plus d'écus que d'eſprit.

Un fermier des gabelles avoit fait bâtir un palais; un de ſes amis, à qui il le faiſoit voir, remarqua dans un grand veſtibule une niche vuide qui attendoit une ſtatue. D'où vient, lui dit-il, que vous ne rempliſſez pas ce vuide? Je voudrois, dit le financier, y placer quelque ſtatue allégorique qui me convint. Eh bien, lui dit ſon ami, faites-y mettre la femme de Loth changée en ſtatue de ſel.

Un financier qui s'enrichiſſoit aux dépens du Roi, fut exclus des emplois. On a bien tort, dit-il, de me chasser; j'ai fait mes affaires, j'allois faire celles du Roi.

Un homme qui alloit entrer dans les fermes, montroit à plusieurs personnes une maison fort spacieuse qu'il venoit de faire bâtir. Au moins, dit-il, on ne me reprochera pas que je l'ai gagnée sur le peuple. Patience, lui répondit quelqu'un, elle n'est pas encore meublée.

FLATTERIE.

On demandoit à un Sage, lequel de tous les animaux étoit le plus redoutable à l'homme? Entre les sauvages, répondit-il, c'est le calomniateur; entre les domestiques, c'est le flatteur.

Je vis, dit le Philosophe Sadi, chez un grand Seigneur fort riche, plusieurs Molaks qui lui donnoient des louanges exagérées. Il leur dit : Vous louez celui qui se connoît, & vous l'affligez; vous vantez les plumes du paon, mais il voit ses pieds & soupire. Tenez, ajouta-t-il, en leur donnant une somme considérable, recevez cet argent, & je vous en donnerai davantage, si vous ne me louez plus. Ils prirent l'argent, & ne louerent plus le grand Seigneur.

Les François venoient de remporter en 1690, les batailles de Fleurus & de Staffarde. Néanmoins un Ambassadeur d'Espagne, dans la vue de flatter les Puissances confédérées contre la France, disoit au Roi de Portugal: « C'est à ce » coup que nous allons abaisser la France; nous » la tenons assiégée de toutes parts". *Il est vrai,* répondit plaisamment le Monarque révolté de cette flatterie; *mais elle vient de faire deux vigoureuses sorties.*

Lors de la défaite du Maréchal de Créqui à Confarbrick, des courtifans, croyant faire leur cour, difoient à Louis XIV, qu'il entroit à tout moment à Thionville & à Metz des efcadrons, & même des bataillons tout entiers, & que l'on n'avoit quafi rien perdu. Le Roi, fentant la fadeur de ce difcours, & voyant rentrer tant de troupes : *Mais*, dit-il, *en voilà plus que je n'en avois*. Le Maréchal de Grammont, plus habile que les autres, fe jette dans cette penfée : *Oui, Sire, c'eft qu'ils ont fait des petits*. Lettres de Sévigné.

Le Duc de Montaufier, Gouverneur de M. le Dauphin (fils de Louis XIV,) n'aimoit pas que l'on flattât ce Prince. C'eft ce qu'il fit fentir un jour, en badinant, au Marquis de Créqui. Le Dauphin étant jeune, s'amufoit à tirer au blanc, & tiroit fort loin du but. Son Gouverneur fe moqua de lui, & dit au Marquis de Créqui, qui étoit fort adroit, de tirer. Mais ce jeune Seigneur tira un pied plus loin que M. le Dauphin. *Ha! petit corrompu*, s'écria M. de Montaufier, *il faudroit vous étrangler*. Lettres de Sévigné. *Voyez, Cour, Courtifans*.

On peut fe rappeller ici l'exclamation de cet Ecoffois en voyant les idolâtries que le peuple faifoit à l'avènement de Jacques I, Roi d'Ecoffe au Trône d'Angleterre : *Eh! jufte Ciel*, dit-il, *je crois que ces imbécilles gâteront notre bon Roi!*

Une Ville affez pauvre fit une dépenfe confidérable en fêtes & en illuminations au paffage de fon Prince ; il en parut lui-même étonné. Elle n'a fait, dit un courtifan flatteur, que ce qu'elle devoit. *Cela eft vrai*, reprit un Seigneur mieux intentionné ; *mais elle doit tout ce qu'elle a fait*.

FLATTERIE.

Il y a une flatterie très-adroite, qui consiste à donner à celui que nous voulons flatter, bonne opinion de lui-même & de nous. Les Ambassadenrs des Germains se trouvant un jour dans le Cirque avec l'Empereur Neron, s'informerent de la qualité de ceux qu'ils voyoient assis auprès de l'Empereur : on leur dit que c'étoient les députés des Villes les plus fidelles au peuple Romain. Ils se leverent aussi-tôt, & allerent se placer au premier rang, disant, que les Germains ne le cédoient à aucune autre nation, en fidélité pour le peuple Romain. Tous les spectateurs applaudirent à cette démarche, & l'Empereur leur marqua sa reconnoissance, par les présents dont il les combla.

Ce fut avec la même adresse, qu'un Grand d'Espagne flatta Charles-Quint. Le Connétable de Bourbon s'étoit révolté, en 1523, contre son Prince & sa patrie, & avoit passé au service de l'Empereur Charles-Quint. Lorsque le Connétable vint à Madrid, l'Empereur proposa au Marquis de Vilanès, Grand d'Espagne, de céder son palais au Connétable, pendant le séjour qu'il feroit en cette Ville, comme le logement le plus convenable à un homme de son rang. Le Marquis répondit à son maître : » Que le desir
» de Sa Majesté étoit un ordre pour lui; mais
» qu'aussi-tôt que le Connétable auroit quitté sa
» maison, il la brûleroit, comme ayant été
» souillée par un traître ".

FORTUNE.

Il y a deux manieres de s'élever, dit la Bruyere, ou par sa propre industrie, ou par l'imbécillité des autres: on peut y en ajouter une troisieme ; par des circonstances heureuses. On demandoit dans une compagnie : Comment un tel a-t-il pu faire fortune ? Quelqu'un répondit : Comme un tel eut le mois passé le gros lot à la loterie.

L'art des expédients, & comme disent les Espagnols, la *désemboiture*, fait tourner à son gré la roue de fortune.

Le Chancelier Bacon conseille à ceux qui veulent s'avancer dans le chemin de la fortune, d'être avares du temps. Pourquoi voit-on que les professions les plus laborieuses, comme celles de la Jurisprudence, de la Médecine, & les occupations des gens de Lettres, sont les moins lucratives? C'est qu'elles nous dérobent trop de temps. On perd, à rassembler des matériaux, ou à échafauder, les moments précieux de bâtir. Tandis qu'on s'use dans le cabinet, le bel âge, les jours de faveurs & de l'occasion se passent. Qui s'avance dans une république ou dans la Cour d'un Prince ? Est-ce un homme de génie ? Non ; mais un petit frippon sans emploi; un intrigant, qui n'a d'autre soin que celui de sa fortune.

Ce n'est pas toujours le moyen de réussir, continue le même Auteur, que de se montrer sous les plus beaux dehors. Jupiter, quand il vouloit plaire aux mortels, prenoit la forme d'un aigle, d'un cigne ou d'un taureau ; mais pour satisfaire Junon, il emprunta la figure de l'oiseau le plus hideux. Un homme sans mérite ne voit pas volontiers qu'on fasse parade des vertus & des talents qu'il n'a pas ; il faut, sans doute, pour le flatter, tâcher de lui ressembler, ou se ravaler encore plus bas. On ne sauroit faire un personnage trop vil aux yeux d'un mal-honnête homme. Suivants de la fortune, voyez à quel prix elle s'achete!

Un moyen sûr de faire fortune, lorsqu'on n'est pas scrupuleux sur le choix des moyens, est, comme le disoit un homme d'esprit, de savoir être près des grands *sans humeur & sans honneur*.

La plupart de ceux qui ont fait fortune, pourroient donner cette réponse que fit Newton à ceux qui lui demandoient comment il avoit pu trouver le système du monde. *C'est*, répondit ce Philosophe, *pour y avoir passé sans cesse*.

On reprochoit à un Philosophe de ne mépriser les richesses que pour n'avoir pas l'esprit d'en acquérir : il se mit dans le commerce, s'y enrichit en très-peu de temps, distribua son gain à ses amis, & se remit ensuite à philosopher.

L'amour & la fortune, suivant un Auteur Anglois, sont aisés à subjuguer; l'amour n'est qu'un enfant, & la fortune n'est qu'une femme. Mais cette femme est sujette à bien des caprices; & il est plusieurs circonstances de la vie, où il faut imiter les joueurs expérimentés & sages, lorsqu'ils commencent leur partie : s'ils s'apperçoivent que la fortune n'est pas pour eux, ils se retirent alors, où ils diminuent leur jeu.

On a rapporté dans le Ménagiana, l'aventure d'un Ecclésiastique qui dormoit dans l'Eglise. L'idée vint à un Abbé qui avoit un bénéfice à donner, de démentir le proverbe, qui dit, que la fortune ne vient point en dormant : il le réveilla, & lui donna le bénéfice.

Plusieurs faits historiques prouvent que dans le partage de la gloire militaire, la portion de la fortune est la plus grande. » Pourquoi, disoit
» Philippe de Macédoine au jeune Denis, n'a-
» vez-vous pas su vous maintenir sur le Trône

» que votre pere vous avoit laissé ? Ne vous en
» étonnez pas, répondit Denis ; car mon pere
» qui m'avoit laissé tous ses biens, ne m'avoit
» pas laissé sa fortune, qui les lui avoit fait ac-
» quérir ".

Lorsque le Cardinal Mazarin vouloit confier quelque affaire importante à un homme, il s'informoit auparavant s'il étoit heureux.

Un Officier de la Cour de François I se plaignoit amérement à ses amis, que depuis plusieurs années qu'il étoit au service, sa fortune n'en étoit pas plus avancée, & qu'il étoit à la veille de manquer de tout. Le Prince, instruit des plaintes de cet Officier, le fit venir, & lui dit : » Je
» sais que vous vous plaignez de moi; tenez,
» voici deux bourses égales ; l'une est pleine
» d'or, il n'y a que du plomb dans l'autre : choi-
» sissez : nous verrons si ce n'est pas plutôt à la
» fortune qu'à moi que vous devez vous en
» prendre ". L'Officier choisit, & prit malheureusement la bourse remplie de plomb. Et bien, lui le Roi, à qui tient-il que vous ne vous enrichissiez ? Le Prince joignit à cette réflexion, qui devoit faire cesser les plaintes de l'Officier, le don des deux bourses.

Henri II, Roi de France, avoit remporté plusieurs avantages sur Charles V. Cet Empereur disoit, à ce sujet, que la fortune ressembloit aux femmes, qui préféroient les jeunes gens aux vieillards.

F O U.

C'étoit un usage autrefois, dans plusieurs Cours souveraines, d'avoir un fou, ou une maniere nière de bouffon, qui, par ses bons mots, ses plaisanteries, & même ses impertinences, servoit de jouet & de passe-temps à l'héritier présomptif. L'histoire du neuvieme siecle fait mention que l'Empereur Theophile avoit pour fou un nommé *Daudery*, qui, par son indiscrétion, pensa causer bien des chagrins à l'Impératrice Théodora. Il étoit entré brusquement dans le cabinet de cette Princesse, lorsqu'elle étoit à genoux devant un petit oratoire orné de très-belles images qu'elle avoit grand soin de dérober aux yeux de l'Empereur qui étoit Iconoclaste. Daudery, qui n'avoit jamais vu d'images, s'avisa de demander à la Princesse ce que c'étoit. Ce sont, répondit Théodora, pour éloigner tout soupçon, des poupées que je prépare pour donner à mes filles. Daudery, se rendant quelques heures après au dîner de l'Empereur, n'eut rien de plus pressé que de lui dire qu'il avoit trouvé l'Impératrice occupée à baiser les plus jolies poupées du monde. Théodora eut toutes les peines du monde à se tirer de ce mauvais pas; & pour n'y être plus exposée, elle fit si bien châtier le fou de l'Empereur, qu'elle le corrigea pour toujours de parler de tout ce qui pourroit la regarder.

Nicolas III, Marquis d'Est & de Ferrare, avoit à sa Cour, un fou ou bouffon, nommé *Gonelle*, qui se rendit célebre par ses facéties. Ce maitre bouffon savoit toujours tirer un parti avantageux de ses gageures. Un jour qu'il se trouvoit au dîner du Marquis, on vint à demander, quelle étoit à Ferrare sa profession la plus nombreuse? Les sentiments le partagerent. Le Marquis ayant adressé la parole à Gonelle: Monseigneur, lui répondit le bouffon, ne doutez point que ce ne soient les Médecins qui forment, dans cette Ville, le corps le plus nombreux. Tu as bien peu de connoissance, lui répondit le Marquis, de ce qui se passe dans la Ville; car à peine y a-t-il trois ou quatre Médecins. Gonelle soutient son opinion: on parie. Que fait-il pour gagner la gageure? il va chez lui, s'enveloppe la tête d'un bonnet de laine, & porte à sa bouche un mouchoir plié, comme un homme qui souffroit beaucoup des dents: il se met dans l'antichambre du Prince. Tous ceux qui vont & viennent lui demandent en passant ce qu'il a, & lui enseignent un remede. Gonelle a soin d'écrire les noms de tous ces prétendus Médecins, & les différents remedes qu'ils lui indiquent. Le Marquis étant venu à passer, le plaint aussi sur son mal, & lui conseille de faire telle chose. Gonelle le remercie, & dit qu'il va chez lui pour cela. Le lendemain il vint, comme s'il avoit été guéri, faire sa cour au Marquis, & lui dit qu'il croyoit avoir gagné la gageure. En même-temps, il lui présente une grande liste de tous ceux qui lui avoient donné des remedes pour son mal de dents. Le Marquis prenant cette liste, & se voyant à la tête, ne put s'empêcher de rire, & d'avouer que c'étoit les Médecins qui étoient en plus grand nombre à Ferrare, & peut-être par-tout ailleurs. Il fit, en conséquence, donner à son bouffon le prix de la gageure.

L'usage ridicule d'avoir un fou passa aussi à la Cour de France; cet emploi fut même érigé en titre d'Office, comme on le voit par l'Histoire de Charles V.

Le fou de Henri II s'appelloit *Brusquet*. Il avoit d'abord exercé la médecine; mais n'y faisant rien; & voulant faire fortune, il ne conçut pas, comme Memnon, le projet insensé d'être fage ; mais au contraire, il forma le projet fenfé d'être fou, emploi qui lui valut beaucoup d'argent. Ce n'étoit pas feulement auprès de Henri qu'il faifoit valoir fes bouffonneries; il s'en fervoit encore pour mettre à contribution les Princes, les Ambaffadeurs, & jufqu'aux moindres Gentilshommes. Lorfqu'il entroit dans une maifon, qu'il appercevoit un flambeau ou quelques vafes d'argent, il les faluoit comme fi c'étoit des perfonnes de fa connoiffance ; entamoit la converfation, leur faifoit des queftions plaifantes, & ne manquoit jamais de fe faire répondre des fottifes. Alors entrant dans une fureur comique, il tiroit fon épée; & fous prétexte d'avoir reçu un démenti ou quelqu'autre injure, il frappoit deffus ces vafes d'eftoc & de taille, & les mettoit en pieces. Il les fourroit enfuite fous fon manteau ; & chargé de butin, il gagnoit la porte : c'étoit-là le dénouement où il avoit toujours foin d'amener fes farces. Il en joua une à Bruxelles qui lui valut beaucoup d'argent. Le Cardinal de Lorraine l'avoit amené avec lui dans cette Ville, où il étoit appellé pour jurer la paix au nom de la France. Un jour que Philippe II, Roi d'Efpagne, donnoit un grand repas, notre houffon entra dans la falle, & s'y plaça derriere le fauteuil du Roi, qu'il amufa de fes contes. Comme on alloit deffervir, Brufquet, après quelques pantomimes facétieufes, faute légérement fur la table, fe faifit d'un bout de la nappe, s'entortille dedans, & roulant pêle-mêle les affiettes, les couteaux, les corbeilles & les plateaux d'argent, emporte le tout fans fe bleffer ni rien répandre. Tandis que chacun rioit de cette bouffonnerie, Brufquet allant fon petit chemin, mit en fûreté fa prife que le Roi lui abandonna.

François I, pere de Henri II, avoit eu aussi un fou, nommé *Triboulet*. François, déterminé en montant sur le trône, à entreprendre le recouvrement du Milanès, consulta ses Ministres sur les moyens de l'attaquer. Lorsqu'il sortit de son conseil, son bouffon lui dit que ses Conseillers étoient des foux. Pourquoi, demanda François? — C'est, répondit Triboulet, qu'ils ont seulement délibéré comment vous entreriez en Italie, & qu'ils n'ont pas pensé à voir comment vous en sortiriez. C'est ce même bouffon qui avoit mis sur ses tablettes, Charles-Quint au nombre des foux, parce que ce Prince, sur l'invitation du Monarque François, se proposoit de passer par la France, pour se rendre dans les Pays-Bas. *Mais*, lui dit François I, *si je le laisse passer?* En ce cas, dit Triboulet, j'effacerai son nom de mes tablettes, & j'y mettrai le vôtre. Cependant Charles-Quint avoit raison de se fier à un Prince, qui, après la bataille de Pavie, mandoit à la Duchesse d'Angoulême: *Tout est perdu, hormis l'honneur.*

L'*Angely*, qui est le dernier fou dont notre histoire fasse mention, appartenoit à Louis XIV. M. le Prince l'amena des Pays-Bas, & le donna à ce Monarque. L'Angely étoit un fou spirituel, mais malin. Voici un trait de lui. M. de *** se disoit d'une maison très-illustre, quoiqu'il tirât son origine d'un fou. L'Angely se trouvant dans la chambre du Roi, après lui avoir parlé debout pendant quelque temps: » Asseyons-» nous, Monsieur, lui dit-il; on ne prendra pas » garde à nous, & vous savez que nous ne ti-» rons pas à conséquence ". L'Angely n'étoit nullement dévot; il disoit qu'il n'alloit pas au sermon, *parce qu'il n'aimoit pas le brailler, qu'il*

n'entendoit pas le raisonner. Son talent d'amuser lui procura une fortune considérable. On a rapporté ce mot de Marigny, qui, étant un jour au dîner du Roi, dit à quelqu'un, en lui montrant l'Angely qui amusoit Louis XIV par ses saillies :
» De tous nous autres foux qui avons suivi M.
» le Prince, il n'y a que l'Angely qui ait fait
» fortune ".

FRANÇOIS.

LE plus bel éloge que l'on puisse faire des François, est d'exposer avec simplicité quelques traits de bravoure & de courage qui leur sont particuliers. Nous ajouterons à ces traits rapportés, quelques réparties vives & spirituelles qui caractérisent cette humeur vive & enjouée que le François conserve dans les occasions même les plus périlleuses, lorsque l'honneur l'appelle. Ce mot *honneur* frappe les oreilles du François avec une espece d'enchantement, & va jusqu'au cœur. Un soldat de cette nation, sous le Maréchal de Saxe, disoit, dans la derniere guerre : *J'ai l'honneur d'être François*.

Les François qui, sous les ordres du Maréchal de Toiras, en 1629, défendoient Casal, assiégé par les Espagnols, y firent un de ces traits de fausse bravoure, qui forment une partie de leur caractere. Un grand nombre des Officiers de la garnison soupant un jour chez le Commandeur de Souvré, Baradas, qui avoit été autrefois favori de Louis XIII, proposa d'aller danser sur une demi-lune, d'y boire à la santé de tous les Princes Chrétiens, & de finir par celle de Spinola, chef des assaillants. L'invitation fut reçue avec acclamation par tous les convives; on partit dans l'inftant. Un trompette & un aveugle avec fa vielle, fervirent au-lieu de violon. Pendant que ces étourdis fe divertiffoient fi bien, les Efpagnols mirent le feu à un fourneau préparé fous la demi-lune. Douze danfeurs fauterent en l'air; quelques autres furent enterrés; tous perdirent la vie. On rapporte que l'aveugle s'enfuit fans guide, & paffa lui feul fur une planche mife fur le foffé que les plus clairvoyants ne paffoient pas fans crainte. *Hift. du Maréch. de Toiras*.

Les François ne juftifient-ils pas encore aujourd'hui ce reproche que leur fit autrefois un hiftorien Italien ? En 1552, le Maréchal de Briffac, commandant pour Henri II, dans la partie du Piémont que les François occupoient depuis long-temps, étoient venu à bout d'emporter d'un coup de main la Ville de Quiers, dont il avoit cru ne fe rendre maître que par un fiege régulier. Les vainqueurs fe flatterent ouvertement que ce premier avantage feroit fuivi des plus grands fuccès. L'hiftorien d'Avila qui fe trouvoit parmi les troupes Efpagnoles qui défendoient la place, dit à l'un d'eux : « Vous avez bien fu, » Meffieurs les François, commencer la guerre » avec avantage; mais j'efpere que l'impatien- » ce & la légéreté avec lefquelles vous condui- » fez vos affaires, rétabliront les nôtres ». Ce trait ayant été rapporté au Maréchal, il répondit auffi-tôt : *Cet étranger nous connoît de longue main.* Hommes Illuft. de la France.

Le François, furieux lorfqu'on lui réfifte, eft plein de douceur & de générofité pour un ennemi défarmé. C'eft ce que le Comte de Somls, général de l'infanterie ennemie, & qui avoit été fait prifonnier par les François à la bataille de

Nerwinde en 1693, ne put s'empêcher de reconnoître. *Quelle nation est la vôtre*, s'écria le Comte de Somls, en parlant au Chevalier du Rozel, un des Officiers généraux de l'armée Françoise? *Vous vous battez comme des lions, & vous traitez les vaincus comme s'ils étoient vos meilleurs amis.* Lett. de Racine.

Durant les profpérités de Louis XIV, les François en général ne trouvoient rien d'impoffible à la guerre. Un Officier néanmoins s'excufoit devant le Marquis de Feuquieres de n'avoir pas attaqué un certain pofte, parce qu'il l'avoit jugé *inattaquable*. Monfieur, lui dit le Marquis, ce mot-là n'eft pas françois.

Le fort de Fécamp venoit d'être pris fur la Ligue en 1593, par le Maréchal de Biron. Le poids de cette perte parut accabler les Calviniftes, excepté *Bois-Rofé*, Officier de cœur & de tête, qui, en fortant de la place même, conçut le hardi projet de la rendre à fon parti. Voici comme les *Mémoires de Sully* rapportent cet acte de bravoure, comparable à tout ce que l'antiquité nous offre de plus extraordinaire. Le côté du fort qui donne fur la mer eft un rocher de fix cents pieds de haut, coupé en précipices. La mer en lave continuellement le pied à la hauteur d'environ douze pieds, excepté quatre ou cinq jours de l'année, où la mer le laiffe à fec l'efpace de trois ou quatre heures. Bois-Rofé, à qui toute autre voie étoit fermée pour furprendre une garnifon attentive à la garde d'une place nouvellement prife, ne douta point que s'il pouvoit aborder par cet endroit regardé comme inacceffible, il ne vînt à bout de fon deffein; il ne s'agiffoit plus que de rendre la chofe poffible. Il avoit gagné pour cet effet deux foldats de la garnifon,

& l'un d'eux se tenoit tout le temps de la basse marée sur le haut du rocher où il attendoit le signal convenu. Bois-Rosé, ayant pris le temps d'une nuit fort obscure, aborde avec cinquante hommes choisis & deux chaloupes au pied du rocher. Il s'étoit muni d'un gros cable, égal en longueur à la hauteur du roc, & il y avoit fait de distance en distance des nœuds, & passé de courts bâtons pour appuyer les pieds & les mains. Le soldat, qui se tient en faction, n'a pas plutôt reçu le signal, qu'il jette du haut du précipice un cordeau, auquel ceux d'en-bas lient le cable qui est guindé en-haut par ce moyen, & attaché à l'entre-deux d'une embrasure, avec un fort lévier passé par un agraffe de fer faite à ce dessein. Bois-Rosé fait prendre les devants à deux sergents dont il connoît la résolution, & ordonne aux cinquante soldats de s'attacher de même à cette espece d'échelle, les armes liées autour de leurs corps, & de suivre à la file, se mettant lui-même le dernier de tous, pour ôter à ceux qui pourroient être tentés d'être lâches, tout espoir de retour. La chose devient d'ailleurs bientôt impossible ; car avant qu'ils soient seulement à moitié chemin, la marée, qui a monté de plus de six pieds a emporté les chaloupes, & fait flotter le cable. Qu'on s'arrête ici un moment pour se représenter ces cinquante hommes suspendus entre le ciel & la terre au milieu des ténebres, ne tenant qu'à une machine si peu sûre, qu'un léger défaut de précaution, la trahison d'un soldat mercenaire, ou la moindre peur pouvoit les précipiter dans les abymes de la mer, ou les écraser sur les rochers : qu'on y joigne le bruit des vagues, la hauteur du rocher, la lassitude & l'épuisement ; il y avoit dans tout cela de quoi faire tourner la tête au plus aſſuré de la troupe; comme elle commença en effet à tourner à celui-là même qui la conduiſoit. Ce ſergent dit à ceux qui le ſuivoient, qu'il ne pouvoit plus monter, que le cœur lui défailloit. Bois-Roſé, à qui ce diſcours étoit paſſé de bouche en bouche, & qui s'en appercevoit, parce qu'on n'avançoît plus, prend ſon parti ſans balancer. Il paſſe par-deſſus le corps de tous les cinquante qui le précedent, en les avertiſſant de ſe tenir fermes, & arrive juſqu'au premier qu'il eſſaye d'abord de ranimer. Voyant qu'il n'en pouvoit venir à bout par la douceur, il l'oblige, le poignard dans les reins, de monter. Enfin, avec toute la peine & le travail qu'on s'imagine, la troupe ſe trouve au haut du rocher avant la pointe du jour, & eſt introduite par les deux ſoldats dans le château où elle commence par maſſacrer ſans miſéricorde le corps-de-garde & les ſentinelles. Le ſommeil livra preſque tout de reſte de la garniſon à la merci de l'ennemi, qui fit main-baſſe ſur tout ce qui réſiſta, & s'empara du fort.

Dans une guerre contre les Turcs, en 1664, un nommé Sillery, qui n'étoit encore qu'Enſeigne, eſt bleſſé dangereuſement. Se voyant prêt à expirer, il appelle quelqu'un des ſiens pour lui remettre ſon étendard, afin qu'il ne tombât point entre les mains des Turcs. Nul ne s'étant préſenté, il s'enveloppa, & ſe roula dedans en mourant. *Peliſſon, hiſt. de Louis XIV.*

Les François aſſiégeoient Maſtricht en 1673, avec cette ardeur qui les caractériſe. Un ſoldat du régiment du Roi fut dangereuſement bleſſé à l'attaque d'une demi-lune. Comme on le plaignoit, en le voyant tout couvert de ſang: *Ce n'est rien*, dit-il, *le régiment a fait son devoir.*

Un grénadier du même corps, dans la même occasion, remarque qu'un homme de qualité, qui le suit en grimpant, est tombé sur le ventre, il lui tend la main droite pour le relever. En cet instant, un coup de mousquet lui perce le poignet. Sans se plaindre ni s'étonner, il lui tend la main gauche, & le releve. Les historiens Grecs & Romains, dit *Pelisson* qui rapporte ces anecdotes dans ses *Lettres historiques*, n'auroient pas oublié le nom de ces deux hommes intrépides.

Pendant le siege de Montmélian par les François en 1691, le Maréchal de Catinat, qui vouloit savoir si le fossé de la place étoit taillé dans le roc vif, ou s'il étoit seulement revêtu de maçonnerie du côté du glacis, faisoit descendre, pour s'en assurer, un soldat dans un gabion avec une corde. Mais un si grand nombre de braves gens avoient péri dans cette dangereuse commission, que personne ne se présentoit plus pour la tenter. Un jeune soldat du régiment de la Fare eut seul cette audace. Comment t'y prendras-tu, lui dit le Maréchal de Catinat, pour connoître si c'est maçonnerie ou roc? Je le verrai bien, répondit-il, par la fenêtre du gabion, en sondant avec la pointe de ma baïonnette. On le descend dans le fossé; il en revient heureusement, & rend un très-bon compte de ce qu'on a si grand intérêt de connoître. Que veux-tu pour ta récompense, lui dit ce Général ? *Je vous demande en grace, Monseigneur*, répondit-il, *de me faire entrer dans la compagnie des grenadiers.* Vie du Maréchal de Catinat.

Namur est assiégé par les François en 1692. Le Gouverneur de la place hasarde une sortie, où il perd environ cinq cents hommes. Le jeune

Comte de Lémos, un d'entr'eux, demande quartier à un grenadier, nommé *Sans-Raison*, lui promet cent pistoles, & veut lui faire présent de sa bourse où il y en a trente-cinq. Le grenadier qui vient de voir périr le Lieutenant de sa compagnie, fort brave homme, est inexorable, & massacre l'Espagnol. Les ennemis envoyerent demander le corps qui leur fut rendu, & le grenadier Sans-Raison renvoya aussi les trente-cinq pistoles qu'il avoit prises au mort, en disant: *Tenez, voilà son argent ; les grenadiers ne mettent la main sur les gens que pour les tuer.* Lettres de Jean Racine.

Le même Auteur rapporte cet autre trait d'un soldat du régiment des fusiliers. Ce soldat, qui travailloit à la tranchée devant Namur, y avoit porté un gabion; un coup de canon vint qui emporta son gabion: aussi-tôt il courut en poser à la même place un autre qui fut sur le champ emporté par un autre coup de canon. Le soldat, sans rien dire, en prit un troisieme, & alla le poser ; un troisieme coup de canon emporta ce troisieme gabion. Alors le soldat rebuté se tint en repos ; mais un Officier lui commanda de ne point laisser cet endroit sans gabion. Le soldat dit : *J'irai, mais j'y serai tué.* Il y alla, & en posant son quatrieme gabion, il eut le bras fracassé d'un coup de canon. Il revint soutenant son bras pendant avec l'autre bras, & se contenta de dire à son Officier : *Je l'avois bien dit.* Il fallut lui couper le bras qui ne tenoit presque à rien. Il souffrit cela sans prononcer un seul mot, & après l'opération, il dit froidement : *Je suis donc hors d'état de travailler ; c'est maintenant au Roi à me nourrir.* Lett. de Racine.

Lors de ce siege de Namur, le Maréchal de

Luxembourg commandoit l'armée d'observation. Un de ses soldats passa au service du Prince d'Orange, qui lui demanda pourquoi il avoit quitté l'armée Françoise : *C'est*, dit le soldat, *qu'on y meurt de faim : mais avec tout cela, ne passez pas la riviere, car assurément ils vous battront.* Lettres de Racine.

Le Prince d'Orange est battu en 1693, à Nerwinde, par le Maréchal de Luxembourg. Dans la chaleur de l'action, ce Général voyant revenir du combat un soldat aux gardes, qui a quitté son corps, lui dit d'un ton menaçant : Où vas-tu ?
» Je vais Monseigneur, répondit le soldat, en
» ouvrant son habit pour faire voir sa blessure,
» mourir à quatre pas d'ici, ravi d'avoir exposé
» & perdu la vie pour mon Prince & d'avoir
» combattu sous un aussi grand Général que
» vous : je puis vous assurer, à l'article de la
» mort où je suis, qu'il n'y a aucun de mes ca-
» marades qui ne soit pénétré du même senti-
» ment ".

M. de Villars, n'ayant encore que le grade de Colonel, avoit reçu, en 1677, ce même tribut de louanges. Il rentroit dans son camp, après une action très-meurtriere. Le premier objet qui s'offre à lui, c'est un cavalier de son régiment, qui, blessé d'un coup d'épée au travers du corps, se retire presque expirant. Il demande son chef, que l'on croyoit tué ; & l'ayant trouvé : *Etes-vous content de moi, mon Colonel ?* lui dit-il ; *je ne voulois que la consolation de vous voir avant que de mourir.* Mémoires du Maréchal de Villars.

Le Prince d'Orange se propose en 1664, d'attaquer les places maritimes de la Flandre Françoise, qui sont menacées au même temps par les flottes d'Angleterre & de Hollande. Le Ma-

FRANÇOIS.

réchal de Luxembourg, qui est aux ordres de Monseigneur le Dauphin, réussit à les couvrir par sa marche de Vignamont, au port d'Espierres, dans laquelle il fait quarante lieues en quatre jours. Un soldat du régiment de Navarre murmure de cette fatigue. *Eh ! courage, mon camarade*, lui dit un vieux caporal ; *marchons : le Roi nous paye toute l'année pour un jour seulement : le voici ; acquittons-nous de notre devoir pour la gloire de notre maître.* Fureteriana.

En 1696, le même Prince d'Orange, espérant de surprendre les François, reste sur les bords de l'Escaut : mais le Maréchal de Luxembourg l'avoit précédé, & l'attendoit en ordre de bataille. Ce Prince ne put s'empêcher de s'écrier, dans sa surprise : Je savois bien que les François avoient des bras, mais j'ignorois qu'ils eussent des ailes. Histoire d'Angleterre.

Gironne étoit assiégée par les François en 1711. Le Général, M. le Duc de Noailles, étant allé visiter une batterie, un boulet de canon l'approcha de fort près. Il dit à Rigolo, qui commandoit l'artillerie, & qui étoit sourd : *Entendez-vous cette musique ? — Je ne prends jamais garde*, répond Rigolo, *à ceux qui viennent ; je ne fais d'attention qu'à ceux qui vont.* Mémoires de Maintenon.

Louis XIV, à la tête de ses armées en Flandres, tenoit table ouverte, & tous les Officiers d'une certaine qualité y mangeoient l'un après l'autre. Un jour M. de Louville, Gentilhomme de la Beauce, se présenta pour dîner ; M. de Créqui dit au Roi : Voilà M. de Louville qui souhaiteroit avoir l'honneur de dîner avec Sa Majesté. Le Roi répondit : De quel droit ? M. de Créqui n'osant rendre la réponse du Roi, dit simplement à

M. de Louville, que le Roi l'ayant interrogé sur plusieurs objets, il n'avoit pu lui parler de lui ; mais celui-ci s'en étoit douté. Cependant le soir, M. de Créqui représenta au Roi que M. de Louville étoit d'une très-bonne noblesse : sur quoi le Roi lui dit de le lui présenter le lendemain. En effet, il le proposa au Roi à dîner. Le Roi lui dit : Louville, prenez place. Louville répondit : j'ai dîné, Sire.

Un Officier du régiment de Champagne, demandoit, pour un coup de main, douze hommes de bonne volonté. Tout le corps reste immobile, & personne ne répond. Trois fois la même demande, & trois fois le même silence. Eh quoi, dit l'Officier, l'on ne m'entend point ? *L'on vous entend*, s'écrie une voix ; *mais qu'appellez vous douze hommes de bonne volonté ? Nous le sommes tous ; vous n'avez qu'à choisir.* Encyclopédie, au mot *Gloire*.

Lors du siege de Philisbourg, la tranchée étoit inondée, & le soldat y marchoit dans l'eau plus qu'à demi-corps. Un très-jeune Officier, à qui son âge ne permettoit pas d'y marcher de même, s'y faisoit porter de main en main. Un grenadier le présentoit à son camarade, afin qu'il le prît dans ses bras : *Mets-le sur mon dos*, dit celui-ci ; *du moins, s'il y a un coup de fusil à recevoir, je le lui épargnerai.* Encyclopédie, au mot *Gloire*.

Un Lieutenant-Colonel, qui étoit de tranchée, voulut, avant de mener les grenadiers à l'attaque du chemin couvert, faire distribuer de l'eau-de-vie. Ces braves gens, blessés d'une précaution qu'ils trouvoient injurieuse, s'écrierent tous avec indignation : *Nous prend-il donc pour des Allemands ?* Il n'y a personne qui, par cette réponse, ne juge que le chemin couvert fut emporté. *Dissertation sur la subordination, avec des réflexions sur l'exercice & sur l'art militaire.*

Un brave soldat du régiment de Navarre, disoit gaiement à son Capitaine : " Mon Officier,
" ordonnez qu'on cache nos drapeaux; si l'en-
" nemi les voir, il fuira long-temps avant que
" nous puissions le joindre ". *Traité de l'opinion.*

D'Esclainviliers, Gentilhomme de Picardie, mort Lieutenant-Général des armées du Roi, portoit une jambe de bois : un boulet de canon la lui emporta, tandis qu'il alloit reconnoître un poste. " Le canon, dit-il de sang-froid, en veut
" toujours à mes jambes; mais cette fois-ci, je
" l'ai pris pour dupe; car j'en ai deux autres
" dans mon chariot ".

Dans la derniere guerre d'Italie, un Officier aussi fou qu'il étoit brave, ayant reçu une balle dans la tête, dit : " Je savois bien que j'y avois
" besoin de plomb; mais la dose est un peu trop
" forte ". Et il mourut sur le champ.

Un grenadier, qui s'appelloit *La paix de Dieu*, fut blessé : on alloit lui couper une jambe. Pendant les préparatifs de cette cruelle opération, il disoit: Eh? la paix de Dieu, mon ami, que va-t-on dire de toi, quand on saura que tu as lâché le pied.

Un de nos Généraux demandoit dans le fort d'une bataille, une prise de tabac à un de ses Lieutenants; & voyant celui-ci emporté par un boulet de canon dans le moment qu'il lui présentoit sa tabatiere, il se tourna froidement de l'autre côté, & dit à un autre Officier: " Ce sera
" donc vous qui m'en donnerez, puisqu'il a em-
" porté la tabatiere avec lui " ? Tous ces traits rapportés par différents Auteurs modernes, doi-

vent nous rendre plus vraisemblables ces exemples de fermeté stoïque, si fort loués par les anciens.

Un Officier du régiment d'Orléans ayant été envoyé à la Cour, pour y porter une nouvelle agréable, demanda la Croix de Saint-Louis. *Mais vous êtes bien jeune*, lui dit Lous XIV. *Sire*, répondit le brave militaire, *on ne vit pas longtemps dans votre régiment d'Orléans.* Journal des Savants.

Un vieux Officier demandoit une grace à ce même Prince, dont l'air majestueux lui imposa à tel point, qu'il bégaya, & ne put pas continuer son discours. *Sire*, dit-il, *au moins, je ne tremble pas ainsi devant vos ennemis.* Siecle de Louis XIV.

Un autre Officier très-âgé, & qui s'étoit trouvé à plusieurs actions importantes, supplioit Louis XIV, avec beaucoup de vivacité, de lui accorder le grade de Lieutenant-Général. *J'y penserai*, dit le *Roi*. *Que votre Majesté se dépêche*, répartit ce brave Officier, en ôtant à demi sa perruque; *elle doit voir à mes cheveux blancs que je n'ai pas le temps d'attendre.* Cette hardiesse ne déplut point au Prince, & elle fut suivie d'un prompt succès. *Ecole militaire*.

Le Roi de Sardaigne, ayant, dans la guerre de 1741, pris parti pour la Cour de Vienne contre l'Espagne & la France, son Général, le Bailli de Givry, grimpa au pont d'Ormis, dans les Alpes, où il campa. Ce col est si élevé, qu'on n'y trouve ni eau, ni bois; de sorte qu'on est réduit à boire de la neige, & à se passer de feu. Les Piémontois étant avertis qu'on marchoit à eux, firent couper un pont de communication. Ils le regardoient comme le seul chemin par où l'on pût arriver au retranchement de Pierre-longue : tous les habitants du pays leur ayant assuré que la crête de la montagne étoit impraticable. Mais bientôt après, le Roi Victor apperçut des drapeaux au sommet ; il s'écria : *Il faut que ce soient des diables ou des François.* Histoire militaire des Suisses au service de la France.

Ceci rappelle ce vieux proverbe, qui disoit : *Que si le diable sortoit de l'enfer pour se battre, il se présenteroit aussi-tôt un François pour accepter le défi.*

Dans la guerre de Flandres de 1745 ou 1746, une troupe de Cavaliers étant commandée pour aller dans un endroit, trouva en son chemin des grenadiers étendus par terre, les uns morts, les autres mourants, les autres blessés ; la pitié les arrêta. Un des grenadiers étendus, dit à la troupe : Ah ! passez-nous sur le corps, si cela vous est nécessaire pour aller à l'ennemi.

Les Anglois venoient, en 1760, de remporter dans le Canada un avantage considérable sur les troupes Françoises. Le Capitaine Young, Officier distingué parmi les vainqueurs, n'écoutant que son courage, se trouve enfermé dans un endroit marécageux, & y est pris par les Sauvages. Ils le traînoient dans un lieu écarté pour le tuer & lui enlever la chevelure, selon leur barbare coutume, lorsqu'un grenadier François accourut à son secours. Ce n'est qu'après des altercations très-vives & très-opiniâtres, que l'intrépide Anglois se voit hors des mains de ces barbares. Il veut alors donner à son sauveur l'unique marque de reconnoissance qui soit en son pouvoir : il lui offre sa bourse, dans laquelle il y a dix guinées. Le généreux grenadier la refusa opiniâtrément, en lui disant, qu'il ne reçoit rien que du

Roi son Maître. Son Général cependant, M. le Chevalier de Lévi, sollicité par M. Young, lui ordonne de la prendre. Le grenadier s'y détermine alors, uniquement pour ne pas gâter un trait d'humanité par un acte de désobéissance. *Ce fait est rapporté dans la gazette Angloise du 2 Septembre 1760.*

Le Marquis de Montcalm, après avoir, dans cette guerre du Canada, remporté, comme Général, plusieurs victoires sur nos ennemis, sacrifia sa vie en soldat dans la derniere action : il y fut blessé mortellement de deux coups de feu ; cependant il ne descendit point de cheval qu'il n'eût fait lui-même la retraite de l'armée sous les murs de Quebec. Sur la réponse que lui fit son chirurgien, que ses blessures étoient mortelles, il dit au Lieutenant de Roi & au Commandant de Roussillon : » Messieurs, je vous » recommande de ménager l'honneur de la Fran- » ce, & de tâcher que mon armée puisse se re- » tirer cette nuit au-delà du Cap Rouge ; pour » moi je vais la passer avec Dieu, & me pré- » parer à la mort ". Il mourut le lendemain à cinq heures du matin, & fut enterré dans un trou de bombe.

Des vaisseaux Anglois essayoient, en 1761, de détruire une batterie de l'Isle de Ré. Un canonier François qui vit son fils emporté par un boulet, se tourna vers son Commandant : *Mon Officier*, lui dit-il, avec une fermeté héroïque, *Dieu m'avoit donné un fils unique, il vient de me le retirer ; que cela ne nous empêche pas de continuer notre besogne.* Mercure de France.

Nous croyons ne pouvoir mieux finir cet article, qu'en rappellant les anecdotes suivantes : tout François, en les lisant, sentira qu'il a un cœur.

Menin est attaqué en 1744 par les François. On dit à Louis XV qu'en brusquant une attaque qui coûtera quelques hommes, on sera quatre jours plutôt dans la Ville. » Eh bien, dit le Roi, » prenons-la quatre jour plus tard : j'aime mieux » perdre quatre jours devant une place, qu'un » seul de mes sujets ".

Le même Prince allant visiter les hôpitaux, après le siege de Menin, un grenadier qui étoit à l'hôpital, s'écria : Ah! voilà du fruit nouveau. Le Roi reprit : Que dis-tu là ? Il répartit : Je dis que voilà le premier Général qui soit venu en ces endroits-ci.

Le Prince Charles de Lorraine ayant passé le Rhin en 1744, avec une armée considérable, Louis XV interrompit ses conquêtes de Flandres, & vola au secours de l'Alsace. Il tomba malade à Metz. Quand il se crut en danger de mort, il dit à M. d'Argenson, son Ministre de la guerre : » Ecrivez de ma part au Maréchal de » Noailles, que pendant qu'on portoit Louis » XIII au tombeau, le Prince de Condé gagna » une bataille ".

Ce Prince malade, rendu aux vœux des ses sujets, remporte sur les Anglois, en 1745, la célebre bataille de Fontenoy. Durant la bataille, il fit ramasser les boulets de canon qui tomboient auprès de lui, & dit gaiement à M. de Chabrier, Officier d'artillerie : » Renvoyez ces boulets aux » ennemis, je ne veux rien avoir à eux ".

La victoire avoit été long-temps à se décider, & le Maréchal de Saxe, qui craignoit le succès de cette journée, fit dire au Roi qu'il le conjuroit de s'éloigner avec Monsieur le Dauphin, & qu'il fera ce qu'il pourra pour réparer le désordre. *Oh! je sais bien qu'il fera ce qu'il faudra*, répondit le Monarque ; *mais je reſterai où je ſuis.*

Monſieur le Dauphin court de ſon côté, l'épée à la main, pour ſe mettre à la tête de la Maiſon du Roi qui va faire un dernier effort. On l'arrête; on lui dit que ſa vie eſt trop précieuſe. *Ce n'eſt pas la mienne qui eſt précieuſe*, dit-il, *c'eſt celle du Général le jour d'une bataille.* Hiſtoire de la guerre de 1740.

Les anecdotes qui regardent les Rois prédéceſſeurs, les grands Généraux d'armée, & les hommes illuſtres en tout genre, ſont rapportées, comme nous l'avons déja dit, dans le *Dictionnaire des Portraits & Anecdotes des Hommes illuſtres*.

FRAYEUR.

LA frayeur, comme dit Bekker dans ſon *Monde enchanté*, prive un homme de ſon jugement, & lui ôte l'uſage de ſes ſens ; en ſorte qu'il croit voir & entendre des choſes qui n'exiſtent que dans ſon imagination troublée. Cet Auteur rapporte à ce ſujet l'anecdote ſuivante. Un chauderonnier de Baſle avoit été condamné, pour ſes maléfices, à être pendu ; ce qui fut exécuté. On tranſporta le corps au gibet patibulaire, qui n'étoit pas éloigné de la ville. Quelques jours après cette exécution, un marchand s'étoit hâté de nuit d'aller au marché qui ſe tenoit dans la ville. Comme il ſe doutoit bien que les portes ne s'ouvriroient pas de ſi-tôt, il ſe repoſa ſous un arbre proche ce gibet. Deux heures après, d'autres hommes allant auſſi au marché, & étant proche du gibet où étoit le pendu, lui demanderent par gauſſerie, s'il vouloit venir au marché avec eux :

le marchand couché sous l'arbre, croit que c'est à lui qu'on adresse la parole, & dit à ces passants : Attendez-moi, je m'en vais avec vous. Ceux-ci, s'imaginant que c'est le pendu qui leur parle, en sont si éprouvantés, qu'ils prennent la fuite de toute leur force. Il n'en fallut peut-être pas davantage pour persuader à bien du monde, qu'il s'étoit fait un miracle.

Le Cardinal de Retz rapporte dans ses *Mémoires* un de ces petits faits qui peuvent encore servir à confirmer ce que dit Bekker. Ce Cardinal, qui n'étoit alors qu'Abbé, avoit fait la partie de passer la soirée dans la maison de l'Archevêque de Paris son oncle à Saint-Cloud, avec Madame & Mademoiselle de Vendôme, Madame de Choisy, le Vicomte de Turenne, l'Evêque de Lisieux, & Messieurs de Brion & Voiture. On s'amusa tant que la compagnie ne put s'en retourner que très-tard à Paris. La petite pointe du jour (c'étoit dans les plus grands jours d'été) commençoit à paroitre, quand on fut au bas de la descente des *Bons-Hommes*. Justement au pied, le carrosse arrêta tout court. » Com-
» me j'étois, dit l'Auteur des *Mémoires*, à l'une
» des portieres avec Mademoiselle de Vendô-
» me, je demandai au cocher pourquoi il arrê-
» toit, & il me répondit avec une voix trem-
» blante : Voulez-vous que je passe par-dessus
» tous les diables qui sont-là devant moi ? Je
» mis la tête hors de la portiere ; & comme j'ai
» toujours eu la vue fort basse, je ne vis rien.
» Madame de Choisy, qui étoit à l'autre por-
» tiere avec M. de Turenne, fut la premiere
» qui apperçut du carrosse la cause de la frayeur
» du cocher ; je dis du carrosse, car cinq ou six
» laquais qui étoient derriere, crioient *Jesus,*

» *Maria*, & trembloient déja de peur. M. de
» Turenne se jetta en-bas du carrosse aux cris
» de Madame de Choisy. Je crus que c'étoit des
» voleurs; je sautai aussi-tôt hors du carrosse,
» je pris l'épée d'un laquais, je la tirai, & j'al-
» lai joindre de l'autre côté M. de Turenne, que
» je trouvai regardant fixement quelque chose
» que je ne voyois point. Je lui demandai ce
» qu'il regardoit, & il me répondit, en me
» poussant du bras & assez bas, je vous le dirai;
» mais il ne faut pas épouvanter ces Dames,
» qui dans la vérité hurloient plutôt qu'elles en
» rioient. Voiture commença une *Oremus*; Ma-
» dame de Choisy poussoit des cris aigus; Ma-
» demoiselle de Vendôme disoit son chapelet,
» Madame de Vendôme vouloit se confesser à
» M. de Lisieux, qui lui disoit : Ma fille, n'ayez
» point de peur; vous êtes en la main de Dieu.
» Le Comte de Brion avoit entonné bien triste-
» ment à genoux, avec tous nos laquais, les li-
» tanies de la Vierge. Tout cela se passa, com-
» me on peut se l'imaginer, en même-temps
» & en moins de rien. M. de Turenne, qui avoit
» une petite épée à son côté, l'avoit aussi tirée;
» & après avoir regardé un peu, comme je l'ai
» déja dit, il se tourna vers moi, de l'air dont
» il eut demandé son dîner, & de l'air dont il
» eut donné une bataille, & me dit ces paro-
» les : Allons voir ces gens-là. Quelles gens,
» lui répartis-je? & dans la vérité je croyois
» que tout le monde avoit perdu le sens. Il me
» répondit : Effectivement je crois que ce pour-
» roit bien être des diables. Comme nous avions
» déja fait cinq ou six pas du côté de la *Savon-*
» *niere*, & que nous étions par conséquent plus
» proche du spectacle, je commençai à entre-

» voir quelque chofe ; & ce qui m'en parut, fut
» une longue proceffion de fantômes noirs, qui
» me donna d'abord plus d'émotion qu'elle n'en
» avoit donnée à M. de Turenne ; mais qui, par
» la réflexion que je fis, que j'avois long-temps
» cherché des efprits, & qu'apparemment j'en
» trouvois en ce lieu, me fit faire un mouve-
» ment plus vif que fes manieres ne lui per-
» mettoient de faire. Je fis deux ou trois fauts
» vers la proceffion. Les gens du carroffe, qui
» croyoient que nous étions aux mains avec
» tous les diables, firent un grand cri, & ce ne
» furent pourtant pas eux qui eurent le plus de
» peur. Les pauvres Auguftins réformés & dé-
» chauffés, que l'on appelle Capucins noirs, qui
» étoient nos diables d'imagination, voyant ve-
» nir à eux deux hommes qui avoient l'épée à
» la main, l'eurent très-grande ; & l'un deux fe
» détachant de la troupe, nous cria : Meffieurs,
» nous fommes de pauvres Religieux, qui ne
» faifons de mal à perfonne, & qui venons nous
» rafraichir un peu dans la riviere pour notre
» fanté. Nous retournâmes au carroffe, M. de
» Turenne & moi, avec des éclats de rire que
» l'on peut s'imaginer, & nous fimes lui &
» moi, dans le moment même, deux réflexions,
» que nous communiquâmes dès le lendemain
» matin. Il me jura que la premiere apparition
» de ces phantômes imaginaires lui avoit donné
» de la joie : quoiqu'il eût toujours cru aupara-
» vant, qu'il auroit peur, s'il voyoit jamais
» quelque chofe d'extraordinaire : & je lui avouai
» que la premiere vue m'avoit ému, quoique
» j'euffe fouhaité toute ma vie de voir des ef-
» prits. La feconde obfervation que nous fimes,
» fut que tout ce que nous lifons dans la vie de

» la plupart des hommes est faux. M. de Turenne
» me jura qu'il n'avoit pas senti la moindre émo-
» tion, & il convint que j'avois eu sujet de
» croire par son regard fixe & son mouvement
» si lent, qu'il en avoit eu beaucoup. Je lui con-
» fessai que j'en avois eu d'abord, & il me pro-
» testa qu'il auroit juré son saint, que je n'avois
» eu que du courage & de la gaieté. Qui peut
» donc croire la vérité, que ceux qui l'ont sen-
» tie ? Le Président de Thou a raison de dire,
» qu'il n'y a de véritables histoires que celles
» qui ont été écrites par des hommes assez sin-
» ceres pour parler véritablement d'eux-mê-
» mes ". *Mém. du Cardinal de Retz.*

FRIPPONS, VOLEURS.

ÉCOUTEZ les coquins, ce sont les plus honnê-
tes gens du monde. C'est ce qu'on a voulu faire
entendre par ce trait d'une comédie Italienne.
Arlequin, dans cette comédie, dit à Scapin, qui
se plaint de ce que la justice l'a puni : Pourquoi
aussi t'avises-tu de voler un cheval en plein jour?
Moi voler ! reprend Scapin ; tu me fais tort de
parler ainsi : mon maître venoit de m'envoyer
faire une commission ; je trouve dans une petite
rue un cheval qui la barroit entiérement ; je vais
pour passer par-derriere, on me crie : Prenez
garde, il vous donnera un coup de pied ; je
voulus aller par-devant, on me dit : N'avancez
pas, il vous mordra. Je me vis donc obligé, de
peur d'être mordu ou estropié, de passer par-
dessus. Je pose effectivement le pied dans un des
étriers, & je passe une jambe. Mais ne voilà-
t-il pas que ce diable de cheval prend le mords
aux

aux dents, & m'emporte à vingt-cinq lieues par-delà. Vois, je te prie, mon cher Arlequin, si cela s'appelle voler un cheval.

Le Voyageur Thévenot cite les Arabes comme les voleurs les plus alertes que l'on puisse trouver. Il rapporte que trois Arabes disputerent un jour à qui feroit le coup le plus hardi. L'un se vanta de pouvoir dérober tout ce qui étoit dans la cuisine du Bacha; l'autre trouvant que c'étoit peu de chose, dit qu'il vouloit dérober le sceau ou cachet du Bacha; le troisieme voulant faire plus qu'eux d'eux, promit de tuer le Bacha dans son lit. Le premier fit tant qu'il se fourra dans la cuisine, d'où, pendant la nuit, il emporta tout, sans y laisser un chauderon. Le second se mêlant un jour parmi ceux qui entroient où le Bacha scelloit les ordonnances, s'approcha assez près de lui, & le Bacha ayant scellé quelque expédition, & voulant donner le sceau à tenir à quelqu'un, cet Arabe tendit la main, & l'ayant reçu, disparut aussi-tôt. Le troisieme n'eut pas le même succès. Cependant il avoit réussi à se glisser dans l'appartement du Bacha; & la nuit, s'étant approché de son lit, il levoit le bras pour le frapper, lorsqu'un jeune garçon, qui étoit aussi dans le lit, & qui apperçut la lueur du sabre, se mit à crier. Le Bacha, s'éveillant en sursaut à ce bruit, évita le coup. Aussi-tôt il vint des satellites qui se saisirent de l'Arabe, & il fut empallé le jour suivant. *Voyages de Thevenot.*

Le même Voyageur parle des voleurs de la Province de Dehly dans le Mogol. Ceux-ci ont l'usage d'un certain lacet à nœud coulant, qu'ils savent jetter si subtilement au cou d'un homme, qu'ils ne le manquent jamais ; en sorte qu'en un moment ils l'étranglent. Quelquefois ils envoyent ſur les chemins une jeune femme, les cheveux épars & toute éplorée. Comme elle marche du côté que va le Voyageur, elle l'entraîne facilement à lier converſation avec elle, & à s'intéreſſer à ſes prétendus malheurs. Si ce Voyageur imprudent la met en crouppe ſur ſon cheval, cette femme perfide lui jette auſſi-tôt un lacet au cou, & l'étrangle, ou au moins, l'étourdit juſqu'à ce que les voleurs, qui ſont cachés, viennent achever ce qu'elle a commencé. *Voyages de Thévenot.*

On a loué ce tour d'adreſſe d'un pauvre Arabe. On pilloit la maiſon d'un riche Négociant. L'Arabe ayant mis la main ſur un ſac plein d'or, & craignant que les gens attroupés dans la maiſon & dans la rue ne lui enlevaſſent ſa proie, s'aviſa de la jetter dans une des marmites qui étoient auprès du feu dans la cuiſine. Enſuite ayant mis la marmite ſur ſa tête, il ſe retira en grande diligence. Ceux qui le virent, rirent beaucoup de ce qu'il s'étoit arrêté à une marmite pleine de viande, pendant que tous les autres emportoient des choſes précieuſes. Le pauvre homme, en continuant ſon chemin ſans s'arrêter, leur diſoit : J'ai pris ce qui eſt préſentement le plus néceſſaire à ma famille ; & il paſſa de cette maniere ſans perdre ſon butin. *Bibliot. Orient.*

Il eſt d'uſage, dans pluſieurs Villes de la Marche d'Ancône, d'inviter ſon voiſin quand on a tué un cochon. Un Bourgeois d'une de ces Villes, qui auroit bien voulu éviter cette dépenſe, alla prendre avis d'un de ſes comperes, qui lui conſeilla de dire qu'on lui avoit volé ſon cochon. Le donneur d'avis alla lui-même enlever le co-

chon. Le pauvre Bourgeois ne le trouvant plus, courut auſſi-tôt faire ſes condoléances chez le compere, & jura ſes grands Dieux que ſon cochon lui avoit été enlevé. " Vous faites bien de
" parler ainſi, lui dit le voleur ; c'eſt ce que je
" vous avois conſeillé ". *Pog.*

Un jour que le Comte de Soiſſons étoit au jeu, il apperçut derriere ſa chaiſe, dans une glace, un homme dont la mine ne lui diſoit rien de bon. Cette défiance le rendit attentif. Effectivement, peu de temps après, il ſentit couper le cordon de ſon chapeau, il feignit de ne s'être apperçu de rien : & prétextant quelque beſoin, il ſe tourne vers le filou, & le prie de vouloir bien tenir ſon jeu : ce que celui-ci ne put refuſer. Le Comte deſcend à la cuiſine, & ſe fait donner le tranche-lard le mieux affilé qu'on pût trouver : il le cacha ſous ſon habit ; & rentra dans la ſalle. Le filou, impatient de s'eſquiver, ſe leve pour rendre le jeu qu'il tenoit ; mais le Prince lui fit ſigne de continuer. En même-temps il s'approche le plus doucement qu'il peut de ce filou, ſe ſaiſit d'une de ſes oreilles, qu'il coupe ; & la tenant à ſa main : " Monſieur, lui dit-il,
" quand vous me rendrez mon cordon, je vous
" rendrai votre oreille ". *Mercure de France.*

Un marchand ayant été attaqué dans les rues de Paris, par des voleurs, dès cinq heures du ſoir : " Meſſieurs, leur dit-il, vous ouvrez aujourd'hui de bonne heure ".

Un Bourgeois de Plaiſance, fort pauvre, trouvant une nuit des voleurs dans ſa maiſon, leur dit ſans s'émouvoir : " Je ne ſais ce que
" vous cherchez de nuit dans ma maiſon ; pour
" moi, en plein jour, je n'y ſaurois rien trouver ".

On rapporte que François I, étant dans sa chapelle avec plusieurs Seigneurs, pour entendre la Messe, un filou fort bien habillé, se mit derriere le Cardinal de Lorraine, & lui escamota sa bourse; mais n'ayant pu le faire sans que le Roi s'en apperçût, il lui fit figne du doigt de ne rien dire. Le Roi le laissa tranquille, & demanda après au Cardinal ce qu'il avoit fait de sa bourse. Celui-ci ne la trouvant point, parut fort inquiet, & donna une scene au Roi, qui, après avoir bien ri, voulut qu'on rendît ce qui avoit été pris. Mais l'auteur du vol ne parut pas; le Roi s'apperçut, un peu tard, qu'il avoit été joué.

Un filou entra sur le soir à Paris chez un marchand qui avoit plusieurs flambeaux d'argent sur son comptoir. Son dessein étoit de les dérober. Il demanda quelques marchandises; & pendant que les garçons les cherchoient, il s'amusa à causer avec la marchande, & ceux qui se trouvoient là. On parloit de tours subtils de différents voleurs. Messieurs, leur dit-il, tout ce que vous racontez ne me surprend pas depuis l'histoire de ce frippon qui déroba deux flambeaux d'argent sur le comptoir d'une boutique, à-peu-près comme celle où nous sommes, devant plusieurs personnes qui le regardoient. Cela n'est pas possible, dit quelqu'un. Messieurs, reprit-il aussitôt, j'étois présent; voici comme il s'y prit, rien en effet n'est plus singulier. Le filou, feignant alors de représenter ce qu'il racontoit, met son chapeau sur le comptoir, prend les deux flambeaux, éteint les lumieres, en disant que le voleur en avoit usé ainsi; & puis, ajouta-t-il, il emporta les deux chandeliers sous son habit. Notre historien les emporta de même, gagnant

FRIPPONS, VOLEURS. 341
une porte qui conduifoit dans une allée, & de l'allée dans la rue. Il fe déroba bien vite à fes auditeurs, qui ne commencerent à s'appercevoir du tour qu'on leur avoit joué, que lorfqu'il ne fut plus temps de courir après lui.

Un filou qui n'avoit point de chapeau, fortant d'une Eglife au milieu de la prefle, déroba un caftor fin à un particulier qui le tenoit fous fon bras. Ce particulier qui fentoit fon chapeau lui échapper, fe mit à crier : On prend mon chapeau. Le filou aufli-tôt met le caftor qu'il avoit dérobé fur fa tête, & fe l'enfonçant avec fes deux mains : Je défie, dit-il, qu'on prenne le mien ; chacun le laiffa paffer fans ofer même le foupçonner.

Un Gentilhomme qui voyageoit à cheval, dans le Comté de Glocefter, rencontra une femme étendue au milieu du grand chemin, qui lui demanda du fecours ; elle lui dit qu'elle venoit d'être volée & maltraitée par des voleurs, & le pria de vouloir bien l'aider à fe relever, afin qu'elle pût fe trainer jufqu'au village prochain. Le Gentilhomme, touché de pitié, met pied à terre, tend la main à cette malheureufe femme, qui lui préfente aufli-tôt un piftolet, & lui demande la bourfe. Le Gentilhomme déconcerté de la propofition, donne fon argent, & fe laiffe prendre fa montre. Alors le voleur qui n'avoit de femme que l'habit, jette fon déguifement, monte fur le cheval, s'enfuit à toute bride, & laiffe le Gentilhomme fort étonné, plus affligé encore, & promettant fincérement à Dieu de ne jamais defcendre de cheval pour relever les femmes qui lui demanderoient du fecours. *Papiers Anglois de* 1761.

Un Procureur, à qui on faifoit un jour fcrupule de quelque tour d'adresse de sa profession, dit, en montrant un écu : » Vous voyez bien » cet écu, Dieu ne se soucie pas plus qu'il soit » dans votre poche que dans la mienne, parce » qu'il en est toujours le maitre ".

FRUGALITÉ.

SIMPLICITÉ de mœurs & de vie, qui nous apprend à nous contenter de peu. La frugalité est une vertu d'autant plus précieuse, qu'elle nous met à l'abri de la corruption. L'histoire Romaine nous offre plusieurs exemples de cette vertu dans Fabricius, dans Curius, dans Camille. Le premier rejetta les offres magnifiques qui lui furent faites de la part de Pyrrhus; le second méprisa tout l'argent qui lui fut présenté de la part des Samnites; le troisieme consacra dans le temple de Jupiter, tout l'or qu'il avoit enlevé aux Gaulois.

Une vertu semblable dicta la réponse que fit au Ministre Walpole un Seigneur Anglois distingué par son mérite. Ce Ministre vouloit le détacher du parti du Parlement. Il va le trouver. Il lui dit qu'il vient de la part du Roi pour l'assurer de sa protection, & lui marquer le déplaisir que Sa Majesté avoit de n'avoir encore rien fait pour lui. Il lui offre en même-temps un emploi considérable. » Mylord, lui répliqua » le Seigneur Anglois, avant de répondre à vos » offres, permettez-moi de faire apporter mon » souper devant vous ". On lui sert au même instant un hachis fait du reste d'un g   dont il avoit dîné. Se tournant alors vers M. Walpole : » Mylord, ajouta-t-il, pensez-vous qu'un hom-

» me qui se contente d'un pareil repas, soit un
» homme que la Cour puisse aisément gagner?
» Dites au Roi ce que vous avez vu; c'est la
» seule réponse que j'aie à lui faire".

GALANTERIE.

ON se sert ici de ce terme pour désigner une attention marquée de la part des hommes, de se rendre agréable aux femmes par des discours fins & délicats qui leur donnent bonne opinion d'elles-mêmes.

Un jeune Prince couroit à la rencontre d'une Dame d'une grande qualité, fort belle, & pour qui il avoit beaucoup d'estime. Elle lui dit: Monsieur, vous allez bien vite. Madame, lui répondit le Prince, je suis mon penchant.

Mademoiselle de *** étoit recherchée en mariage par le Prince de *** qu'elle paroissoit aimer. On félicitoit cette Demoiselle sur cette union. Comme elle exposoit plusieurs difficultés qui pourroient l'empêcher : Ah! Mademoiselle, lui répartit quelqu'un qui cherchoit à lui dire quelque chose d'obligeant, Monsieur le Prince de *** est né heureux, & vous ferez son épouse.

On attribue au Cardinal de Polignac la réponse suivante. On s'amusoit chez Madame la Duchesse du Maine à trouver des différences ingénieuses d'un objet à un autre. Quelle différence, lui dit la Duchesse, y a-t-il de moi à une montre? Madame lui répondit-il, *une montre marque les heures, & auprès de vous on les oublie.*

Dans une compagnie où se trouvoit Boileau, une Demoiselle fut priée de danser, de chanter

& de toucher du clavecin. On vouloit faire briller ses talents qui étoient des plus médiocres : chacun, néanmoins s'empressa de lui faire des compliments ; ils étoient dictés par la politesse. Boileau, d'un ton malignement galant, ajouta : » On vous a tout appris, Mademoiselle, hor- » mis à plaire ; c'est pourtant ce que vous savez » le mieux ".

M. de Fontenelle étant un jour dans le jardin d'une maison où il avoit dîné, quelqu'un vint montrer à la compagnie un petit ouvrage d'ivoire, d'un travail si délicat, qu'on n'osoit le toucher, de crainte de le briser. Chacun l'admirant : *Pour moi*, dit M. de Fontenelle, *je n'aime point ce qu'il faut tant respecter.* Madame la Marquise de Flamarens survint tandis qu'il parloit ; elle l'avoit entendu : il se retourne, l'apperçoit, & ajoute : *Je ne dis pas cela pour vous, Madame.*

Le Marquis de Saint-Aulaire, âgé de quatre-vingt-douze ans, disoit des galanteries à Madame la Comtesse de Beranger, & même la pressoit beaucoup. Elle lui répondit malignement : Je n'ai rien à vous refuser. Ah ! Madame, lui répondit-il, vous banniriez toute la politesse, s'il falloit être prise au mot.

Ceci rappelle cette répartie d'une jeune personne qu'un vieillard cajoloit. Je vous attraperois bien, lui dit-elle, si je vous prenois au mot.

Le jour qu'un Officier François arriva à la Cour de Vienne, l'Impératrice sachant qu'il avoit vu la vieille Princesse de †**, lui demanda, s'il croyoit que la Princesse fût, comme on le disoit, la plus belle personne du monde ? *Madame*, répondit l'Officier, *je le croyois hier.*

On sait que les Turcs évitent toujours de répondre aux questions qu'on leur fait sur leur religion, afin de ne la point exposer à la critique & à la raillerie. Une Dame de condition faisoit reproche à un Ambassadeur Turc de ce que la religion de Mahomet permettoit d'avoir plusieurs femmes. L'Ambassadeur, sans entrer dans aucune discussion, lui répondit : Elle le permet, Madame, afin de pouvoir trouver dans plusieurs, toutes les qualités qui sont rassemblées dans vous seule. Cette réponse est en même-temps adroite & galante.

Le grand Condé agit avec autant d'esprit & de politesse dans une occasion différente. Ce Prince attaquoit Wezel en 1672 ; toutes les Dames se réunirent pour le prier de leur permettre de sortir de la place, & de ne pas les exposer aux suites fâcheuses d'un siege long & meurtrier. Mais le Prince qui sentoit que par cette sortie, les assiégés seroient moins sollicités à se rendre, répondit aux Dames : *Qu'il ne pouvoit consentir à une demande qui le priveroit de ce qu'il y a de plus beau dans son* triomphe.

GASCONISME.

Façon de parler vicieuse, particuliere aux gascons. On rapporte plusieurs de ces vices d'élocution dans un ouvrage utile intitulé : *les Gasconismes corrigés.*

Il est assez ordinaire aux gascons d'employer le mot *saison* à la place du mot *pluie.* Mon Dieu, la bonne saison qu'il a fait aujourd'hui, disoit à un Evêque un supérieur de séminaire. Le Prélat qui n'étoit pas gascon, répondit : Vous êtes, vous autres gascons, avantageux en tout ; nous n'avons que quatre faifons à Paris; pour vous, vous en avez à douzaine.

Les gafcons mettent fouvent l'e à la place de l'a, & l'a à la place de l'e. Un Evêque des environs entendit dire à un Eccléfiaftique de fon cortege, *ras de chauffée*. Il en badina avec les autres ; il demanda quelle efpece de rats c'étoit que les *rats de chauffée*. Bon, Monfeigneur, répondit quelqu'un, il nous en dit bien d'autres ; il dit toujours les *gradins* de l'autel pour les *gredins* de l'autel. Ce dernier gafconifme fit même plus rire que le premier.

La plupart des Prêtres gafcons ont confervé le mot *époufer* que l'on difoit autrefois pour *marier*. Une Dame avoit à fa table plufieurs Curés des bords de la Garonne, Ils difoient fouvent dans la converfation : *J'ai époufé* ; Mademoifelle N *** *J'épouferai* Mademoifelle M ***. La Dame qui vouloit leur faire fentir l'équivoque, dit : Voyez ces Meffieurs, les Curés, ne font-ils pas admirables ? ils veulent que chaque homme s'en tienne à fa femme, & ils en *époufent* fans fin.

L'expreffion *à faire trembler* eft fi familiere aux gafcons, qu'ils l'emploient à tout propos. Quelqu'un faifoit obferver ce gafconifme à un Officier gafcon, qui répondit par cette gafconnade : que l'expreffion *cela fait trembler* eft la plus forte qu'un gafcon puiffe employer en telle circonftance que ce foit, parce qu'il n'y a rien dans la nature qui foit au-deffus de ce qui fait trembler un gafcon.

Le mot *au contraire* pour *non* eft encore très-ufité par les gafcons. Les Députés des Etats de Languedoc étant à Verfailles à l'audience du Roi, un gafcon du cortege trébucha & tomba. Comme tout le monde lui demandoit s'il s'étoit fait mal en tombant, il dit gaiement en se relevant, *au contraire*. Cette maniere de parler fit rire ceux qui étoient présents. Les uns prétendoient que c'étoit un gasconisme, les autres une gasconnade. C'étoit l'un & l'autre. *Les gasconismes corrigés.*

GASCONNADES.

Nous comprenons sous cet article, ces forfanteries burlesques & ces mots plaisants attribués aux gascons. On sait que l'accent en fait souvent tout le sel.

Lorsque Namur fut assiégée en 1605, il y avoit dans la place, disent les mémoires de *la Colonie*, un Capitaine de Dragons nommé *Vigoureux*, qui étoit de Rhodez. Cet Officier, qui ne s'étoit jamais rencontré dans des occasions fort dangereuses, étoit tellement étonné d'avoir été commandé pour une des sorties faites sur les ennemis, qu'il ne cessoit d'en rapporter des actions de valeur extraordinaires, dont il se disoit l'auteur. Dans le vrai, il ne s'y étoit rien passé qui méritât beaucoup d'attention ; mais il trouvoit si surprenant que son courage eût soutenu une telle épreuve, qu'il s'imagina que rien n'étoit égal à sa bravoure. Un jour il demanda au Maréchal de Boufflers, son Général, de le mettre en lieu où il pût de nouveau signaler sa valeur, *étant au désespoir*, disoit-il, *que l'occasion de sortir sur cette canaille ne se présentoit plus*. Le Maréchal, lassé de ces discours, lui répondit, en présence de la compagnie où il exerçoit ses Gasconnades : » Eh bien : Monsieur de Vigoureux,
» vous aurez satisfaction. Il se présente une oc-

» casion bien à propos. La breche est déja faite
» au fort Guillaume ; les ennemis, selon toute
» apparence, ne tarderont pas à monter à l'as-
» saut ; je vous en fais Gouverneur ; allez en
» prendre possession : si cette canaille ose se pré-
» senter, repoussez-la comme il faut, & faites-
» lui bien sentir la pesanteur de votre bras. Au
» reste, je doute que nos ennemis veuillent en
» courir les risques, s'ils apprennent que vous
» devez le défendre. Allez, courez chercher ces
» lauriers en dépit des jaloux. Je vous donne la
» préférence ; tout doit céder à votre bravoure ".
Le pauvre Vigoureux, dont l'intention n'étoit
que de se faire passer pour brave, & qui n'avoit
point d'envie d'être pris au mot, fut très-surpris
de la réponse de M. de Boufflers. Il demeura interdit, & les réflexions gasconnes lui manquant,
toute la compagnie se prit à rire. Il se remit
pourtant après avoir rêvé ; & croyant avoir
trouvé une défaite qui le tireroit d'affaires, il
dit à Monsieur de Boufflers : » Monseigneur, ce
» n'est pas là où il faut mettre Vigoureux ; je
» n'aime pas à être resserré entre quatre murail-
» les : l'ardeur que j'aurois à courir sur cette ca-
» naille, & à me porter de la gauche à la droi-
» te, seroit trop à l'étroit, & j'étoufferois de
» rage dans un si petit endroit. Mais lâchez la
» bride à ma valeur en pleine campagne, &
» vous verez ce que Vigoureux sait faire ". A
ces mots *lâchez la bride à ma valeur*, toute la
compagnie fit un si grand éclat de rire, que Vigoureux ne put pas y tenir : il se retira sans dire
mot. Cette fanfaronnade ne tomba point à terre ;
dans un moment elle fut répandue dans toute la
garnison, & Vigoureux eut bientôt le chagrin
d'entendre les soldats crier les uns aux autres par

raillerie : *Lâchez la bride à ma valeur dans la plaine.*

Un Officier Gascon, fort brave homme de sa personne, mais qui tenoit beaucoup du naturel de sa nation, se trouvoit à une escarmouche. Il tira un coup de pistolet à un cavalier ennemi, & se vanta aussi-tôt à un de ses camarades, qu'il venoit de tuer ce cavalier. L'autre regardant: Cela ne peut être, lui dit-il ; car je ne vois personne à bas. — Cap de bions, répartit le Gascon, ne vois-tu pas que je l'ai réduit en poudre ?

Lors du siege de Valenciennes par les François, en 1677, un des principaux Officiers de la garnison, qui vit qu'on ne donnoit point de quartier dans la premiere chaleur de l'attaque, s'alla jetter entre les bras d'un Officier Gascon. Il se rendit son prisonnier, & lui offrit une bourse de trois cents louis, afin qu'il le gardât. Le Gascon lui répondit aussi-tôt : » Monsieur, pour
» votre vie, elle est sauve ; car je combats com-
» me le lion ; je pardonne à celui qui s'humilie ;
» mais pour vous garder, j'ai bien d'autres cho-
» ses à faire. Je cours à la gloire, & vous laisse
» vous & votre argent entre les mains de mon
» sergent ". *Mercure de Janvier* 1677.

Un Mousquetaire Gascon, passant dans une revue devant Louis XIV, fit faire à son cheval un mouvement si brusque, que le chapeau du cavalier vola à terre. Un de ses camarades le lui présenta à la pointe de son épée. Sandis, s'écria le Gascon, j'aurois mieux aimé que vous m'eussiez percé le corps que mon chapeau. Le Roi, ayant entendu cette réponse, lui en demanda la raison, Sire, dit-il, j'ai crédit chez un Chiturgien ; mais je n'ai pas la même faveur chez un Chapelier.

Un Gentilhomme Gascon, se faisant appeller Marquis à la Cour du Duc de Savoie, Madame la Duchesse lui demanda par dérision, dans quel pays étoit son Marquisat. Il est, répondit le Gascon, dans votre Royaume de Chypre.

Un Gascon voyant qu'on s'étonnoit de ce qu'il trembloit en prenant ses armes, dit : Mon corps tremble de peur pour les dangers où il prévoit que mon courage le portera tantôt.

On citoit dans une compagnie deux braves Officiers dont on faisoit l'éloge. Ne soyez pas surpris de leur valeur, dit un Gascon; l'un est de Gascogne, & l'autre mérite d'en être.

Un Gascon se vantoit d'être descendu d'une maison si ancienne, qu'il payoit encore, disoit-il, la rente d'une somme que ses prédécesseurs avoient emprunté pour aller adorer Jesus-Christ dans la crêche de Bethléem.

On a fait ce conte. Un Gascon avoit appellé en duel un cavalier; & s'étant rendu le premier sur le lieu, apperçut un homme d'épée qui se promenoit. Il crut d'abord que c'étoit son homme; mais ayant reconnu son erreur, & craignant qu'un tiers ne rompît son dessein, il lui dit fièrement de se retirer. L'autre lui répondit sur le même ton, & des paroles ils en vinrent au mains. Pendant cet intervalle, celui qui avoit été appellé arrive; & voyant son Gascon aux prises, il lui demanda pourquoi il lui manquoit de parole, & se battoit contre un autre avant que de l'avoir satisfait. » Cap de bious, répondit le Gascon, » je m'ennuyois, & je me suis mis à peloter en » attendant partie ".

Un Normand & un Gascon furent comdamnés à être pendus pour des vols. Comme il s'agissoit de leur prononcer leur sentence, le greffier lût d'abord celle du Normand, qui marquoit qu'il seroit pendu pour avoir volé un sac de clous. Le Gascon en l'entendant, dit : Peste soit du maraud ! se faire pendre pour des clous ! Et quand on lut la sienne, qui portoit qu'il seroit pendu pour avoir volé dix mille écus, il se tourna vers le Normand, & lui dit : Sont-ce là des clous ?

Un Gascon reçut d'un de ses camarades, qui étoit dans le service, une lettre dont le style ne l'accommodoit pas. Il lui répondit que s'il se présentoit jamais devant lui : il lui casseroit la tête d'un coup de pistolet. L'autre lui écrivit seulement ces deux mots : *Amorcez, je pars*.

Un Abbé Gascon, qui prêchoit assez bien, étant conseillé par ses amis de solliciter un bénéfice, dit : Moi demander un bénéfice, ce n'est qu'une bagatelle, je vais à la gloire.

Un autre Abbé Gascon, qui n'étoit pas si glorieux, demandoit depuis long-temps un bénéfice au Pere de la *Chaise*, qui avoit la feuille des bénéfices. Un jour que ce bon Pere se promenoit appuyé sur sa canne, suivant sa coutume, l'Abbé vint l'aborder, & le sollicita de nouveau. Le Jésuite, qui l'avoit leurré depuis long-temps de belles espérances, lui annonça qu'il n'y avoit rien à faire pour lui. Ah, mon Pere ! repartit aussi-tôt l'Abbé dans son accent Gascon, j'ai été un grand sot de me fier à vos promesses, & ma mere avoit bien raison de me dire qu'*il ne falloit jamais s'asseoir sur une chaise qui n'avoit que trois pieds*. Le Gascon faisoit allusion, comme l'on voit, au nom du Jésuite, & à la nécessité où il étoit de s'appuyer sur une canne.

Pendant qu'on achevoit de bâtir le Pont-neuf, un homme qui avoit entendu les entrepreneurs parler d'un bon repas qu'ils devoient faire, se mit à toiser le long du pont sans rien dire à personne. On le croit connoisseur ; il est prié à dîner. Après le repas, les entrepreneurs lui dirent qu'ils voyoient bien qu'il avoit quelque pensée sur leur ouvrage qui pourroit le perfectionner. Je songeois, leur dit notre Gascon en sortant de table, que vous avez très-bien fait de vous y prendre en large; car si vous vous y fussiez pris en long, vous n'en fussiez pas venus à bout de la même maniere.

Un Gascon étoit à la comédie dans le parterre; & comme il se remuoit toujours, son épée se mettoit dans les jambes de ceux qui étoient près de lui. Un Officier, s'en trouvant embarrassé : Monsieur, lui dit-il, votre épée m'incommode. *Cadedis*, lui répondit le Gascon, *elle a bien incommodé d'autres*.

Un habitant des bords de la Garonne passoit constamment l'hyver le plus rude avec un habit très-mince & très-léger, & ne trembloit point. Un Seigneur, transi de froid, le rencontra dans une place publique. Comment faites-vous donc, lui dit ce Seigneur, pour n'être point sensible au froid. Sandis, Monseigneur, lui répondit le Gascon, portez comme moi toute votre garderobe sur vous, je vous réponds que vous n'aurez pas froid.

Un Gascon, assez pourvu d'impertinence, disoit dans une compagnie nombreuse, qu'il donneroit volontiers dix pistoles pour chaque pucelle qu'on lui montreroit. Une Demoiselle, qui connoissoit la fausse bravoure du personnage, lui dit qu'elle pourroit lui en montrer une pour rien. Que je serois curieux, dit-il, de la connoître ? Eh bien, répondit la Demoiselle, regardez votre épée.

GASCONNADES.

Un Officier Gascon, ayant obtenu du Roi une gratification de cinq cents écus, fut trouver M. Colbert pour qu'il lui fît compter cette somme. M. Colbert étoit à dîner avec trois ou quatre Seigneurs. Le Gascon, sans se faire annoncer, entra effrontément dans la salle où l'on mangeoit, & s'approchant de la table, il dit tout haut : Messieurs, avec votre permission, lequel de vous autres est Colbert. C'est moi, Monsieur, répondit M. Colbert, qu'y a-t-il pour votre service ? Eh ! pas grand'chose, dit le Gascon, un petit ordre du Roi pour me compter cinq cents écus. Le Ministre réjoui de la présence de cet original, lui dit de se mettre à table, & lui promit de satisfaire à sa demande après le dîner. Le Gascon ne se fit pas prier deux fois, & mangea comme quatre. Lorsque tout le monde fut levé, un commis vint prendre le Gascon, le mena au bureau, & lui compta cent pistoles. Comme il dit qu'il en devoit toucher cent cinquante, le commis lui répondit : Il est vrai, mais on en retient cinquante pour votre dîner. Cadedis, s'écria le Gascon, cinquante pistoles un dîner ! je ne donne que vingt sols à mon auberge. Je le crois, dit le commis ; mais vous ne mangez pas avec M. Colbert, & c'est cet honneur-là qu'on vous fait payer. Eh bien, répondit le Gascon, puisque cela est ainsi, gardez tout : ce n'est pas la peine que je prenne cent pistoles ; j'amenerai demain un de mes amis dîner ici, & cela sera fini. On rapporta cette gasconnade à M. de Colbert, qui en rit, & fit compter les cinq cents écus à cet Officier.

Boursault, dans ses Lettres, rapporte cette singuliere saillie d'un Officier Gascon. Il représentoit à Louis XIV le besoin qu'il avoit d'argent

pour faire son équipage. Le Roi, qui cherchoit toujours à adoucir ses refus, lui dit que le temps n'étoit guere propre à faire des graces, & ajouta qu'il avoit sa paye, une pension; & que si cela ne suffisoit pas, son pere, qui avoit reçu plusieurs bienfaits, pouvoit, de temps à autre, lui envoyer quelque lettre-de-change. » De l'ar-
» gent de mon pere, Sire, repartit prompte-
» ment le Gascon; votre Majesté, qui est toute-
» puissante, feroit plutôt faire un pet au cheval
» de bronze, que de tirer une lettre-de-change
» de notre pays ". Le Roi surpris d'une expression si extraordinaire, sourit, & accorda au Gascon une partie de ce qu'il demandoit.

Un Mousquetaire, qui devoit dîner avec des femmes élégantes, avoit fait une toilette complette, & marchoit à pas comptés dans la rue. Mais le malheur voulut qu'un fiacre, mal-adroit, & qui alloit très-vite, passa & le remplit de boue de la tête aux pieds. Le jeune homme furieux de se voit en cet état, tomba aussi-tôt sur le cocher, & lui donna vingt coups de canne. Pendant qu'il le battoit, un habitant de la Garonne, tout galonné d'or, ayant baissé la portiere du carrosse : *Aurez-vous bientôt fait, Monsieur?* lui dit-il. Le Mousquetaire, qui étoit encore dans la chaleur du premier mouvement, lui répondit avec fierté : Morbleu, Monsieur, voulez-vous prendre son parti, vous n'avez qu'à descendre. *Ce n'est pas ce dont il s'agit*, lui repliqua le Gascon ; *mais, s'il vous plaît, ce coquin-là est à l'heure, & chaque coup de canne que vous lui donnez me coûte dix sols.* Cette bonne raison parut appaiser le Mousquetaire, & termina la querelle.

Un Gascon qui n'avoit que ses bons mots pour

vivre, étant tombé malade à Paris, fut contraint de se faire porter à l'hôtel-Dieu. Un de ses anciens camarades vint le voir : Eh ! donc, mon cher enfant, lui dit-il, en quel état je te trouve ! Courage mon ami, courage. — Pour du courage, lui répondit-il, les gens de notre pays n'en manquent point. — Eh ! qui le sait mieux que moi ? lui dit celui qui le visitoit. Au reste, mon cher enfant, ajouta-t-il, tu me permets de te demander si tu es bien avec Dieu ? — " Apparemment, lui repliqua le Gascon malade ; je ne dois pas y être mal, puisqu'il me donne un appartement dans son hôtel". *Voyez les Lettres de Bourſault.*

Plusieurs personnes s'amusoient dans un jeu de paume, à voir jouer une partie. Un Gascon regardoit comme les autres, par la galerie. Celui qui étoit auprès de lui, voyant venir à lui une balle poussée assez rudement, baissa la tête, & la balle donna droit à la tête du Gascon ; ce qui le mit si fort en colere, qu'il donna un grand soufflet à celui qui s'étoit baissé, & lui dit : *Morbleu ! poltron, tu as peur.*

Un Gascon sollicitoit un Ministre de lui accorder une grace. Ses prieres étoient vives ; mais le plaisant, c'est qu'il vouloit persuader que cette grace étoit bien plus pour le Ministre que pour lui, parce qu'il n'en tireroit, disoit-il, qu'une utilité fort médiocre ; mais qu'au contraire, le Ministre feroit connoitre à tout le monde qu'il savoit distinguer le mérite. Enfin, il demandoit cette grace comme les Napolitains demandent l'aumône : " Faites-moi du bien pour l'amour de vous : *Fate mi ben per voi*".

Le Prince de Condé demandoit en riant, à un Gascon plein d'esprit, quelques gasconnades,

Non, Monseigneur, lui dit-il, je n'en ferois pas une à présent pour mille écus. Le Prince rit de celle-là ; mais il en demanda encore une autre. Monseigneur, lui répondit le Gascon courtisan, ne m'excitez pas davantage, car j'en ferois une qui vous feroit trembler.

GÉNÉROSITÉ.

La générosité est un dévouement au bonheur de nos semblables. Cette vertu éleve en quelque sorte l'homme au-dessus de lui-même, puisqu'elle lui fait préférer les intérêts des autres à son propre avantage. La récompense du généreux est au fond de son cœur.

On faisoit un reproche à un Seigneur Anglois, occupé d'enrichir ses vassaux, de n'avoir pas su les tenir dans la crainte & dans la soumission. Si je voulois, répondit-il, plus de respect de mes vassaux, je fais comme vous que la misere a la voix humble & timide ; mais je veux leur bonheur : & je rends graces au Ciel, puisque leur insolence m'assure maintenant qu'ils sont plus riches & plus heureux.

Deux Gentilshommes pleins d'honneur & d'une probité reconnue, servoient, en 1595, dans la même armée en Languedoc ; ils étoient tous deux Capitaines de Cavalerie. L'histoire a conservé leurs noms ; l'un s'appelloit *Lioux*, & étoit Gascon ; l'autre, qui étoit Provençal, se nommoit *Saint-Andiol*. Ils prennent querelle sur un sujet léger, & mettent l'épée à la main. Saint-Andiol, plus adroit, ou plus fort que son ennemi, le blesse, le désarme, & lui rend tout de suite l'épée, avec des marques de considération, dictées par l'honnêteté & l'estime. On avoit pris toutes sortes de précautions pour dérober la connoissance de ce combat singulier. Le Connétable néanmoins en fut averti. Il en parle à Saint-Andiol, qui convient du démêlé, dit que l'affaire s'est terminée sans avantage de part ni d'autre, assure qu'il est très-satisfait, & qu'il reconnoit son adversaire pour un des hommes les plus intrépides & les plus vertueux qu'il ait jamais connu. Lioux, introduit devant son juge immédiatement après cette déclaration, qui lui est communiquée, nie que l'action se soit passée de cette maniere : il avoue qu'il doit la vie à Saint-Andiol, se plaint de ce que ce Gentilhomme estime assez peu la victoire qu'il a remportée, pour vouloir s'en dérober l'honneur ; & par ce libre & généreux aveu de la vérité, partage, quoique vaincu, avec son ami, l'honneur d'un événement qui paroissoit ne pouvoir tourner qu'à son défavantage. *Hist. du Duc d'Epernon.*

Zigand, Grand-Kan des Calmoucks, en 1715, étant à la chasse, il arriva qu'un esclave mal-adroit lui creva malheureusement un œil d'un coup de fleche. Toute sa suite indignée se jetta sur l'infortuné tireur, & vouloit le massacrer. Zigand s'y opposa : » Qu'il aille en paix, dit-il, il ne » faut juger d'un crime que par l'intention du » coupable. Cet homme m'a blessé sans dessein ; » sa mort me rendroit-elle l'œil qu'un hasard » fatal m'a fait perdre " ? Non content d'avoir sauvé la vie à ce malheureux, il lui donna la liberté. *Mélanges intéressants.*

En 1745, le Prince Charles-Edouard, fils aîné du prétendant au Trône d'Angleterre, ayant perdu dans ce Royaume une bataille décisive, est poursuivi par les troupes du Roi. Il erre long-

temps seul, & toujours au moment d'être la proie de ceux qui veulent gagner le prix mis à sa tête. Ayant fait un jour dix lieues à pied, & se trouvant épuisé de faim & de fatigues, il entre dans la maison d'un Gentilhomme qu'il sait bien n'être pas dans ses intérêts. Ce Gentilhomme néanmoins, n'écoutant que sa générosité, lui donne tous les secours que sa situation permet, & garde un secret inviolable. Quelque temps après, ce Gentilhomme est accusé d'avoir donné un asyle dans sa maison à Edouard, & est cité devant les Juges. Il se présente à eux avec la fermeté que donne la vertu, & leur dit:
„ Souffrez, qu'avant de subir l'interrogatoire,
„ je demande lequel d'entre vous, si le fils du
„ Prétendant se fût réfugié dans sa maison, eût
„ été assez vil & assez lâche pour le livrer"?
A cette question, le tribunal se leve, & renvoye l'accusé.

Dans un débordement de l'Adige, le pont de Véronne venoit d'être emporté, à l'exception de l'arcade du milieu, sur laquelle étoit une maison : une famille entiere étoit restée dans cette maison. On la voyoit du rivage tendre les mains & implorer du secours. Cependant la violence du torrent détruisoit à vue d'œil les piliers de l'arcade. Dans ce danger extrême, le Comte de Spolvérini propose une bourse de cent louis à celui qui aura le courage d'aller, sur un bateau, délivrer ces malheureux. On risquoit d'être emporté par la rapidité du fleuve, ou d'être écrasé par les ruines de l'arcade, en abordant dessous. Le concours du peuple étoit innombrable, & personne n'osoit s'offrir. Dans cet intervalle passe un villageois ; on l'instruit de l'entreprise proposée, & de la récompense qui y est attachée.

GÉNÉROSITÉ.

Il monte aussi-tôt sur un bateau, gagne, à force de rames, le milieu du fleuve, aborde, attend au bas de la pile que toute la famille, pere, mere, enfants & vieillards, se glissant le long d'une corde, soient descendus dans le bateau. Courage, s'écria-t-il, vous voilà sauvés. Il rame, surmonte l'effort des eaux, & regagne enfin le rivage. Le Comte Spolvérini veut lui donner la récompense promise : " Je ne vends point ma
" vie, lui dit le villageois; mon travail suffit
" pour me nourrir, moi, ma femme & mes en-
" fants ; donnez cela à cette pauvre famille, qui
" en a plus besoin que moi ". Cette action est plus que généreuse ; elle est sublime.

La générosité consiste sur-tout à faire du bien à ses ennemis; c'est le sujet de cet apologue de M. Lichwehr. Un honnête pere de famille, chargé de biens & d'années, voulut régler d'avance sa succession entre ses trois fils, & leur partager ses biens, le fruit de ses travaux & de son industrie. Après en avoir fait trois portions égales, & avoir assigné à chacun son lot : Il me reste, ajouta-t-il, un diamant de grand prix ; je le destine à celui de vous qui saura mieux le mériter par quelque action noble & généreuse, & je vous donne trois mois pour vous mettre en état de l'obtenir. Aussi-tôt les trois fils se dispersent, mais ils se rassemblent au temps prescrit. Ils se présentent devant leur juge ; & voici ce que raconte l'aîné. Mon pere, durant mon absence, un étranger s'est trouvé dans des circonstances qui l'ont obligé de me confier toute sa fortune ; il n'avoit de moi aucune sûreté par écrit, & n'auroit été en état de produire aucune preuve, aucun indice même du dépôt; mais je lui ai remis fidélement. Cette fidélité n'est-elle pas quelque chose de louable. Tu as fait, mon fils, lui répondit le vieillard, ce que tu devois faire. Il y auroit de quoi mourir de honte, si l'on étoit capable d'en agir autrement; car la probité est un devoir. Ton action est une action de justice; ce n'est point une action de générosité. Le second fils plaida sa cause à son tour, à-peu-près en ces termes. Je me suis trouvé, pendant mon voyage, sur le bord d'un lac; un enfant venoit imprudemment de s'y laisser tomber; il alloit se noyer, je l'en ai tiré, & lui ai sauvé la vie, aux yeux des habitants d'un village que baignent les eaux de ce lac : ils pourroient attester la vérité du fait. A la bonne heure, interrompit le pere ; mais il n'y a point encore de noblesse dans cette action ; il n'y a que de l'humanité. Enfin, le dernier des trois freres prit la parole : Mon pere, dit-il, j'ai trouvé mon ennemi mortel, qui, s'étant égaré la nuit, s'étoit endormi, sans le savoir sur le penchant d'un abyme : le moindre mouvement qu'il eût fait, au moment de son réveil, ne pouvoit manquer de le précipiter ; sa vie étoit en mes mains : j'ai pris soin de l'éveiller avec les précautions convenables, l'ai tiré de cet endroit fatal. Ah ! mon fils, s'écria le bon pere, avec transport & en l'embrassant tendrement : c'est à toi, sans contredit, que la bague est due.

Quelques Courtisans reprochoient à l'Empereur Sigismond, qu'au-lieu de faire mourir ses ennemis vaincus, il les combloit de graces, & les remettoit en état de lui nuire. *Ne fais-je pas mourir mes ennemis*, dit-il, *en les rendant mes amis !*

On vint avertir François, Duc de Guise, qui faisoit la guerre aux Protestants, que l'un d'eux étoit

étoit dans son camp à dessein de l'assassiner. Il le fit arrêter. Ce Protestant lui avoua sa résolution. Est-ce à cause de quelque déplaisir que vous avez reçu de moi. — Non, répondit ce fanatique; c'est parce que vous êtes le plus grand ennemi de ma Religion. — *Si votre Religion vous porte à m'assassiner, la mienne veut que je vous pardonne;* & le renvoya. *Voyez Reconnoissance.*

GÉOMETRE.

IL n'y a, dit M. Rousseau, qu'un Géometre & un Sot qui puissent parler sans figures : nous pourrions ajouter, qui puissent être insensibles aux beautés de l'imagination & du sentiment. On faisoit devant un Géometre beaucoup d'éloge de la Tragédie d'*Iphigénie* de Racine. Cet éloge pique sa sensibilité; il la demande, on la lui prête. A peine en a-t-il lu quelques scenes, qu'il la rend, en disant: *Qu'est-ce que tout cela prouve?*

GLOIRE.

C'EST l'éclat d'une bonne réputation. La gloire est le charme des belles ames. *Comment veux-tu*, disoit un ancien Philosophe, *que je sois sensible au-blâme, si tu ne veux pas que je sois sensible à l'éloge?*

Un Roi de Lacédémone, prêt de livrer bataille, voulant sauver du danger un vieillard de quatre-vingts ans; il le renvoye à Sparte. Prince, lui répondit le généreux vieillard, vous me renvoyez bien loin chercher un lit pour mourir;

Tome I. Q

où pourrai-je en trouver un plus honorable que ce champ de bataille ? On lui permit de rester, & il mourut en combattant auprès de son Roi.

Un Lacédémonien, abattu sous son ennemi, & prêt à recevoir un coup dans le dos : *Frappe-moi par-devant*, lui dit-il, *pour ne pas faire rougir mes amis après ma mort*.

Une Lacédémonienne, armant son fils pour le combat, & lui remettant son bouclier : *Rapporte-le*, dit-elle, *ou qu'on te rapporte dessus*.

Une autre Lacédémonienne, voyant son fils revenir du combat, où il s'étoit conduit avec plus de prudence que de bravoure, le tua, en disant : *Il n'étoit pas mon fils*.

Le Capitaine Romain Carvilius, ayant reçu à l'armée une blessure qui l'obligeoit de boiter, n'osoit paroître en public. Pourquoi crains-tu, mon fils, lui dit sa mere, de te montrer au peuple, toi qui ne peux faire un pas sans renouveller en ta pensée le souvenir de ta vertu ?

Lorsque le Roi de Pologne, Jean Sobieski, monta à cheval pour aller au secours de Vienne, assiégée par les Turcs, la Reine son épouse le regarda en pleurant & en embrassant le plus jeune de ses fils. Pourquoi pleurer, Madame, lui dit le Monarque ? Je pleure, répondit-elle, de ce que cet enfant n'est pas en état de vous suivre comme les autres. *Hist. de Jean Sobieski.*

C'est encore l'amour de la gloire qui avoit dicté à Madame de Villeroi cette réponse. Le Maréchal de Villeroi venoit de perdre, par sa faute, en 1706, la bataille de Ramilies contre Malborough ; un des amis de Madame de Villeroi, qui cherchoit à la consoler, lui dit que, graces à Dieu, le Maréchal & le Duc de Villeroi se portoient bien. *C'est assez pour moi*, répondit-elle ; *mais ce n'eſt pas aſſez pour eux.*

Qui a été plus ſenſible à la gloire que le Maréchal de Villars ? Ce Maréchal diſoit ſouvent qu'il n'avoit eu que deux plaiſirs bien vifs en ſa vie ; celui de remporter un prix au college, & celui de gagner une bataille.

Une nation qui aime la gloire, honorera toujours les Gens de Lettres qui en ſont les organes. " Les Grecs, diſoit Louis XII, ont fait
" peu de choſes, mais ils ont ennobli le peu
" qu'ils ont fait, par la ſublimité de leur éloquence ; les François ont fait de grandes choſes, & en grand nombre, ils n'ont pas ſu
" les écrire. Les ſeuls Romains ont eu le double
" avantage de faire de grandes choſes, & de
" les célébrer dignement ". Ajoutons encore, que nos Hiſtoriens ont trop ſouvent négligé de rapporter mille traits de bravoure & de généroſité que Plutarque & Tacite auroient eu grand ſoin de recueillir. *Voyez François.*

GRANDEUR.

IL y a une eſpece de gravité, dont la fauſſe grandeur ſe ſert comme d'un maſque pour cacher ſa foibleſſe. Mais la véritable grandeur eſt libre, douce, familiere ; elle ſe laiſſe approcher & manier. On n'approuveroit cependant pas un Grand qui s'eſtimeroit aſſez peu pour faire cette réponſe de M. le Duc de.... Ce Seigneur maltraitoit un valet de pied de Louis XIV ; le Prince, entendant des cris derriere ſon carroſſe, demanda ce que c'étoit. *Ce n'eſt rien, Sire*, répondit le Duc, *ce ſont deux de vos gens qui ſe battent.*

Un Grand, fort ignorant, & par conséquent fort entêté, s'avisa, dans une conversation où il n'avoit pas l'avantage, de rappeller à quelqu'un la distance que la naissance & le rang mettoient entr'eux. " Monsieur, dit le particulier, " j'ai plus au-dessus de vous dans ce moment, " que vous n'avez au-dessus de moi : car j'ai rai-" son, & vous avez tort ".

On demandoit à un Grand Seigneur s'il ne songeoit pas à faire quelque chose pour un homme de mérite qui avoit tout sacrifié en s'attachant à lui ? Comment donc ! répondit-il, je le vois tous les jours, & je lui fais accueil.

GRANDEUR D'AME.

INSTINCT élevé de l'ame qui nous porte au beau, au grand, à l'honnête. Un homme doué de cet heureux instinct, rejette même avec horreur de venger sa patrie, si cette vengeance lui est offerte par le crime. Un Médecin du Roi Pyrrhus, ennemi de Rome, étant venu offrir à Fabricius, Général Romain, d'empoisonner ce Prince, le généreux Romain renvoya ce perfide pieds & mains liés à son maître, & lui écrivit : " Apprends, Pyrrhus, à mieux choisir tes amis " & tes ennemis ".

Celui qui a de l'élévation dans l'ame, ne craint point d'avouer ses fautes, & cherche à les réparer. Une pauvre femme sollicitoit Philippe, Roi de Macédoine, de lui donner audience ; & comme ce Prince la remettoit de jour en jour, sous prétexte qu'il n'avoit pas le temps : *Cessez donc d'être Roi*, lui dit-elle avec émotion. Philippe répondit sur le champ à sa demande.

GRANDEUR D'AME.

Lorsque Soliman, Souverain des Turcs, marchoit à la conquête de Belgrade en 1521, une femme du commun s'approcha de lui, & se plaignit amérement de ce que, pendant qu'elle dormoit, des soldats lui avoient enlevé des bestiaux qui faisoient toute sa richesse. *Il falloit que vous fussiez ensevelie dans un sommeil bien profond*, lui dit en riant le Sultan, *puisque vous n'avez pas entendu venir les voleurs*. *Oui, je dormois, Seigneur*, répondit-elle, *c'étoit dans la confiance que Votre Hautesse veilloit pour la sûreté publique*. Soliman, assez magnanime pour approuver ce mot, tout hardi qu'il étoit, répara convenablement un dommage qu'il auroit dû empêcher.

Schah Abas, *le Grand*, Roi de Perse, savoit également reconnoître son devoir. Parmi plusieurs traits que l'on pourroit citer ici, en voici un singulier. Un jour ce Prince ayant beaucoup bu chez un de ses favoris, voulut entrer dans l'appartement des femmes. Celui qui gardoit la porte lui en refusa l'entrée. » Il n'entrera » jamais ici, dit-il, tant que j'aurai mon emploi, » d'autre moustache que celle de mon maître. » — Comment, répond le Prince, est-ce que » tu ne me connois pas ? — Je sais que vous » êtes le Roi des hommes, mais non pas celui » des femmes ". Cette saillie plut à Abas ; il se retira. Le favori apprit cette incartade, alla se jetter aux pieds de son maitre. » Seigneur, lui » dit-il, je viens vous prier de ne point m'im- » puter la faute de mon malheureux domesti- » que ; je l'ai chassé de chez moi. Ce garde, ré- » pondit Abas, n'a point mal fait ; & puisque » vous l'avez chassé, je le prends à mon servi- » ce ". Il lui donna un petit gouvernement.

La grandeur d'ame honore la vertu dans l'ennemi même qui a fu réfifter. Lorfque Soliman eut pris le château de Bude, en 1529, il trouva dans un cachot, Nadafti, Gouverneur de la place. Il fut curieux de favoir la raifon d'un événement fi extraordinaire. Les Allemands de la garnifon lui avouerent que Nadafti les ayant traités de lâches & de perfides, parce qu'ils le preffoient de capituler, ils l'avoient enfermé pour avoir la facilité de fe rendre. Le Sultan, plein d'admiration pour la fidélité & la bravoure du généreux Gouverneur, le combla de louanges & de préfents, le mit en liberté, & condamna à mort tous ceux qui avoient manqué d'une maniere fi honteufe à la fubordination militaire. *Forefti.*

Le Prince Menzikoff commandoit une armée Ruffe, où, par fa négligence, il s'étoit gliffé des abus énormes. Un Officier Allemand, indigné de ces défordres, en avertit Pierre I, qui traita très-durement fon favori. Menzikoff fe donna tant de mouvements, qu'il parvint à connoître fon accufateur, auquel il parla en ces termes :
» Il faut que vous foyez un homme bien eftima-
» ble, pour avoir mieux aimé vous expofer à
» mon reffentiment, que de laiffer ignorer au
» Czar une chofe qui l'intéreffe. Soyez mon ami ;
» aidez-moi de vos lumieres, & acceptez un
» préfent de deux mille ducats, comme une
» marque de mon eftime ". *Mémoires de Ruffie.*

Il y a des réponfes qui caractérifent la grandeur d'ame de ceux qui les ont faites.

Parmi quelques prifonniers Romains que Mithridate avoit fait, on lui amena un Officier qui fe nommoit Pomponius, & qui étoit bleffé dangereufement. Le Roi lui demanda, fi en lui fauvant la vie, il pourroit compter de l'avoir pour ami ? Oui, répondit le prisonnier, si vous faites la paix avec les Romains ; sinon, je n'ai pas même à délibérer. Ceux qui étoient présents, irrités de cette fiere réponse, excitoient Mithridate à le faire mourir ; mais ce Prince rejetta ce lâche conseil, en leur disant : » Respectons la » vertu malheureuse ". *Hist. Romaine.*

Les Empereurs Théodose, Arcadius & Honorius écrivirent à Rufin, Préfet du prétoire : » Si » quelqu'un parle mal de notre personne ou de » notre gouvernement, nous ne voulons pas le » punir. S'il a parlé par légereté, il faut le mé- » priser : si c'est par folie, il faut le plaindre : si » c'est une injure, il faut lui pardonner ".

L'Empereur Charles-Quint avoit demandé à François I, sa gendarmerie, ainsi que de l'argent, par forme d'emprunt pour repousser avec avantage les Turcs, dont il étoit vivement pressé. » Pour de l'argent, lui répondit le Roi, je ne » suis pas banquier ; pour ma gendarmerie, » comme elle est le bras qui porte mon sceptre, » je ne l'expose jamais au péril sans aller cher- » cher la gloire avec elle ".

Après la mort du grand Pensionnaire Barnevelt, ses enfants entrèrent dans une conspiration contre le Prince Maurice. L'aîné ayant été pris, la veuve de Barnevelt demanda audience au Prince, qui, en qualité de Stadhouder, pouvoit accorder la grace du coupable. Le Stadhouder ne refusa point audience à la mere ; mais il n'eut point d'égard à sa priere, & lui dit qu'il étoit surpris de la voir demander grace pour son fils, elle qui ne l'avoit point demandée pour son mari. » Je n'ai point demandé grace pour mon ma- » ri, répondit cette veuve, parce qu'il étoit in- » nocent ; mais je la demande pour mon fils,

» parce qu'il est coupable ". Et elle se retira aussi-tôt.

Malek, Vsir du Calife Moſtadi, venoit de remporter une victoire ſur les Grecs, avoit pris leur Empereur dans une bataille. Ayant fait venir ce Prince dans ſa tente, il lui demanda quel traitement il attendoit de ſon vainqueur ? » Si » vous faites la guerre en Roi, répondit l'Em- » pereur, renvoyez-moi : ſi vous la faites en » marchand, vendez-moi : ſi vous la faites en » boucher, égorgez-moi". Le Général Muſulman le renvoya ſans rançon.

Un chef d'eſclaves révoltés fut pris les armes à la main, avec pluſieurs de ſon parti. Le Général vainqueur lui demanda quel traitement il croyoit que lui & ſes compagnons avoient mérité ? — *Celui que méritent de braves gens qui s'eſtiment dignes de la liberté.* Le Général leur accorda le pardon, & les incorpora dans ſon armée.

Un homme que ſes talents avoient élevé à une place éminente, alla faire ſes remerciments au Miniſtre. Mais celui-ci, aſſez grand pour rendre hommage au mérite, lui-dit : » Vous n'avez au- » cunes graces à me rendre ; je n'ai eu en vue » que l'utilité publique, & vous n'auriez point » eu mon choix, ſi j'avois trouvé quelqu'un qui » en fût plus digne que vous ".

On parloit, en préſence de Mylord Bolingbrook, de l'avarice donc le Duc de Malborough avoit été accuſé, & on citoit des traits ſur leſquels on appélloit au témoignage même de Bolingbrook, qui avoit été l'ennemi déclaré du Duc. *C'étoit un ſi grand homme*, répondit Bolingbrook, *que j'ai oublié ſes vices*.

Un ſage Arabe avoit diſſipé ſes biens au ſervices d'un Calife, & ce Monarque, noyé dans les délices, lui difoit ironiquement : Connois-tu quelqu'un qui faffe profeffion d'un plus grand détachement que toi ? — Oui, Seigneur. — Quel eft-il — Vous. Je n'ai facrifié que ma fortune ; vous facrifiez votre gloire. *Apol. Orient.*

GRIPHE.

SENTENCE ou propofition myftérieufe qui ajoute aux termes obfcurs ou équivoques de l'énigme, un fens captieux capable d'embarraffer & de furprendre. Le griphe differe auffi du logogryphe, en ce que celui-ci ne roule que fur les différentes manieres de cacher un mot, en retranchant ou en divifant les lettres. Ce terme *griphe*, eft dérivé d'un mot Grec, qui fignifie, *filet* ou *retz* propre à prendre les poiffons.

C'eft une forte de griphe que la demande que le Sphinx fit aux Thébains : *Quel eft l'animal qui, le matin, marche à quatre pieds, à deux fur le haut du jour, & à trois fur le foir ?* Ce qu'Œdipe expliqua de l'homme, qui, dans l'enfance, va à quatre pieds ; enfuite, devenu grand, n'a befoin que de fes deux pieds pour marcher, & enfin, va à trois pieds, lorfque dans la vieilleffe il s'appuie fur un bâton.

On peut encore citer comme un exemple du griphe, la queftion que Samfon propofa aux Philiftins à l'occafion du rayon de miel qu'il trouva dans la gueule du lion, après l'avoir déchiré : *Celui qui dévore a fourni de quoi manger, & la force a fait naître la douceur.* Les Philiftins en donnerent l'explication par le moyen de Dalila, & dirent à Samfon : Qu'y a-t-il de plus doux que le miel ? qu'y a-t-il de plus fort que le lion ?

GUERRE.

On a dit de la guerre, que c'étoit un jeu de Princes, qui ne plaisoit qu'à ceux qui le jouoient.

Ce jeu sanguinaire a ses ruses, ses stratagêmes. *Voyez Ruses de guerre.*

La valeur est sans doute la vertu la plus essentielle à l'homme de guerre ; mais heureusement c'est la plus commune. Il est rare de voir celui qui a plusieurs témoins de sa mort, mourir en lâche. *Voyez Bravoure, Courage.*

La guerre est pour la plupart de ceux qui s'y adonnent, moins un champ de gloire, qu'un métier. Charles-Quint faisoit attaquer, en 1525, par le Marquis de Pescaire, Pizighitone, place du Milanez. » Il y avoit dedans trois excellents ar-
» quebusiers, qui ayant été mis en garde en un
» certain lieu secret de la muraille, regardoient
» s'ils ne verroient point quelque Espagnol, sur
» lequel ils pussent décharger leurs arquebuses
» à coups sûrs. Il arriva qu'ayant couché mort
» par terre, le Capitaine Busto & le Capitaine
» Mercado, le troisieme ayant dressé son arque-
» buse contre le Marquis de Pescaire, & cher-
» chant à y mettre le feu, tout d'un coup un
» Capitaine de Pavie, nommé le Frantin, avan-
» ça la main, & lui arracha la mêche allumée,
» criant à haute voix : A Dieu ne plaise que, par
» notre cruauté, pétisse un si vaillant Capitaine,
» qui est le pere des soldats, & qui nous main-
» tient, encore que nous soyons ennemis ; mais
» au contraire, conservons-lui la vie, afin de

» vivre du gain de nos soldats, & que nous ne
» mourions point de faim au milieu d'une paix
» lente & pareffeufe. Ainfi lui fut fauvée la vie.
» Il avoit raifon de parler ainfi; car comme en-
» nemi de paix & ami de guerre, il leur entre-
» tenoit toujours leur gagne-pain ". *Brantôme.*

Plufieurs de ceux qui vont à la guerre, dit le Spectateur Anglois, s'accoutument à ne point réfléchir. Ils envifagent la mort avec tant d'indifférence, qu'ils confervent le même fang-froid au milieu des actions les plus chaudes. Témoin ce que dit un Officier François, qui n'avoit pas trop bonne opinion de fon Général, & qui après avoir reçu un coup mortel dans une bataille, s'écria : *Je voudrois bien vivre une heure de plus, pour voir comment cet étourdi fe tirera d'affaire.*

Deux jeunes cavaliers Anglois qui fervoient dans le même efcadron, & qui étoient amis inféparables, devoient paffer une riviere. L'un d'eux fe mit dans un bateau avec plufieurs autres, pendant que fon camarade en attendoit le retour fur le bord. Bientôt après, on entendit quelque bruit caufé par un cheval qui venoit de fauter dans l'eau avec fon cavalier. Là-deffus celui des deux amis qui fe trouvoit à terre, cria à haute voix : *Hola, ho, qui s'eft noyé?* On lui répondit auffi-tôt : *Votre ami Henri Tompfon.* A quoi il répliqua fort gravement : *Ah! le pauvre diable, il avoit un cheval bien fougueux.*

Les Poëtes nous ont peint la guerre comme une furie qui traîne à fa fuite l'effroi, la famine & la défolation. Elle ravage les campagnes, réduit les villes en cendres, déchire le cœur des meres, des époufes & des enfants, & ne laiffe pour traces de fon paffage que des brigandages & des crimes. Il fuffit pour juftifier cette horrible peinture, d'ouvrir l'hiſtoire des guerres civiles ; mais nous ne rapporterons que ce ſeul trait. En 1563, les Catholiques prennent par capitulation, Annonay, ville du Vivarais. Au-lieu de tenir aux Calviniſtes les paroles qu'ils leur ont données, ils mettent tout à feu & à ſang. Les femmes ſont arrachées par la ſoldateſque, des endroits où elles s'étoient cachées pour ſe dérober à l'inhumanité du vainqueur. Une d'elles eſt violée en préſence de ſon mari ; on l'oblige enſuite de tirer une épée, ſans qu'elle ſache ce qu'on en prétend faire, parce que ſa main eſt conduite par une main étrangere, & pouſſée par ceux qui ſont derriere ; & on la lui fait enfoncer dans le cœur de ſon mari, à qui elle donne, malgré elle, le coup de la mort. *De Thou.*

Accidents ſinguliers arrivés à la guerre.

M. de Thou a cru devoir remarquer, dans ſon hiſtoire, cet accident ſingulier arrivé au ſiege de Groningue en 1594. Dans l'inſtant où les aſſaillants ſont prêts à tirer un canon, & à y mettre le feu, un boulet, tiré du côté des aſſiégés, entré dans la bouche de ce canon, & ſans l'avoir endommagé, eſt renvoyé auſſi-tôt dans la place par le canon où il eſt entré.

Lors de l'expédition de Charles-Quint en Provence, vers l'an 1536, quelques troupes de l'Empereur battent à Brignoles, un parti François, dont le Commandant, nommé Montejan, eſt fait priſonnier. Trois Officiers ſe diſputent ſa rançon. Le premier allegue pour raiſon qu'il lui a enlevé ſa maſſe de fer ; le ſecond ſe fonde ſur ce qu'il lui a arraché le gant de la main ; & le troiſieme repréſente qu'il a pris la bride du cheval lorſqu'il marchoit encore. Les Officiers Généraux, devant qui l'affaire eſt portée, après avoir écouté les raiſons de part & d'autre, prononcent en faveur du dernier, qui a arrêté le cheval, parce que par-là il a ôté à l'Officier François le moyen de pouvoir s'enfuir. *Vie de Charles-Quint.*

Dans les guerres de Religion, lorſque les Catholiques aſſiégeoient Rouen en 1562, *François Civile*, un des plus intrépides Gentilhomme du parti Calviniſte, reçut une bleſſure qui le fit tomber du rempart de la ville, ſans connoiſſance. Des ſoldats, qui le croyoient mort, le dépouillerent & l'enterrerent avec la négligence ordinaire dans ces occaſions. Un domeſtique affectionné, jaloux de procurer à ſon maitre une ſépulture qu'il croit plus honorable, va le chercher. N'ayant pas réuſſi à le reconnoître parmi pluſieurs cadavres tout défigurés qu'il trouve, il les recouvre de terre, mais de maniere que la main de l'un d'eux demeure découverte. Comme il s'en retournoit, il regarde derriere lui, il apperçoit cette main. La crainte qu'il a que cet objet n'excite les chiens à déterrer le cadavre pour le dévorer, le fait retourner ſur ſes pas, dans la vue de couvrir cette main. Au moment qu'il alloit ſe livrer à ce pieux office, un clair de lune lui fait appercevoir un diamant que *Civile* portoit au doigt. Sans perdre de temps, il prend ſon maître qui reſpire encore, & le porte à l'hôpital des bleſſés. Mais les Chirurgiens, accablés de travail, & regardant cet homme comme mort, ne veulent point s'occuper de ſa bleſſure. Le domeſtique ſe trouve obligé de le tranſporter à ſon auberge, où il languit quatre jours ſans aucun ſecours. Au bout de ce temps-là, deux Médecins ont la complaifance de le vifiter. Ils nettoient fa plaie, & le mettent, par leurs foins, en état de vivre. La ville ayant été prife d'affaut, les vainqueurs pousserent la barbarie jufqu'à le jetter par les fenêtres. Heureufement il tomba fur un tas de fumier, où abandonné de tout le monde, il paffa encore trois jours. Ducroifet, fon parent, le fit enlever fecretement pendant la nuit, & tranfporter dans une maifon de campagne, où il fut panfé à loifir. Là, après tant d'efpeces de morts, il recouvre une fanté fi parfaite, qu'il furvit quarante ans à tous ces accidents. Cette providence particuliere, qui avoit fauvé cet homme de tant de périls, avoit auffi préfidé à fa naiffance. Sa mere, étant morte enceinte, pendant l'abfence de fon mari, avoit été enterrée fans que l'on fongeât à tirer l'enfant par l'opération céfarienne. Le lendemain de l'enterrement, le mari arrive, & apprend, avec furprife, la mort de fa femme, & le peu d'attention qu'on avoit eu pour fon fruit. Il demande qu'elle foit exhumée, & lui fait ouvrir le bas-ventre, d'où *Civile* fut tiré encore vivant. *Voyez l'Hiftoire de M. de Thou.*

Vers l'an 1576, les habitants de Villefranche en Périgord, avoient formé durant les guerres civiles, le complot de furprendre Montpafier, petite ville voifine. Ils choifirent pour cette expédition, la même nuit que ceux de Montpafier, fans en rien favoir avoient auffi prife, pour tâcher de s'emparer de Villefranche. Le hafard fit encore que les deux troupes, ayant pris un chemin différent, ne fe rencontrerent point. Tout fut exécuté, avec d'autant moins d'obftacle de part & d'autre, que les murs étoient demeurés fans défenfe. On pilla, on fe gorgea de butin, on fe crut heureux, jusqu'à ce que le jour ayant paru, les deux villes connurent leur méprise. La composition fut que chacun s'en retourneroit chez soi, & que tout seroit remis en son premier état. Ceci peut encore donner une image de la guerre qui se faisoit en ces temps-là. *Mémoires de Sully.*

En 1599, deux freres Espagnols, qui, quoiqu'ils se fussent toujours cherchés, ne s'étoient jamais vus, se rencontrent par hasard au siege de Bommel, place de guerre, où ils servent dans deux compagnies différentes. S'étant reconnus, après quelques éclaircissements, ils sautent au cou l'un de l'autre. Dans le temps qu'ils se tiennent étroitement embrassés, un boulet de canon leur emporte la tête, sans séparer leurs corps, qui tombent ensemble. Ainsi périssent ces deux freres dans le moment le plus doux de leur vie. *Mémoires d'Amelot de la Houssaye.*

Dans les premiers jours de la campagne que les François ouvrirent en Allemagne en 1691, il arriva une aventure de déserteurs assez particuliere. Un grenadier du régiment de Soutenon, déserte, & avertit les Impériaux qu'un convoi assez considérable part d'Allemagne pour l'armée Françoise. Mille chevaux partent aussi-tôt de Mayence, pour l'enlever. Un hussard-Allemand déserte dans le même-temps, avertit les François du risque que court leur convoi ; & son rapport les détermine à le faire soutenir par un détachement considérable. Les deux corps se rencontrent, se chargent avec beaucoup de vivacité, & les Impériaux sont battus. Ainsi cette double désertion exposa & sauva le convoi. *Mém. du Maréchal de Villars.*

La Colonie, dans ses *Mémoires*, rapporte le fait suivant. Cet Officier, quoique François, commandoit un régiment de grenadiers au service de l'Electeur de Baviere. Immédiatement, dit-il, après la bataille de Denain, en 1712, M. de Quémin, Major de mon corps, me demanda si je trouverois bon qu'il profitât du temps pour aller compter dans les retranchement le nombre des hommes qui avoient été tués pendant l'attaque. Je lui dis que j'y consentois avec plaisir, & que même je ferois bien-aise de le savoir de lui. Au même instant, un bon Bavarois, un peu âgé, qui étoit Lieutenant de la compagnie que j'avois en qualité de Colonel, me demanda la permission de l'accompagner, ce que je lui accordai pareillement, & ils partirent tous deux. Ils ne furent pas loin sans trouver à compter des morts, & ils alloient en mettre un dans le nombre, lorsqu'ils l'entendirent se plaindre. Un grenadier du régiment de Guyenne, qui se promenoit aussi pour voir si on n'auroit pas oublié d'en dépouiller quelques-uns, entendit la voix plaintive du mourant; & cette bonne ame voulant le soulager, pour cet effet, il s'en approche, le couche en joue; & en lâchant un sacre.... il dit qu'il alloit achever ce pauvre malheureux, qui souffroit trop. Heureusement, M. de Quémin détourna le fusil, & lui dit : Laisse mourir ce misérable, s'il doit mourir. Monsieur, dit le grenadier, excusez-moi, s'il vous plait; je voulois rendre service à ce pauvre garçon; & dans l'état où il est, le meilleur est de l'achever; car c'est mettre fin à ses souffrances : si je ne le fais pas, il en souffrira davantage, & périra toujours. Il voulut le coucher en joue une seconde fois; & enfin M. de Quémin fut obligé de le chasser. Mon Lieutenant, qui savoit un peu le François, avoit entendu ce dialogue. Il dit à M. de Quémin, que peut-être ce maraud entendroit l'Allemand, & qu'il alloit l'interroger. En effet, le blessé lui répondit en Allemand. Le bon-homme trouvant un homme de sa nation, s'attacha à lui faire des questions, & lui demanda de quel pays il étoit. Le blessé répondit, qu'il étoit Bavarois. Bavarois! dit mon vieux Lieutenant, en grondant. Quoi! tu servois contre ton Prince? Il falloit achever de le tuer. Eh! de quel endroit es-tu de la Baviere, continua-t-il? L'autre lui répondit qu'il étoit des environs d'Ingolstadt. Quel est ton pere? quels sont tes parents, reprit le Lieutenant? — Ma mere est morte, dit-il, & je suis fils unique d'un Officier, qui, apparemment, a été tué à la bataille d'Hochstet, & je n'ai pas pu avoir de ses nouvelles : depuis ce temps-là, mes parents se sont emparés de son bien, & me laissent manquer de tout. Quand je me suis vu un peu grand, ne sachant que devenir, j'ai fait complot de m'enrôler avec deux autres écoliers de mes camarades, & nous avons pris parti avec le premier Officier qui s'est présenté. Le Lieutenant lui dit : — Comment t'appelles-tu? — Je m'appelle Oudesch, répond le blessé. — Ah! malheureux, reprit-il, tu es mon fils : j'étois ici le spectateur de ta mort sans le secours de M. de Quémin, & sans aucun effort de ma part pour t'en garantir : tu t'es mis dans le cas de nous tuer l'un l'autre, si l'occasion s'en fût présentée; & le Ciel nous a conduits ici pour te sauver la vie. Ce pauvre garçon, qui, dans la plus triste situation où l'on puisse jamais être, eut le bonheur de trouver un pere qu'il croyoit mort depuis long-temps, fut si tranſporté de joie, qu'il ſe mit à ſe traîner, en criant : Ah ! mon pere ; il ſe jetta à ſes pieds, & les embraſſa avec un tranſport ſi grand, qu'on eut de la peine à l'en arracher. Le bleſſé fut tranſporté, ſoigné, guéri, & entra en qualité d'Officier dans le régiment.

Fin du Tome premier.

Lightning Source UK Ltd.
Milton Keynes UK
UKHW012157120119
335365UK00007BB/434/P